Studies in
Contemporary Economics

Dietrich Lüdeke Wolfgang Hummel
Thomas Rüdel

Das Freiburger Modell

Ein mittelfristiges ökonometrisches Vierteljahresmodell für die Bundesrepublik Deutschland mit Simulationen zur Arbeitszeitverkürzung und Steuerreform

Springer-Verlag
Berlin Heidelberg New York
London Paris Tokyo Hong Kong

Autoren

Prof. Dr. Dietrich Lüdeke
Dipl.-Math. Wolfgang Hummel
Dipl.-Volkswirt Thomas Rüdel
Institut für Allgemeine Wirtschaftsforschung
Albert-Ludwigs-Universität Freiburg
Belfortstraße 24, D-7800 Freiburg

ISBN-13:978-3-540-51455-8 e-ISBN-13:978-3-642-74950-6
DOI: 10.1007/978-3-642-74950-6

2142/3140 - 543210 - Gedruckt auf säurefreiem Papier

Vorwort

Das Modell, das in dieser Publikation vorgelegt wird, bildet eine Fortsetzung in der Reihe der langjährigen Modellaktivitäten, die in der Vergangenheit ihren Ausdruck u. a. in der Veröffentlichung verschiedener Versionen des F&T–Modells fanden. Bei dem vorliegenden Modell handelt es sich jedoch nicht um eine weitere Aktualisierung des F&T–Modells, sondern um eine vollkommen neue Konzeption, die sich von der der Modellvorgänger grundlegend unterscheidet. Während das F&T–Modell in seinem Aufbau typisch keynesianisch orientiert ist, basiert das vorliegende Modell auf neoklassischen und monetaristischen Überlegungen. Aus diesem Grunde und da das Modell ausschließlich in Freiburg entwickelt wurde, ist es mit dem Namen "Freiburger Modell" getauft worden.

Erklärungsgegenstand des Freiburger Modells sind wie beim F&T–Modell die Aggregate des güterwirtschaftlichen Kreislaufs, wie er in der Volkswirtschaftlichen Gesamtrechnung dokumentiert wird. Bei der Erklärung der Größen des geldwirtschaftlichen Bereichs hat aus Gründen der besseren Modellübersicht gegenüber dem F&T–Modell eine Reduzierung stattgefunden. So werden jetzt nur die geldwirtschaftlichen Größen in die Erklärung einbezogen, die für die Erklärung der güterwirtschaftlichen Größen von Bedeutung sind.

Auch das Freiburger Modell ist ein Vierteljahresmodell, allerdings liegt ihm ein im Vergleich zum F&T–Modell und zu den meisten übrigen ökonometrischen Modellen der Bundesrepublik Deutschland wesentlich längerer Schätzzeitraum zugrunde. Er erstreckt sich von 1964, I. Quartal bis 1987, IV. Quartal, also auf 96 Quartale und ist damit ungefähr doppelt so lang wie bei den meisten übrigen Modellen. Hinter der Verwendung langer Zeitreihen stehen die Idee und das Bestreben, möglichst stabile Strukturen und damit stabile Beziehungen sowie insbesondere auch besser erfaßte Lagstrukturen zu erlangen, die gegenüber Aktualisierungen nicht so anfällig sind, wie das üblicherweise bei Benutzung kurzer Zeitreihen der Fall ist. Deshalb wurde zum einen für die Erklärung einzelner Modellgrößen der Versuch unternommen, separat langfristige und kurzfristige Beziehungen mit Hilfe von Fehlerkorrekturmodellen zu ermitteln. Zum anderen ist die Verwendung längerer Zeitreihen auch teilweise nicht mehr mit der der Schätzung normalerweise zugrundeliegenden Annahme der Strukturkonstanz zu vereinbaren. Deshalb wurde die Struktur des Freiburger Modells gezielt durch den Einbau systematisch in der Zeit variierender stochastischer Parameter variabel gestaltet. Wegen der dabei auftretenden Heteroskedastie der Störvariablen wurden die Gleichungen, in denen variable Parameter auftreten, mit einem die Heteroskedastie berücksichtigenden, von der Literatur angebotenen ML–Schätzansatz geschätzt. Hierzu wurde ein iterativer Schätzalgorithmus entwickelt und in ein Programm umgesetzt, der zusammen mit dem ML–Schätzansatz in Abschnitt 3.1.2 beschrieben wird. Die übrigen Gleichungen mit konstanten Parametern wurden nach der OLS–Methode geschätzt. Die Schätzung der Gleichungen erfolgte überdies in zwei Schritten.

Im ersten Schritt wurden die Gleichungsparameter aufgrund saisonbereinigter Beobachtungen geschätzt, wobei die Saisonbereinigung der Reihen mit Hilfe des Census–X11–Verfahrens durchgeführt wurde. Die sich dabei ergebenden Parameterschätzwerte wurden anschließend in das nichtsaisonbereinigte Modell eingesetzt, um in einem zweiten Schritt die Saisonresteinflüsse auf die einzelnen zu erklärenden Größen zu ermitteln. Dieses zweiphasige Schätzprozedere und seine Begründung werden in Abschnitt 3.2 dargelegt.

Mit der zweiphasigen Schätzung liegen zwei Versionen des Modells, eine saisonbereinigte und eine nichtsaisonbereinigte Version, vor. In dieser Veröffentlichung wird die nichtsaisonbereinigte Version präsentiert. Die Schätzungen basieren auf der vierteljährlichen Volkswirtschaftlichen Gesamtrechnung des DIW, Berlin, auf einschlägigen Statistiken der Deutschen Bundesbank und des Statistischen Bundesamtes sowie auf eigenen Berechnungen.

Abschließend ist es eine angenehme Pflicht, den Herren H.-J. Schniewind, M. Jensen und V. Knudsen für wertvolle Kommentare zu früheren Versionen des Modells sowie Herrn M. Kaltenbacher und Frau R. Bejar für ihre Unterstützung bei der Erstellung der Druckvorlage zu danken. Für die freundliche Unterstützung bei der Datenbeschaffung gilt unser Dank Frau S. Girod, Herrn H. Klatt und Frau K. Müller–Krumholz vom Deutschen Institut für Wirtschaftsforschung, Berlin.

Freiburg, im Mai 1989 Die Verfasser

INHALTSVERZEICHNIS

Seite

Kapitel 1 Theoretische Grundlagen des Modellaufbaus und Darstellung der Schätzergebnisse

1.1 Allgemeine Charakterisierung des Freiburger Modells

Das Freiburger Modell ist ein mittelfristig orientiertes, auf der volkswirtschaftlichen Gesamtrechnung aufbauendes ökonometrisches Modell der Wirtschaft der Bundesrepublik Deutschland. Das Wort "mittelfristig" kennzeichnet mehrere Konstruktionsprinzipien, in denen sich das Modell von den meisten, üblicherweise als "kurzfristig" bezeichneten ökonometrischen Modellen unterscheidet. Das erste Konstruktionsprinzip besteht in der Wahl eines möglichst langen Schätzzeitraums. Er umfaßt 96 Quartale, beginnend im 1. Quartal 1964 und endend im 4. Quartal 1987. Dieser Schätzzeitraum ist erheblich länger als bei den meisten Modellen der Bundesrepublik. Er umfaßt drei vollständige Konjunkturzyklen. Hinter der Verwendung auch der Informationen aus länger zurückliegenden Zeiträumen steht das Bestreben, eine möglichst gute Grundlage für ein Modell zu haben, mit dem auch langfristige Wachstumstendenzen analysiert werden können. Zudem vermeidet dieser Ansatz, daß die Dynamik des Modells überwiegend auf den Besonderheiten eines speziellen Konjunkturzyklusses basiert.

Ein verbreitetes Argument gegen die Verwendung langer Schätzzeiträume besteht in der Befürchtung, daß die Annahme der Strukturkonstanz nicht aufrechtzuerhalten sei. Es wurde versucht, diesem Einwand dadurch Rechnung zu tragen, daß an verschiedenen zentralen Stellen des Modells variable Parameter eingeführt wurden. Auf diese Weise werden sowohl langfristige Strukturverschiebungen als auch sich kurzfristig im Konjunkturverlauf ergebende nichtlineare Interdependenzen zwischen den wichtigsten Größen der Wirtschaft erfaßt. Die Schätzung variabler Parameter wird in Abschnitt 3.1.2 ausführlich erläutert.

Eine zweite Begründung für die Bezeichnung "mittelfristig" findet sich in der theoretischen Konzeption des Modells. Diese beruht zu einem großen Teil auf angebotsseitigen Erklärungsansätzen. Das Bruttosozialprodukt wird nicht – wie in der traditionellen keynesianischen Vorgehensweise – als Summe der Nachfragekomponenten erklärt, sondern als Ergebnis unternehmerischer Entscheidungen über den Einsatz der Produktionsfaktoren. Maßgeblich für die Höhe der Produktion über einen Zeitraum von einem Jahr und länger ist die Produktionsfunktion. Allerdings kann die tatsächliche Produktion infolge von Auslastungsänderungen über kürzere Zeiträume von dem Produktionsfunktionswert abweichen. Die Höhe der Abweichungen wird durch Indikatoren der Nachfrageentwicklung bestimmt. Im folgenden Abschnitt 1.2 wird beschrieben, wie dieser Erklärungsansatz mit Hilfe des von Granger, C. W. J. und Engle, R. E. (1987) vorgeschlagenen zweistufigen Verfahrens im

Rahmen eines Fehlerkorrekturmodells umgesetzt wurde. Die Nachfrage nach Produktionsfaktoren – Arbeit, Kapital, Energie und importierte Rohstoffe – orientiert sich an den realen Faktorpreisen sowie im Fall der Investitionsnachfrage an den Gewinnerwartungen der Unternehmen. Der Kapitalstock wird modellendogen fortgeschrieben. Auf diese Weise wird der sogenannte Kapazitätseffekt der Investitionen voll berücksichtigt. Für die mittelfristige Analyse ebenfalls von Bedeutung ist die Fortschreibung des Schuldenstandes des Staates, die es erlaubt, neben "impact"–Effekten auch längerfristige Auswirkungen einer Erhöhung oder Senkung der Staatsverschuldung zu untersuchen.

Ein dritter Punkt schließlich, der die Kennzeichnung des Freiburger Modells als mittelfristig rechtfertigt, besteht in der ausschließlichen Verwendung saisonbereinigter Daten zur Schätzung der Strukurparameter. Da es jedoch wünschenswert schien, auch quartalsweise Analysen und Prognosen erstellen zu können, wurden in einem zweiten Schritt, bei festgehaltenen Schätzwerten der Strukturparameter, die einzelnen Saisonfiguren separat geschätzt. Eine Erläuterung dieses Verfahrens findet sich in Abschnitt 3.2.2.

1.2 Entstehung und Verwendung des Sozialprodukts

1.2.1 Entstehung des Sozialprodukts

Das reale Bruttosozialprodukt einer Periode wird im Unternehmenssektor geplant und produziert. Dieser Sektor stellt sich im Freiburger Modell als ein Subsystem von interdependenten Bestimmungsgleichungen für die Nachfrage nach den einzelnen Produktionsfaktoren sowie für die reale Produktion dar. Der Prototyp einer Faktornachfragefunktion lautet:

$$X_{it} = f(Y_t, (c_i/p)_t, X_{it-1}), \qquad i = 1,...,n. \tag{1.1}$$

Hierin bezeichnen X_{it} die Nachfrage nach dem Faktor i zum Zeitpunkt t, Y die Produktion, c_i den Nutzungspreis des Faktors i und p den Preisindex des Outputs. Gleichungen der Form (1.1) ergeben sich bekanntlich aus der Annahme der Gewinnmaximierung unter der Nebenbedingung einer Cobb–Douglas–Produktionsfunktion. Das Auftreten der verzögerten Faktornachfrage als Bestimmungskomponente erklärt sich durch das Vorhandensein von Anpassungskosten, die eine permanente Realisierung der aus statischer Sicht optimalen Faktorbestände verhindern. Da der Kapitalstock der Vorperiode als Planungsdatum betrachtet werden muß, kommt die Kapitalnachfrage in den Investitionsfunktionen des Modells zum Ausdruck.

Vier Produktionsfaktoren werden im Freiburger Modell unterschieden: Arbeit, Kapital, Energie und Rohstoffe. Hinzu kommt ein Zeitindex als Proxyvariable für Hicks–neutralen technischen Fortschritt. Obwohl die Produktion (das Bruttosozialprodukt) nach dem Wertschöpfungskonzept gemessen wird, hielten wir es für richtig, Energie und Rohstoffe als Produktionsfaktoren zu berücksichtigen. Dieses Vorgehen wird vielfach nur für die Bruttoproduktion für zulässig gehalten (Helmstädter, E., 1963; Klein, L., 1985), da Energie und Rohstoffe zu den Vorleistungen zählen und ihre Kosten in der Wertschöpfung nicht enthalten sind. Dies ist allerdings eine rein buchhalterische Betrachtungsweise. Technisch ist hingegen auch die Erklärung der Wertschöpfung nicht ohne Informationen über den Einsatz von Energie und Rohstoffen möglich. Zur Verdeutlichung dieser Aussage sei der idealisierte Fall betrachtet, daß der Energiepreis und der Rohstoffpreis exakt gleich dem Grenzprodukt des jeweiligen Produktionsfaktors sind und zusätzlich die Bruttoproduktionsfunktion homogen vom Grade Eins ist. In diesem, allerdings auch nur in diesem Fall kann die Differenz zwischen Produktionswert und Vorleistung tatsächlich als Gesamtbeitrag von Arbeit und Kapital angesehen werden. Selbst unter so idealisierten Bedingungen beeinflußt ein veränderter Energieeinsatz oder ein veränderter. Rohstoffeinsatz jedoch die Grenzproduktivität von Arbeit und Kapital und damit die Wertschöpfung. Die Isoquanten in der Kapital-Arbeit-Ebene verschieben sich mit jeder Änderung des Energie- oder Rohstoffeinsatzes. Eine Produktionsfunktion, die die Wertschöpfung allein durch Kapital und Arbeit erklärt, ist daher unvollständig spezifiziert (vgl. auch Sato K., 1975, Kap. 5).

Das durch Gleichung (1.1) gegebene Grundschema der Faktornachfrage wurde im konkreten Fall noch modifiziert, um den Besonderheiten der einzelnen Faktoren gerecht zu werden. So wurden die Arbeits–, Energie– und Rohstoffnachfrage durch Niveaugrößenansätze geschätzt, die Investitionen hingegen durch Differenzenansätze. Da alle Variablen zuvor logarithmiert wurden, handelt es sich bei den den ersteren Gleichungen zugrundeliegenden Ansätzen um isoelastische Funktionen, bei letzteren hingegen (approximativ) um Wachstumsratenansätze. In den folgenden Abschnitten wird eine Übersicht über die Faktornachfragefunktionen und ihre jeweiligen Besonderheiten gegeben. Einzelheiten zur Darstellung der Schätzergebnisse sind in der Legende im Anhang D und die Schätzergebnisse für die Restsaison sind im Anhang A zusammengefaßt.

a) Arbeitsnachfrage

Bei der Spezifikation der Arbeitsnachfrage war zunächst die Frage nach der Definition der abhängigen Variable zu klären. Wir entschieden uns für die Zahl der beschäftigten Arbeitnehmer, da diese sowohl arbeitsmarktpolitisch als auch aus Sicht des einzelnen Unternehmens von größerer Bedeutung ist als etwa die Zahl der geleisteten Stunden. Beide Größen hängen natürlich eng zusammen. Während des Untersuchungszeitraums sank jedoch die Zahl der Stunden, die ein Arbeitnehmer durchschnittlich im Verlauf eines Quartals arbeitete, ganz erheblich. Der Hauptanteil dieses Rückgangs ist auf eine Verkürzung der Wochen– bzw. täglichen Arbeitszeit zurückzuführen. Die tägliche Arbeitszeit betrug 7,5 Stunden im Jahr 1964 und sank bis 1987 auf 6,3 Stunden. In diesem Rückgang spiegeln sich nicht nur tariflich vereinbarte Arbeitszeitverkürzungen wider, sondern vor allem auch die stetige Zunahme der Teilzeitarbeit. Bei einer größeren Zahl von Teilzeitbeschäftigten sowie zusätzlich kürzerer Arbeitszeit der Vollzeitbeschäftigten müssen mehr Personen eingestellt werden, um ein gegebenes Arbeitsvolumen zu bewältigen. Um diesem Effekt Rechnung zu tragen, wurde die Arbeitszeit als Bestimmungsgröße in die Beschäftigtenfunktion aufgenommen. Diese Variable ist definiert als Produkt von täglicher Arbeitszeit je Beschäftigtem (in Stunden) und der Zahl der Arbeitstage in einem Quartal.

Zusätzlich zu den in (1.1) angegebenen Größen wurde der Kapitalstock als erklärende Variable in der Gleichung berücksichtigt. Er dient zur Erfassung des im Kapital verkörperten technischen Fortschritts, der in der Produktionsfunktion (Gleichung 12) nicht erfaßt werden konnte. Den besonderen Autokorrelationseigenschaften der Zeitreihe der abhängig Beschäftigten konnte nur entsprochen werden, indem zwei Lags der endogenen Variablen in die Gleichung aufgenommen wurden. Ihre geschätzten Koeffizienten implizieren eine oszillatorische Anpassung an Datenänderungen.

1–ERAG1N Beschäftigte Arbeitnehmer im Inland, Tausend

$$ERAG1N_t = \underset{(4.6)}{7.11} \cdot ERAG1N_{t-1}^{\overset{1.44}{(14.4)}} \cdot ERAG1N_{t-2}^{\overset{-0.60}{(7.5)}} \cdot PV(1.5)\langle BSPG3N_t \rangle^{\overset{0.14}{(4.4)}}$$

$$\cdot KAPG3N_t^{\overset{-0.08}{(4.1)}} \cdot LSBG3N_{t-2}^{\overset{-0.02}{(2.1)}} \cdot (ERHG1N_t \cdot ERZG1N_t)^{\overset{-0.06}{(1.6)}} + \text{Restsaison}$$

12 BSPG3N Bruttosozialprodukt, real, (Deflator: BSPG2N), Mrd. DM
9 KAPG3N Kapitalstock in Preisen von 1980, Mrd. DM
96 LSBG3N Bruttostundenlohnsatz, real, (Deflator: BSPG2N), DM/Stunde
ERHG1N Tägliche Arbeitszeit in Stunden
ERZG1N Bezahlte Arbeitstage pro Quartal

ERAG1N geht ein in: 2–ERBG1N 59–TLOH1N 62–TEGS1N 94–ALOG1N 98–PROG3N

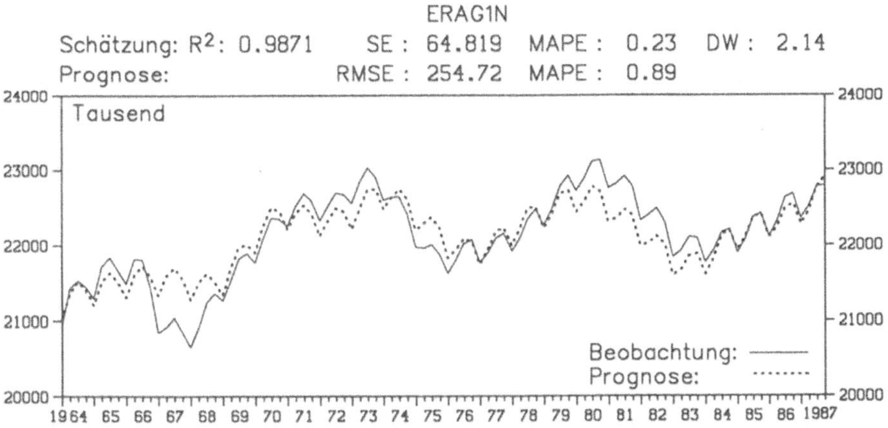

Während die Zahl der Beschäftigten die arbeitsmarktpolitisch interessantere Größe ist und auch für ein einzelnes Unternehmen die wichtigere Entscheidungsvariable darstellt, erschien es für die Spezifikation der Produktionsfunktion sinnvoller, die Zahl der insgesamt geleisteten Arbeitnehmerstunden als Meßgröße für den Arbeitseinsatz zu verwenden. Die Zahl der Beschäftigten wurde daher umgerechnet. Dies geschieht in Gleichung (2). Gleichung (2) ist eigentlich eine Definitionsgleichung; sie mußte jedoch aufgrund gewisser Besonderheiten der Daten, die sonst zu geringen Fehlern führen würden, geschätzt werden.

2–ERBG1N Bezahlte Arbeitsstunden der abhängig Erwerbstätigen, Mio. Std.

$$ERBG1N_t = \underset{(18.3)}{-679.796} + \underset{(293.8)}{1.034}\ ERAG1N_t \cdot ERZG1N_t \cdot ERHG1N_t / 1000 + \text{Restsaison}$$

1 ERAG1N Beschäftigte Arbeitnehmer im Inland, Tausend
ERZG1N Bezahlte Arbeitstage pro Quartal
ERHG1N Tägliche Arbeitszeit in Stunden

ERBG1N geht ein in: 12–BSPG3N 46–YBOH1N

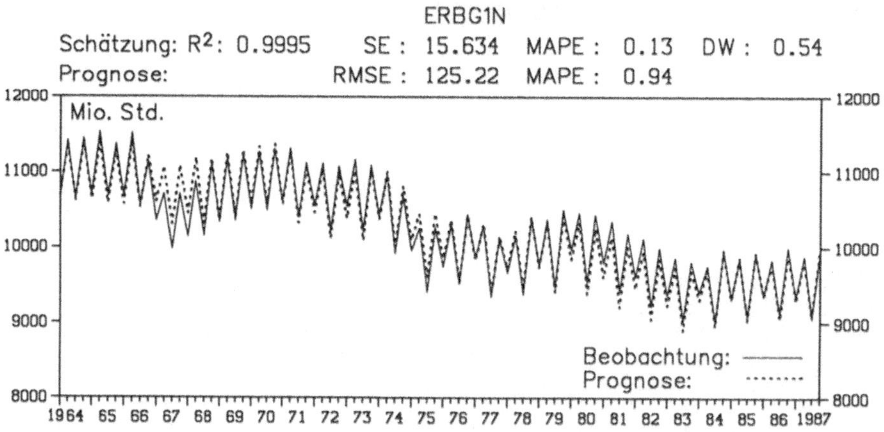

b) Kapitalnachfrage

Wie schon in der Einleitung zu diesem Abschnitt festgestellt wurde, ist der aus der Vorperiode übernommene Kapitalstock ein Planungsdatum. Zu erklären sind daher lediglich die Investitionen einer Periode sowie die Abgänge. Der Kapitalstock wird im Freiburger Modell bewußt sehr umfassend definiert. Er enthält neben dem Anlagekapital der Unternehmen auch das Wohnungsbaukapital und das Anlagekapital des Staates. Diese Abgrenzung erscheint zunächst vielleicht problematisch, da sie sehr heterogene Kapitalgüter zusammenfaßt. Sie ist jedoch hier sinnvoll, da auch die zu erklärende Produktion (das Bruttosozialprodukt) aus sehr heterogenen Gütern besteht. Hinzu kommt, daß auch eine Beschränkung z.B. auf das Verarbeitende Gewerbe nur scheinbar mit einer größeren Homogenität des Untersuchungsobjekts verbunden wäre; denn auch in einem einzelnen Sektor fallen schließlich so verschiedene Dinge wie Fertigungsmaschinen, Kraftfahrzeuge und Kopierautomaten unter den Begriff des Kapitalguts. Im Rahmen der Makroökonomie ist unseres Erachtens "Homogenität" als Kriterium für die Festlegung des Aggregationsniveaus oft eine Illusion.

Die Investitionen der Unternehmen wurden in Ausrüstungsinvestitionen, Wirtschaftsbauinvestitionen und Wohnungsbauinvestitionen unterteilt. Für die ersteren Investitionsarten wurde ein sogenanntes Fehlerkorrekturmodell angesetzt und mit dem zweistufigen Verfahren von Granger und Engle (1987) geschätzt. Dieses Verfahren beruht auf der Beobachtung, daß ökonomische Variablen individuell betrachtet oft nichtstationär sind und ein random-walkartiges Verhalten zeigen. Zwei oder mehr nichtstationäre Variablen können sich jedoch langfristig gemeinsam entwickeln, so daß eine bestimmte Linearkombination dieser Variablen stationär ist. Solche Variablen heißen kointegriert (Granger, C. W. J., 1981). Zwischen kointegrierten Variablen besteht somit eine Gleichgewichtsbeziehung, zu der die Variablen stets tendieren. Die erste Stufe des Granger-Engle-Verfahrens besteht darin, in einer statischen Regression (d.h. einer Regression ohne Berücksichtigung dynamischer Aspekte in

Form von verzögerten Variablen) diese Gleichgewichtsbeziehung zu schätzen. In der zweiten Stufe wird eine Gleichung in Differenzenform geschätzt, die unter anderem die verzögerten Residuen der statischen Regression als erklärende Variable enthält. Diese Residuen können als Gleichgewichtsabweichung oder "Fehler" interpretiert werden. Eine solche Gleichung heißt "Fehlerkorrekturmodell", da in ihr zum Ausdruck kommt, wie die Gleichgewichtsabweichungen oder "Fehler" aus der Vorperiode jeweils wieder korrigiert werden. In das Fehlerkorrekturmodell können zusätzlich weitere stationäre Variablen eingehen, die zur Erklärung kurzfristiger dynamischer Anpassungsreaktionen beitragen.

Die Ausrüstungsinvestitionen werden in der ersten Stufe lediglich durch das Bruttosozialprodukt erklärt. Die geschätzte langfristige Elastizität beträgt 1,08. Dieses Schätzergebnis steht mit der Beobachtung eines trendmäßig steigenden Kapitalkoeffizienten in Einklang.

3–IAUUMN Bruttoausrüstungsinvestitionen der Untern., real, (Deflator: IAUU2N), Mrd. DM

$$IAUUMN_t = \underset{(14.9)}{0.048} \cdot \underset{(30.4)}{BSPG3N_t^{1.081}}$$

12 BSPG3N Bruttosozialprodukt, real, (Deflator: BSPG2N), Mrd. DM

Außer dem Bruttosozialprodukt beeinflussen vor allem die Nutzungskosten des Kapitals und die Renditeerwartungen der Unternehmen die Ausrüstungsinvestitionen. Letztere Faktoren gehen in das Fehlerkorrekturmodell ein. Die Berechnung der Nutzungskosten des Kapitals, die vor allem durch den Preisindex für Investitionsgüter, den langfristigen Zinssatz und die gesetzlichen Abschreibungsmöglichkeiten bestimmt werden, wird in Gleichung (103) beschrieben. Die Renditeerwartungen wurden durch die Entwicklung der Investitionsrendite der laufenden und der drei Vorperioden approximiert. Zur Berechnung der Investitionsrendite wurden die Gewinne der laufenden Periode auf die Ausrüstungsinvestitionen der letzten drei Jahre bezogen. Zur Ermittlung der Restsaison wurde die folgende Gleichung in Niveaugrößen rücktransformiert und die Restsaisonkomponente geschätzt.

4–IAUUMN Bruttoausrüstungsinvestitionen der Unternehmen, real, (Deflator: IAUU2N), Mrd. DM (Fehlerkorrekturmodell)

$$JD(LN(IAUUMN_t)) = -\underset{(2.7)}{0.132} - \underset{(4.5)}{0.270}\, RIAU_{t-4} + \underset{(5.4)}{0.414}\, JD(LN(IAUUMN_{t-1}))$$

$$- \underset{(3.0)}{0.151}\, JD(LN(KAKO3N_{t-2})) + \underset{(5.2)}{1.134}\, JD(LN(BSPG3N_t))$$

$$+ \underset{(2.3)}{0.129}\, LN(INREMN)_{t,t-3}$$

	RIAU	Schätzresiduen aus der logarithmierten Gleichung (3)
103	KAKO3N	Index der Nutzungskosten des Kapitals, real, (Deflator: BSPG2N)
12	BSPG3N	Bruttosozialprodukt, real, (Deflator: BSPG2N), Mrd. DM
105	INREMN	Rendite der Ausrüstungsinvestitionen, real

IAUUMN geht ein in: 5–IBAVPN 6–IBAVPN 9–KAPG3N 20–IVOU3N 34–IAUU1N 105–INREMN

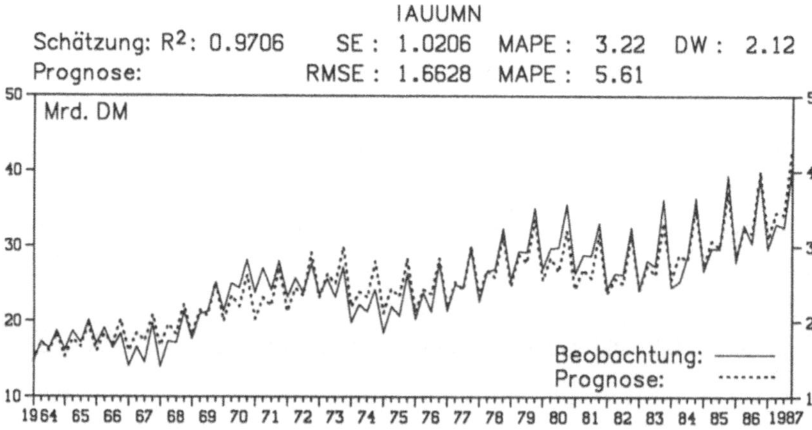

Die Systemprognosen von IAUUMN wurden unter Verwendung des Ansatzes (4) ermittelt.

Die Wirtschaftsbauinvestitionen werden zunächst in einer statischen Regression (Gleichung 5) durch die Ausrüstungsinvestitionen erklärt. Dynamische Anpassungsprozesse und Lags werden in dem Fehlerkorrekturmodell (Gleichung 6) berücksichtigt. Der Zusammenhang mit den Ausrüstungen und dem Sozialprodukt ist hier so eng, daß auf die Berechnung einer eigenen Kapitalkostenvariable verzichtet wurde. Zur Ermittlung der Restsaison wurde wie bei den Ausrüstungsinvestitionen die Gleichung in Niveaugrößen rücktransformiert.

<u>5–IBAVPN Bruttowirtschaftsbauinvestitionen der Untern., real, (Defl.: IBAV2N), Mrd. DM</u>

$$IBAVPN_t = \underset{(10.4)}{2.136} \cdot \underset{(25.2)}{IAUUMN_t^{0.577}}$$

3 IAUUMN Bruttoausrüstungsinvestitionen der Unternehmen, real, (Deflator: IAUU2N), Mrd. DM

<u>6–IBAVPN Bruttowirtschaftsbauinvestitionen der Unternehmen, real, (Deflator: IBAV2N), Mrd. DM (Fehlerkorrekturmodell)</u>

$$JD(LN(IBAVPN_t)) = -\underset{(3.2)}{0.018} - \underset{(6.1)}{0.472}\ RIBAV_{t-4} + \underset{(4.1)}{0.263}\ JD(LN(IBAVPN_{t-1}))$$

$$+ \underset{(3.4)}{0.228}\ JD(LN(IAUUMN_{t-1})) + \underset{(4.6)}{0.860}\ JD(LN(BSPG3N_t))$$

RIBAV Schätzresiduen aus der logarithmierten Gleichung (5)
3 IAUUMN Bruttoausrüstungsinvestitionen der Unternehmen, real, (Deflator: IAUU2N), Mrd. DM
12 BSPG3N Bruttosozialprodukt, real, (Deflator: BSPG2N), Mrd. DM

IBAVPN geht ein in: 9–KAPG3N 20–IVOU3N 36–IBAV1N

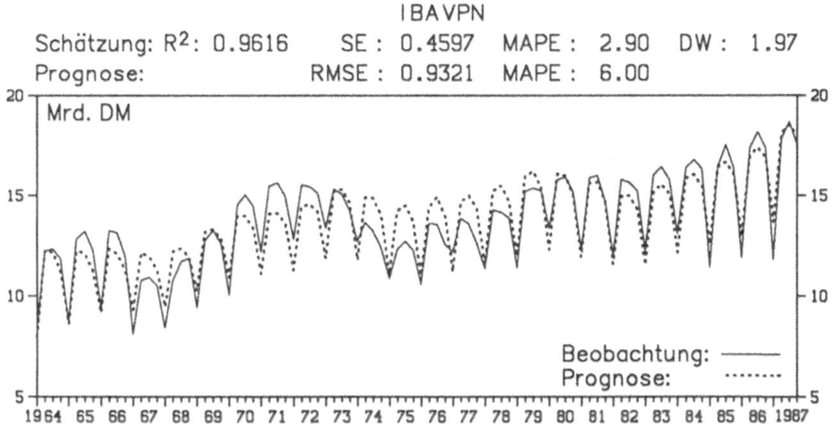

Die Systemprognosen von IBAVPN wurden unter Verwendung des Ansatzes (6) ermittelt.

Die Wohnungsbauinvestitionen stellten sich als eine der am schwierigsten zu erklärenden Variablen des gesamten Modells dar. Das Zusammenspiel von demographischen, soziologischen, wirtschaftlichen, vor allem aber politischen Faktoren, die diese Variable über die letzten 25 Jahre hinweg bestimmt haben, konnte in einer Gleichung nicht angemessen berücksichtigt werden. Die Wahl bestand lediglich darin, diese wichtige Größe exogen zu lassen oder wenigstens einige Interdependenzen mit anderen Variablen des Modells zu erklären. Trotz einiger Bedenken wurde der zweite Weg gewählt. Die im Modell enthaltene Gleichung lautet:

7–IBAWQN Bruttowohnbauinvestitionen, real, (Deflator: IBAW2N), Mrd. DM

$$IBAWQN_t = \underset{(3.4)}{4.251} + \underset{(11.8)}{0.725}\ PV(0.5)\langle IBAWQN_{t-1}\rangle - \underset{(2.0)}{0.0026}\ QD(ALOG1N_t)$$

$$- \underset{(2.1)}{0.063}\ KAPK1N_t + \underset{(3.0)}{0.013}\ (YVGH1N \cdot 100 / CONH2N)_{t,t-7}$$

$$+ \underset{(2.2)}{0.279}\ QWBAU_t - \underset{(4.8)}{2.427}\ QIBAW_t - \underset{(2.1)}{0.799}\ QST74_t + \text{Restsaison}$$

94 ALOG1N Zahl der Arbeitslosen, Tausend
104 KAPK1N Index der Kapitalkosten für Wohnungsbauinvestitionen, nominal
53 YVGH1N Verfügbares Einkommen der privaten Haushalte, nominal, Mrd. DM

24 CONH2N Privater Verbrauch, Preisindex, 1980 = 100
QWBAU Shiftvariable für Wohnbau, 1971Q2 – 1974Q2 ungleich 0, sonst = 0; Wohnbauförderung: Steuermaßnahmen, erhöhte Abschreibungsmöglichkeiten, Gewinnerwartungen
QIBAW Shiftvariable Witterung für IBAWQN, 1970Q1 und 1985Q1 = 1, sonst=0
QST74 Shiftvariable Strukturbruch, ab 1974Q1 = 1, zuvor = 0

IBAWQN geht ein in: 9–KAPG3N 20–IVOU3N 37–IBAW1N

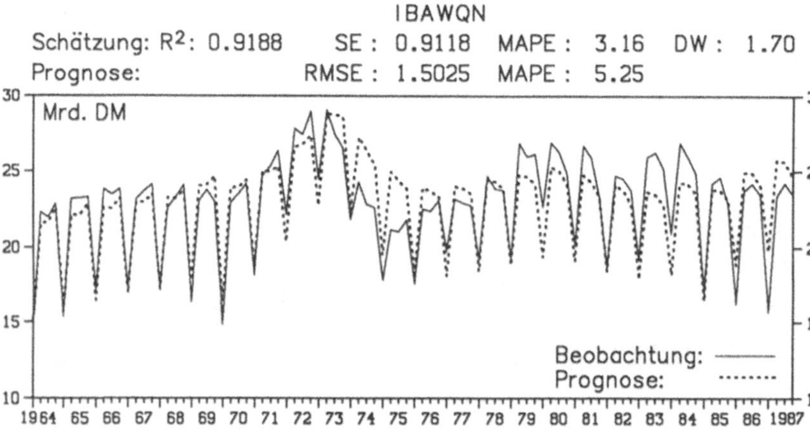

Die Investitionen des Staates schließlich sind exogen. Generell haben wir uns dafür entschieden, potentielle Instrumentvariablen des Staates exogen zu lassen, obwohl auch sie eine bedeutende endogene Komponente enthalten. Ein veränderter Einsatz dieser Variablen wird jedoch in der politischen Diskussion immer wieder vorgeschlagen. Es ist daher wichtig, Auswirkungen veränderter Instrumenteinsätze anhand eines Modells untersuchen zu können.

Die *Abgänge* vom Kapitalstock dürfen nicht mit *Abschreibungen* verwechselt werden. Ein Kapitalgut bleibt solange Teil des Kapitalstocks, wie es in der Produktion eingesetzt wird, auch dann, wenn es bereits vollständig abgeschrieben ist. Abgänge sind die tatsächlichen Entnahmen von Kapitalgütern aus dem Produktionsprozeß. Sie werden im Freiburger Modell durch die verzögerten Abgänge sowie durch die Höhe des Kapitalstocks erklärt. Diese Erklärung beinhaltet zwar Residuen mit einer hohen Autokorrelation, sie ist jedoch, absolut betrachtet, sehr genau und für den Zweck der Fortschreibung des Kapitalstocks hinreichend.

8–ABGA3N Abgänge vom Kapitalstock, real, Mrd. DM

$$ABGA3N_t = -0.340 + 0.918\ ABGA3N_{t-1,t-8} + 0.0005\ KAPG3N_{t-1}$$
$$(0.98) \quad (23.64) \quad (2.85)$$

9 KAPG3N Kapitalstock in Preisen von 1980, Mrd. DM

ABGA3N geht ein in: 9–KAPG3N

ABGA3N

Schätzung: R^2: 0.9990 SE : 0.2285 MAPE : 0.80 DW : 0.15

Prognose: RMSE : 0.2163 MAPE : 0.96

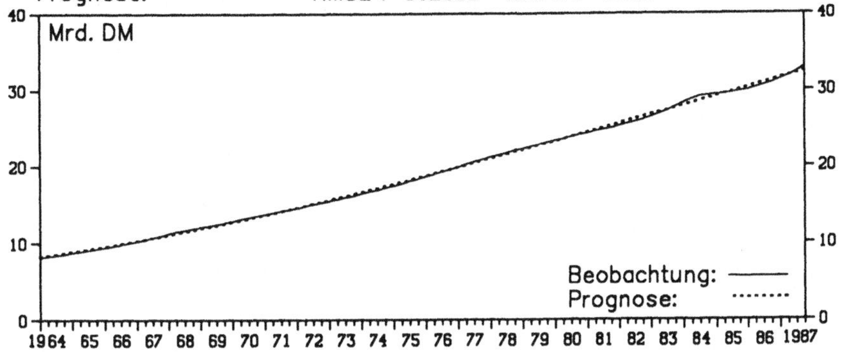

Damit sind die Zu- und Abgänge beim Kapitalstock vollständig erfaßt. Die Fortschreibungsgleichung für den Kapitalstock lautet:

<u>9–KAPG3N Kapitalstock in Preisen von 1980, Mrd. DM</u>

$$KAPG3N_t = KAPG3N_{t-1} + IAUUMN_{t-1} + IBAVPN_{t-1} + IBAWQN_{t-1} + IBASON_{t-1} + IAUSLN_{t-1} - ABGA3N_{t-1}$$

3	IAUUMN	Bruttoausrüstungsinvestitionen der Unternehmen, real, (Deflator: IAUU2N), Mrd. DM
5	IBAVPN	Bruttowirtschaftsbauinvestitionen der Unternehmen, real, (Deflator: IBAV2N), Mrd. DM
7	IBAWQN	Bruttowohnbauinvestitionen, real, (Deflator: IBAW2N), Mrd. DM
	IBASON	Bruttobauinvestitionen des Staates, real, (Deflator: IBAS2N), Mrd. DM
	IAUSLN	Bruttoausrüstungsinvestitionen des Staates, real, (Defl.: IAUS2N), Mrd. DM
8	ABGA3N	Abgänge vom Kapitalstock, real, Mrd. DM

KAPG3N geht ein in: 1–ERAG1N 8–ABGA3N 12–BSPG3N 52–EOZH1N 106–ABSU3N 107–ABSG3N

KAPG3N

Prognose: RMSE : 22.760 MAPE : 0.30

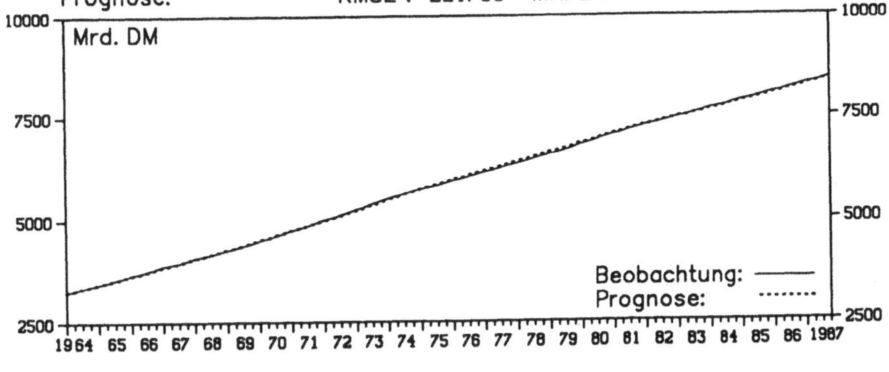

c) Nachfrage nach Energie und Rohstoffen

Die Variable "Energie" ist im Freiburger Modell definiert als Endenergieverbrauch der Unternehmen. Dieser wurde berechnet als Summe aus dem Endenergieverbrauch der Industrie, der Kleinverbraucher sowie des Verkehrssektors (Arbeitsgemeinschaft Energiebilanzen, verschiedene Ausgaben). Der Verbrauch an Vergaserkraftstoffen wurde jedoch nicht berücksichtigt, da er zum überwiegenden Teil privater Nutzung zuzurechnen ist. Der Energieeinsatz hängt ab vom Bruttosozialprodukt sowie vom Verhältnis des Energiepreisindexes zum BSP-Preisindex. Die geschätzte Preiselastizität beträgt etwa 10%. Der Koeffizient des Bruttosozialprodukts hängt von der Variable "Dienstleistungsquote" ab. Diese ist definiert als das Verhältnis der Bruttowertschöpfung der Dienstleistungsunternehmen zur Bruttowertschöpfung des gesamten Unternehmenssektors. Diese Quote ist während des Schätzzeitraumes beinahe stetig gestiegen. Der variable Koeffizient bringt daher zum Ausdruck, daß ein steigender Anteil von Dienstleistungen an der Wertschöpfung mit einem abnehmenden Energieeinsatz pro Einheit Sozialprodukt verbunden ist.

<u>10–ENER3N Endenergieverbrauch der Unternehmen (Petajoule)</u>

$$ENER3N_t = \underset{(17.4)}{11.39} \cdot BSPG3N_t^{\,VarKof_t} \cdot (ENER2N_t \;/\; BSPG2N_t)^{\underset{(3.8)}{-0.103}} + \text{Restsaison}$$

$$VarKof_t = \underset{(27.2)}{0.929} - \underset{(13.5)}{0.579}\; DIEQ3N_t$$

12	BSPG3N	Bruttosozialprodukt, real, (Deflator: BSPG2N), Mrd. DM
	ENER2N	Energie, Brenn- und Treibstoffe, Preisindex, 1980 = 100
22	BSPG2N	Bruttosozialprodukt, Preisindex, 1980 = 100
	DIEQ3N	Verhältnis Bruttowertschöpfung Dienstleistungsunternehmen zu Bruttowertschöpfung aller Unternehmen

ENER3N geht ein in: 12–BSPG3N

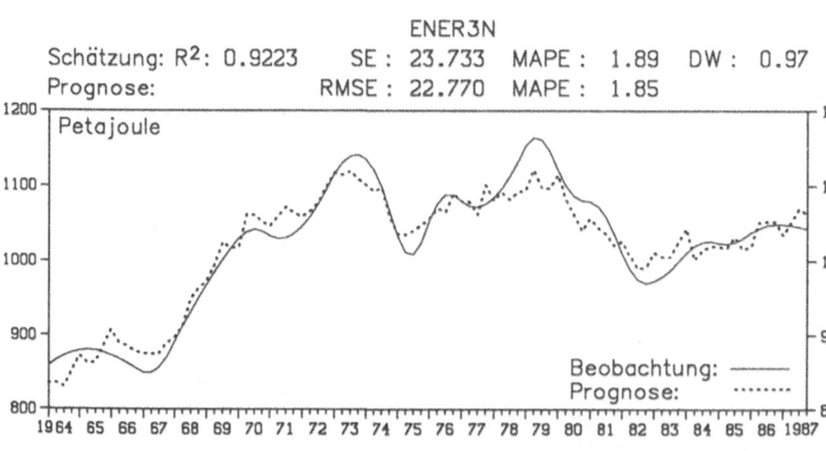

Ähnlich wie der Energieverbrauch wurde auch der Rohstoffeinsatz zu erklären versucht. Es handelt sich hier nur um importierte Rohstoffe ohne Nahrungsmittel und mineralische Brennstoffe. Die mineralischen Brennstoffe wurden aus der Definition herausgenommen, da ihr Einfluß schon in der Energievariablen berücksichtigt wird. Bei der Erklärung der Rohstoffnachfrage haben jedoch weder ein Preisindex noch die oben beschriebene Dienstleistungsquote einen signifikanten Einfluß. Die Gleichung lautet daher:

11–RIMGVN Importe von Rohstoffen ohne mineralische Brennstoffe und Nahrungsmittel, real, Mrd. DM

$$RIMGVN_t = \underset{(4.1)}{0.107} \cdot \underset{(7.8)}{RIMGVN_{t-1}^{0.629}} \cdot \underset{(4.1)}{BSPG3N_t^{0.482}} + \text{Restsaison}$$

12 BSPG3N Bruttosozialprodukt, real, (Deflator: BSPG2N), Mrd. DM

RIMGVN geht ein in: 12–BSPG3N

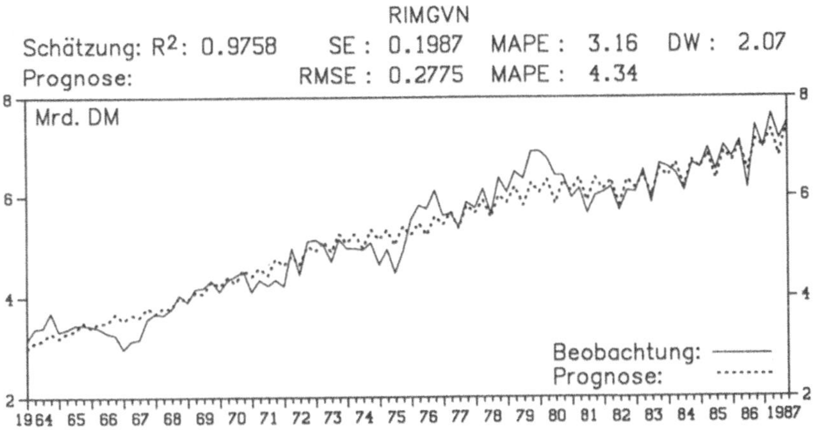

d) Das Bruttosozialprodukt

Vollständig interdependent mit der Nachfrage nach den einzelnen Produktionsfaktoren ist die Bestimmung der geplanten Produktion über eine Produktionsfunktion. Als Funktionstyp dient hierbei die Cobb–Douglas–Funktion. Diese wurde, wie die anderen Gleichungen dieses Sektors auch, in logarithmisch–linearer Form geschätzt. Angesichts der umfangreichen, insbesondere theoretischen Literatur über Produktionsfunktionstypen wollen wir jedoch nicht behaupten, daß die tatsächliche Produktionsfunktion vom Cobb–Douglas–Typ ist. Die funktionale Form dieser Gleichung sollte daher, wie bei anderen Gleichungen auch, eher als eine geeignete Approximation denn als eine Aussage über den "wahren" funktionalen Zusammenhang gesehen werden. Die geschätzte Produktionsfunktion lautet:

12–BSPG3N Bruttosozialprodukt, real, (Deflator: BSPG2N), Mrd. DM, Produktionsfunktion

$$BSPG3N_t = \underset{(7.1)}{0.012} \cdot ERBG1N_t^{\underset{(7.5)}{0.424}} \cdot KAPG3N_t^{\underset{(11.3)}{0.505}} \cdot ENER3N_t^{\underset{(7.0)}{0.240}} \cdot RIMGVN_t^{\underset{(4.1)}{0.080}} \cdot e^{\underset{(3.1)}{0.0013} \cdot TRD}$$

2 ERBG1N Bezahlte Arbeitsstunden der abhängig Erwerbstätigen, Mio. Std.
9 KAPG3N Kapitalstock in Preisen von 1980, Mrd. DM
10 ENER3N Endenergieverbrauch der Unternehmen, Petajoule
11 RIMGVN Importe von Rohstoffen ohne mineralische Brennstoffe und Nahrungsmittel, real, Mrd. DM
TRD Linearer Trend, 1960Q1 = 1

Wie schon in der Einleitung herausgestellt, betrachten wir den Produktionsfunktionswert nicht als endgültige Festlegung der Produktionshöhe. Da die Definition der Produktionsfaktoren kein Maß für ihren jeweiligen Auslastungsgrad enthält, gilt der in dieser Funktion dargestellte Zusammenhang nur mittelfristig, bei durchschnittlicher Maschinenauslastung und Intensität der Arbeit. Kurzfristig können jedoch durch Variation dieser Größen höhere oder niedrigere Ausstöße erzielt werden. Diese Abweichungen wurden mit Hilfe verschiedener Nachfrageindikatoren im Rahmen eines Fehlerkorrekturmodells zu erklären versucht. Als signifikante Indikatoren blieben nach einigen Experimenten die Änderung des Auftragseingangs, die Änderung der Investitionsrendite, die Änderung der Zentralbankgeldmenge sowie der langfristige Zinssatz übrig. Das geschätzte Fehlerkorrekturmodell ist in Gleichung (13) wiedergegeben. Zur Ermittlung der Restsaison wurde die Gleichung in Niveaugrößen rücktransformiert und die Saisonkomponente geschätzt.

13–BSPG3N Bruttosozialprodukt, real, (Defl.: BSPG2N) Mrd. DM (Fehlerkorrekturmodell)

$$\begin{aligned} QD(LN(BSPG3N_t)) = {} & \underset{(2.96)}{0.019} - \underset{(3.6)}{0.432}\, RBSP_{t-1} + \underset{(4.4)}{0.115}\, QD(LN(AEGG3N_t)) \\ & - \underset{(3.4)}{0.0024}\, IUML4N_{t,t-3} + \underset{(2.7)}{0.045}\, QD(LN(INREMN_t)) \\ & + \underset{(2.3)}{0.022}\, QD(QD(LN(INREMN_{t-1}))) + \underset{(2.7)}{0.331}\, QD(LN(XZBG4N_{t-2})) \end{aligned}$$

RBSP Residuen der logarithmierten Produktionsfunktion (Gleichung 12)
42 AEGG3N Index des Auftragseingangs im Verarbeitenden Gewerbe, insgesamt, real, (Deflator: BSPG2N)
45 IUML4N Durchschnittliche Umlaufsrendite der festverzinslichen Wertpapiere, Prozent
105 INREMN Rendite der Ausrüstungsinvestitionen, real
XZBG4N Zentralbankgeldmenge, nominal, Mrd. DM

BSPG3N geht ein in: 1–ERAG1N 3–IAUUMN 4–IAUUMN 6–IBAVPN
10–ENER3N 11–RIMGVN 16–IMWGUN 17–IMDGSN
20–IVOU3N 22–BSPG2N 25–CONS2N 29–IBAW2N
97–LSTG1N 98–PROG3N

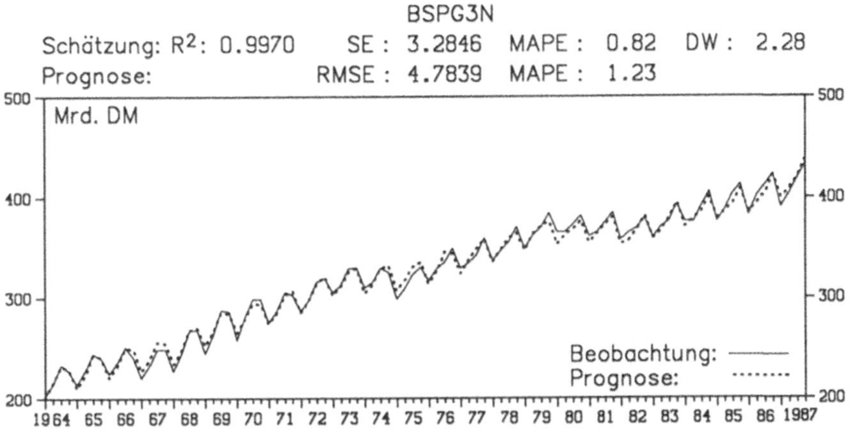

Die Systemprognose von BSPG3N wurde unter Verwendung von Ansatz (13) ermittelt.

Der Koeffizient der Residuen aus der Produktionsfunktion (RBSP) ist mit – 0,43 relativ groß. Dieser Koeffizient gibt an, daß Abweichungen von der durch die Produktionsfunktion gegebenen Normalauslastung bereits im auf die Abweichung folgenden Quartal zu über 40% korrigiert werden.

Die hier beschriebene Form der Sozialprodukterklärung ist unseres Erachtens sehr flexibel. Sie betont einerseits aufgrund der engen Bindung an die Produktionsfunktion und die Faktornachfrage Angebotselemente, berücksichtigt andererseits aber auch den Einfluß von Nachfrageindikatoren im Rahmen einer Sequenz temporärer Gleichgewichte. Ein Modell, in dem das Sozialprodukt Großbritanniens auf vergleichbare Weise erklärt wird, wurde von Beenstock, M. u.a. (1986) entwickelt.

1. 2. 2 Verwendung des Sozialprodukts

Die Begriffe "Entstehung" und "Verwendung" des Sozialprodukts bezeichnen hier etwas andere Sachverhalte als in der Volkswirtschaftlichen Gesamtrechnung. So wurden die Investitionen schon unter der Überschrift "Entstehung des Sozialprodukts" abgehandelt, da ihre Rolle als Produktionsfaktor betont werden sollte. Mit anderen Worten: der Kapazitätseffekt der Investitionen erschien uns wichtiger als der Nachfrageeffekt. Die übrigen Größen der realen Verwendungsrechnung, nämlich der Konsum und der Außenbeitrag, werden in diesem Abschnitt behandelt.

a) Konsumnachfrage

Der Konsum der Privaten Haushalte hängt in erster Linie vom verfügbaren Einkommen dieses Sektors ab. Die marginale Konsumquote selbst hängt negativ von der Höhe des Zinssatzes ab. Dieser Zusammenhang reflektiert die Zinsabhängigkeit des Sparens. Als Zinssatz wurde hier der Durchschnitt aus den beiden im Rahmen des Modells erklärten Zinssätzen gewählt. Der Zinssatz für Dreimonatsgeld am Frankfurter Geldmarkt dient dabei als repräsentativer kurzfristiger, die Umlaufsrendite langfristiger Wertpapiere als repräsentativer langfristiger Zinssatz. Außer der unmittelbaren Abhängigkeit des Konsums vom Einkommen der laufenden Periode sollte auch der Einfluß des Vermögens berücksichtigt werden. Das Modell enthält allerdings keine Vermögensrechnung. Deshalb dient der Bestand an Realkasse als Proxyvariable für das gesamte Vermögen. Die Wirkung der Realkasse auf den Konsum kann jedoch auch als Realkasseneffekt im Sinne von Patinkin (Patinkin, D., 1965) gedeutet werden. Schließlich wurde auch der Argumentation von Barro (Barro, R. J., 1974) Rechnung getragen, daß die Wirtschaftssubjekte eine Erhöhung der Staatsverschuldung mit einer Senkung ihrer Konsumausgaben beantworten, um auf diese Weise Rückstellungen für zukünftig zu erwartende höhere Steuern zu bilden. Der Koeffizient der Nettoneuverschuldung des Staates ist jedoch mit ca. –0,06 weit von – 1 entfernt. Der "Barro–Ricardo–Effekt" spielt deshalb quantitativ keine sehr bedeutende Rolle.

14–CONHCN Privater Verbrauch, real, (Deflator: CONH2N), Mrd. DM

$$CONHCN_t = \underset{(2.2)}{1.310} + \underset{(9.4)}{0.497}\, PV(0.5)\langle CONHCN_{t-1}\rangle$$

$$+ VarKof_t\,(YVGH1N_t \cdot 100 \,/\, CONH2N_t)$$

$$+ \underset{(2.6)}{0.053}\,(XGM14N \cdot 100 \,/\, CONH2N)_{t,t-3} - \underset{(2.1)}{0.064}\,(NVGS1N_t \cdot 100 \,/\, CONH2N_t)$$

$$+ \text{Restsaison}$$

$$VarKof_t = \underset{(10.9)}{0.400} - \underset{(4.3)}{0.0017}\,(IDRM4N_t + IUML4N_t)\,/\,2$$

53 YVGH1N Verfügbares Einkommen der privaten Haushalte, nominal, Mrd. DM
24 CONH2N Privater Verbrauch, Preisindex, 1980 = 100
43 XGM14N Geldmenge M1, nominal, Mrd. DM
91 NVGS1N Nettoneuverschuldung der Gebietskörperschaften, nominal, Mrd. DM
44 IDRM4N Geldmarktsatz (Frankfurt) für Dreimonatsgeld, Prozent
45 IUML4N Durchschnittliche Umlaufsrendite der festverzinslichen Wertpapiere, Prozent

CONHCN geht ein in: 20–IVOU3N 32–CONH1N

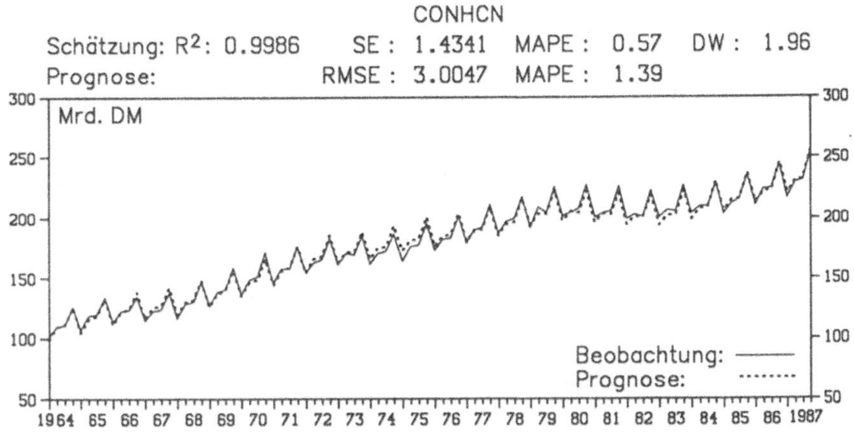

Die Konsumausgaben des Staates werden im Gegensatz zu den staatlichen Investitionen als endogene Variable im Rahmen des Modells erklärt. Allerdings ist die Erklärung keineswegs theoretisch anspruchsvoll. Sie bringt lediglich die Tatsache zum Ausdruck, daß der überwiegende Teil der konsumtiven Staatsausgaben aus Lohn– und Gehaltszahlungen sowie Pensionen besteht und daher unmittelbar an die allgemeine Lohnentwicklung gekoppelt ist.

<u>15–CONSDN Öffentlicher Verbrauch, real, (Deflator: CONS2N), Mrd. DM</u>

$$CONSDN_t = -\underset{(2.0)}{2.823} + \underset{(15.3)}{0.831}\ CONSDN_{t-1,t-3} + \underset{(2.98)}{0.924}\ LSBG1N_t \cdot 100 / CONS2N_t$$

+ Restsaison

95 LSBG1N Bruttostundenlohnsatz, nominal, DM/Stunde
25 CONS2N Öffentlicher Verbrauch, Preisindex, 1980 = 100

CONSDN geht ein in: 20–IVOU3N 33–CONS1N

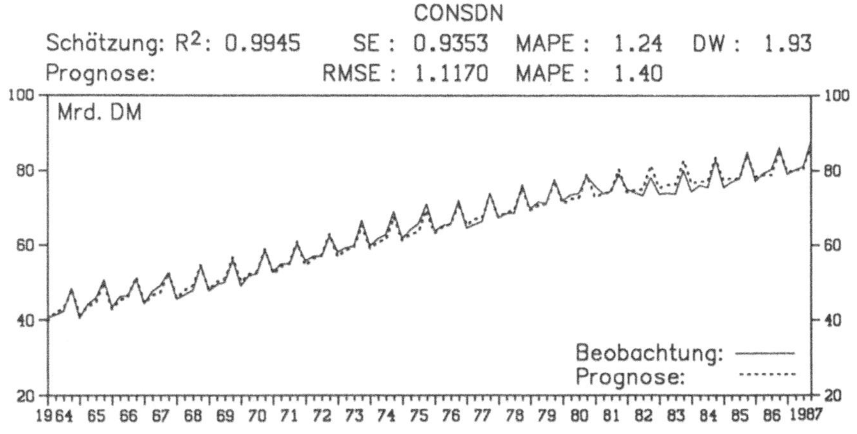

b) Außenhandel

Die Bundesrepublik ist eine Wirtschaftsnation, in der der Außenhandel eine sehr wichtige Rolle spielt. Importe und Exporte können dabei aus zwei Gründen nicht losgelöst voneinander betrachtet werden. Erstens werden viele Rohstoffe und Halbfertigwaren in die Bundesrepublik eingeführt, die nach erfolgter Weiterverarbeitung wieder ausgeführt werden. Zweitens spielen auch sogenannte Kompensationsgeschäfte mit Ostblockstaaten und mit Ländern der Dritten Welt eine zunehmende Rolle. Bei diesen Geschäften hängen Importe und Exporte unmittelbar zusammen und sind wertmäßig sogar gleich hoch. Aus diesen Gründen wurde der Außenhandel als kleines interdependentes Subsystem spezifiziert, in dem sich Importe und Exporte gegenseitig bedingen. Die übrigen Bestimmungsgrößen der Warenimporte sind die Endnachfrage (ohne Exporte) und das Verhältnis der Importgüterpreise zum Preisindex des Sozialprodukts.

<u>16–IMWGUN Import von Waren, real, (Deflator: IMWG2N), Mrd. DM</u>

$$IMWGUN_t = \underset{(5.2)}{-23.800} + \underset{(6.9)}{0.524}\, IMWGUN_{t-1} + \underset{(5.8)}{0.181}\, EXPGFN_t$$

$$+ \underset{(5.5)}{0.158}\,(BSPG3N_t - EXPGFN_t) - \underset{(3.1)}{0.255}\, QD(IMWG2N / BSPG2N)_{t-3,t-5}$$

$$+ \text{Restsaison}$$

18 EXPGFN Export, real, (Deflator: EXPG2N), Mrd. DM
12 BSPG3N Bruttosozialprodukt, real, (Deflator: BSPG2N), Mrd. DM
IMWG2N Import von Waren, Preisindex, 1980 = 100
22 BSPG2N Bruttosozialprodukt, Preisindex, 1980 = 100

IMWGUN geht ein in: 18–EXPGFN 20–IVOU3N

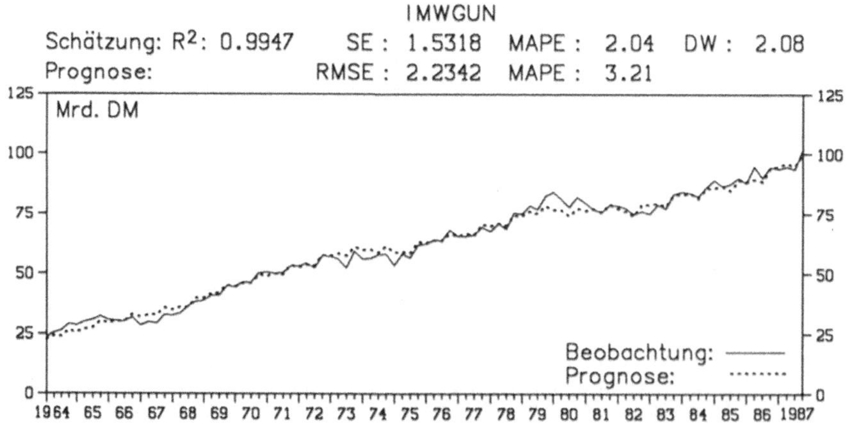

Bei der Erklärung der Dienstleistungsimporte ergab sich kein signifikanter Koeffizient für das Preisverhältnis.

17–IMDGSN Import von Dienstleistungen, real, Mrd. DM

$$IMDGSN_t = -4.056 + 0.691\ PV(0.5)\langle IMDGSN_{t-1}\rangle + 0.031\ BSPG3N_{t,t-3} + \text{Restsaison}$$
$$\qquad (4.0) \qquad (10.7) \qquad\qquad\qquad (4.5)$$

12 BSPG3N Bruttosozialprodukt, real, (Deflator: BSPG2N), Mrd. DM

IMDGSN geht ein in: 20–IVOU3N

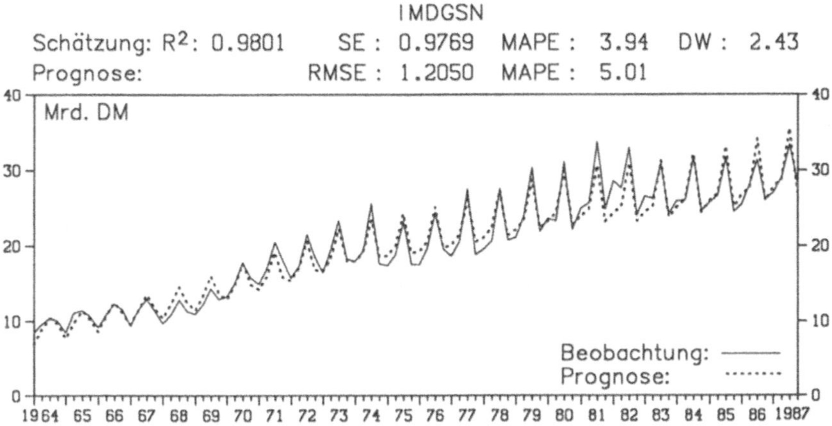

Die Exporte hängen – außer von den Importen – von den Auftragseingängen aus dem Ausland ab. Dieser Indikator erfüllt dieselbe Funktion wie das Welthandelsvolumen oder ähnliche Größen, die in anderen Modellen zur Erklärung der Exportnachfrage des Auslands dienen. Preiseffekte werden durch den Kurs des US–Dollars erfaßt. Der Einfluß dieser Variablen ist zusätzlich mit den Terms of Trade verknüpft. Eine Aufteilung der Exporte in Waren und Dienstleistungen wie bei den Importen war aus Datengründen nicht möglich. Die Exporte werden deshalb als Aggregat erklärt.

18–EXPGFN Export, real, (Deflator: EXPG2N), Mrd. DM

$$EXPGFN_t = -12.57 + 0.725\ EXPGFN_{t-1} + 0.160\ PV(0.25)\langle AEGA1N_t \cdot 100/EXPG2N_t\rangle$$
$$\qquad (4.3) \qquad (16.4) \qquad\qquad (3.8)$$

$$+ 0.278\ PV(0.25)\langle IMWGUN_t\rangle + VarKof_t\ DEKU4N_t + \text{Restsaison}$$
$$(4.2)$$

$$VarKof_t = 2.323 - 0.043\ WR(TOTG3N_t)$$
$$\qquad (4.0) \qquad (1.8)$$

AEGA1N Index des Auftragseingangs aus dem Ausland im Verarbeitenden Gewerbe, nominal, 1980 = 100
31 EXPG2N Export, Preisindex, 1980 = 100
16 IMWGUNImport von Waren, real, (Deflator: IMWG2N), Mrd. DM
DEKU4N Devisenkurs des US–Dollar, DM/Dollar
19 TOTG3N Terms of Trade (EXPG2N/IMPG2N)

EXPGFN geht ein in: 16–IMWGUN 20–IVOU3N 39–EXPG1N

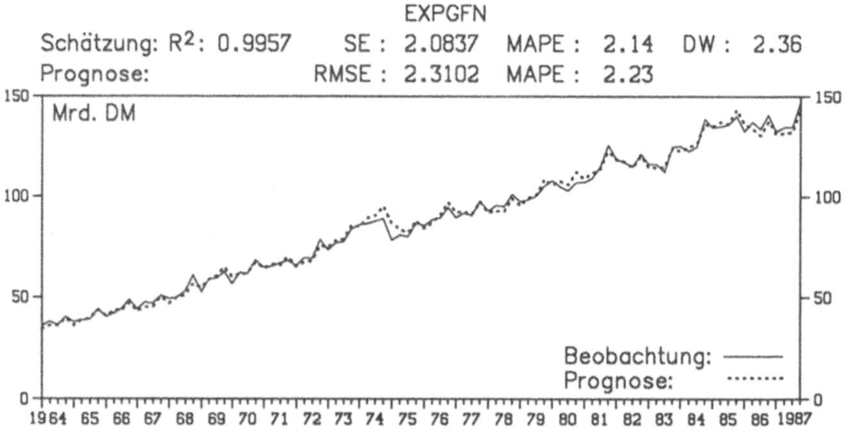

<u>19–TOTG3N Terms of Trade (EXPG2N/IMPG2N)</u>

$TOTG3N_t = EXPG2N_t / IMPG2N_t$

31 EXPG2N Export, Preisindex, 1980 = 100
IMPG2N Import, Preisindex, 1980 = 100

TOTG3N geht ein in: 18–EXPGFN

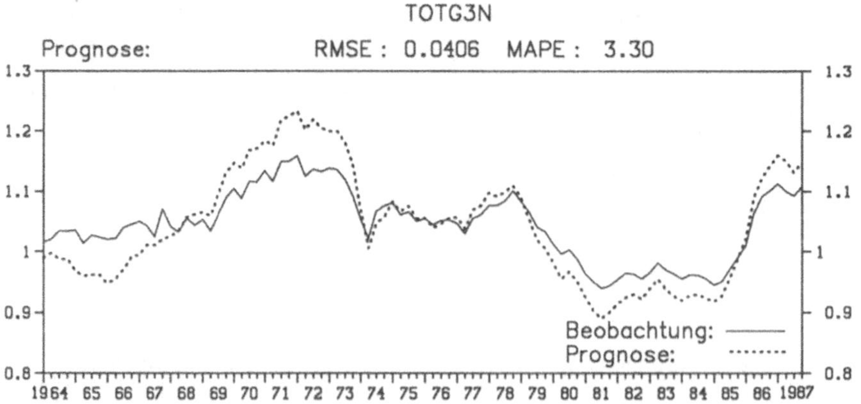

c) Vorratsveränderungen

Als Residualgröße der Verwendungsrechnung bleiben die Vorratsveränderungen. Diese

Größe wird vom DIW als Differenzposten zwischen den Einkommen aus der Entstehungs- und aus der Verwendungsrechnung ermittelt (DIW, 1988). Insofern kumulieren sich alle Datenfehler, die sich an anderen Stellen der Volkswirtschaftlichen Gesamtrechnung ergeben, in den Vorratsveränderungen. Es war – vielleicht aus diesem Grund – nicht möglich, diese Variable an anderer Stelle in sinnvoller Weise ins Modell zurückwirken zu lassen.

20–IVOU3N Vorratsveränderung der Unternehmen, real, (Deflator: BSPG2N), Mrd.DM

$$IVOU3N_t = BSPG3N_t - CONHCN_t - CONSDN_t - IAUUMN_t - IBAVPN_t - IBAWQN_t - IBASON_t - IAUSLN_t - EXPGFN_t + IMWGUN_t + IMDGSN_t$$

12 BSPG3N Bruttosozialprodukt, real, (Deflator: BSPG2N), Mrd. DM
14 CONHCN Privater Verbrauch, real, (Deflator: CONH2N), Mrd. DM
15 CONSDN Öffentlicher Verbrauch, real, (Deflator: CONS2N), Mrd. DM
3 IAUUMN Bruttoausrüstungsinvestitionen der Unternehmen, real, (Deflator: IAUU2N), Mrd. DM
5 IBAVPN Bruttowirtschaftsbauinvestitionen der Unternehmen, real, (Deflator: IBAV2N), Mrd. DM
7 IBAWQN Bruttowohnbauinvestitionen, real, (Deflator: IBAW2N), Mrd. DM
IBASON Bruttobauinvestitionen des Staates, real, (Deflator: IBAS2N),Mrd. DM
IAUSLN Bruttoausrüstungsinvestitionen des Staates, real, (Deflator: IAUS2N), Mrd. DM
18 EXPGFN Export, real, (Deflator: EXPG2N), Mrd. DM
16 IMWGUN Import von Waren, real, (Deflator: IMWG2N), Mrd. DM
17 IMDGSN Import von Dienstleistungen, real, Mrd. DM

IVOU3N geht ein in: ——

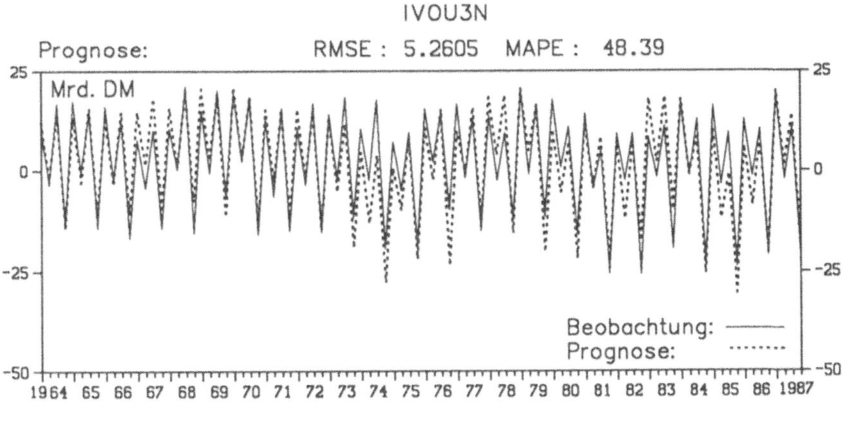

1. 3 Preise und nominale Nachfrageaggregate

1. 3. 1 Das nominale Bruttosozialprodukt

Die Erklärung der nominalen Gesamtnachfrage (des nominalen Sozialprodukts) beruht auf den folgenden Beobachtungen: die Relation zwischen nominalem Sozialprodukt und umlaufender Geldmenge ist - über den gesamten Untersuchungszeitraum betrachtet – annähernd konstant. Kurzfristige Veränderungen beider Größen sind hingegen teilweise nur schwach miteinander korreliert. Wir haben daher versucht, eine "Ausgabenfunktion" zu schätzen, die diese langfristige Konstanz enthält, kurzfristige Schwankungen der Umlaufgeschwindigkeit des Geldes aber berücksichtigt. Die beiden Vorstellungen wurden durch einen variablen Koeffizienten miteinander kombiniert. Die Bestimmungsgleichung für das nominale Bruttosozialprodukt lautet:

<u>21–BSPG1N Bruttosozialprodukt, nominal, Mrd. DM</u>

$$BSPG1N_t = \underset{(5.24)}{1.586} \cdot KV(0.5) \langle BSPG1N_{t-1} \rangle^{\underset{(20.2)}{0.788}} \cdot XGM14N_t^{VarKof_t} + \text{Restsaison}$$

$$VarKof_t = \underset{(2.0)}{0.078} + \underset{(2.6)}{0.00018}\, PV(0.5) \langle WR(XGM14N_t) \rangle + \underset{(2.7)}{0.00032}\, VR(AUSS1N_t)$$

$$+ \underset{(4.8)}{0.00053}\, WR(LSBG1N)_{t,t-1} - \underset{(4.3)}{0.00008}\, TRD_t \cdot QST74_t + \underset{(5.9)}{0.015}\, LN(AEGA1N_t)$$

43 XGM14N Geldmenge M1, nominal, Mrd. DM
81 AUSS1N Gesamte Ausgaben des Staates, nominal, Mrd. DM
95 LSBG1N Bruttostundenlohnsatz, nominal, DM/Stunde
TRD Linearer Trend, 1960Q1 = 1
QST74 Shiftvariable Strukturbruch, ab 1974Q1 = 1, zuvor = 0
AEGA1N Index des Auftragseingangs aus dem Ausland im Verarbeitenden Gewerbe nominal, 1980 = 100

BSPG1N geht ein in: 22–BSPG2N 23–CONO2N 25–CONS2N 28–IBAV2N 29–IBAW2N 30–IBAS2N 31–EXPG2N 45–IUML4N 49–YBOU1N 65–TVMS1N 67–TSDS1N 69–TPRO1N 70–TSIS1N 77–EYVS1N 78–USPS1N 79–UOTS1N 80–VEMS1N 84–USSU1N 85–USOU1N 86–UOST1N 88–VGLS1N

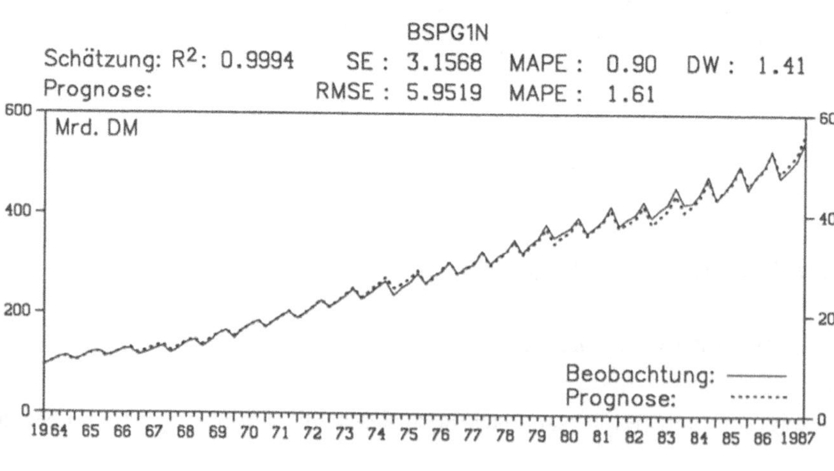

Der Koeffizient der Geldmenge hängt unter anderem von der Wachstumsrate der Geldmenge ab. Diese Abhängigkeit dient – ebenso wie die Abhängigkeit von der Wachstumsrate des Lohnsatzes – dazu, den Einfluß inflationärer Erwartungen auf die Umlaufgeschwindigkeit des Geldes zu erfassen. In eine ähnliche Richtung weisen das Wachstum der Staatsausgaben und die nominalen Auftragseingänge aus dem Ausland. In der hier vorgelegten Spezifikation ist überraschenderweise kein Zinssatz signifikant.

1. 3. 2 Preise

Der Preisindex des Sozialprodukts ergibt sich nun definitorisch als Quotient aus nominalem und realem Sozialprodukt:

22–BSPG2N Bruttosozialprodukt, Preisindex, 1980 = 100

$$BSPG2N_t = BSPG1N_t \cdot 100 \; / \; BSPG3N_t$$

21 BSPG1N Bruttosozialprodukt, nominal, Mrd. DM
12 BSPG3N Bruttosozialprodukt, real, (Deflator: BSPG2N), Mrd. DM

BSPG2N geht ein in: 10–ENER3N 16–IMWGUN 23–CONO2N 25–CONS2N 26–IAUU2N 27–IAUS2N 28–IBAV2N 29–IBAW2N 30–IBAS2N 31–EXPG2N 42–AEGG3N 96–LSBG3N 103–KAKO3N 108–ABSU1N 109–ABSG1N

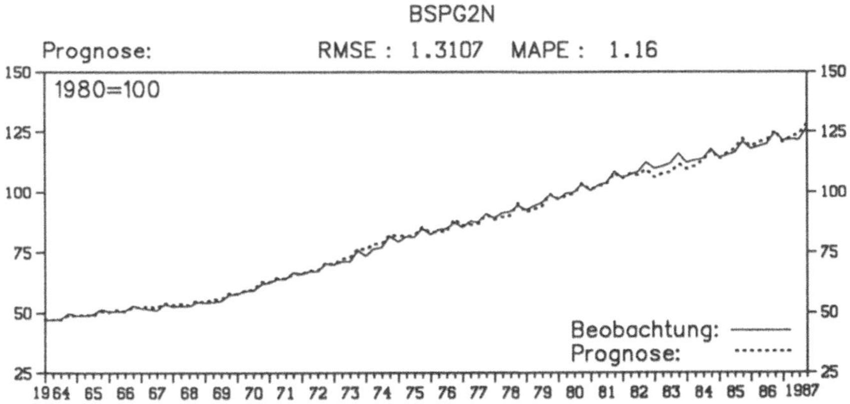

Das allgemeine Preisniveau wird also durch das Zusammentreffen von (realem) Angebot und (nominaler) Nachfrage erklärt.

Für die Preisindizes der einzelnen Verwendungsarten des Sozialprodukts erschien eine entsprechende Erklärung nicht sinnvoll. Dazu wäre es erforderlich gewesen, Funktionen für die nominalen Konsumausgaben, die nominalen Investitionsausgaben etc. zu spezifizieren.

Hierfür fehlt jedoch eine theoretische Basis. Stattdessen wurde die Entwicklung der sektoralen Preisindizes in zwei Komponenten aufgespalten: eine makroökonomische Komponente, die durch Kopplung an den BSP–Preisindex erfaßt wird, und eine sektorale Komponente, die durch den Anteil der Ausgaben eines Sektors an den Gesamtausgaben erfaßt wird. Hinzu kommt der verzögerte zu erklärende Preisindex, da ohne diese Variable die Trägheit der Preisentwicklung ökonometrisch nicht zu beschreiben wäre. Bezeichnet man den Preisindex des Sektors i mit p_{it}, den Preisindex des Bruttosozialprodukts mit $p_{BSP}t$, die nominalen Ausgaben im Sektor i mit A_{it} und das nominale Sozialprodukt mit $BSPG1N_t$, so ist das Grundschema der Erklärung eines sektoralen Preisindexes von der Form:

$$p_{it} = a_0 + a_1 p_{it-1} + a_2 p_{BSP}t + a_3 \frac{A_{it}}{BSPG1N_t}. \tag{1.2}$$

Lediglich zur Erklärung der Preisindizes für Ausrüstungsinvestitionen leistete die Ausgabenanteilsvariable keinen signifikanten Beitrag.

Der Preisindex des privaten Verbrauchs wird von der Höhe des Umsatzsteuersatzes (Mehrwertsteuersatzes) direkt beeinflußt. Es erschien daher zweckmäßig, den Koeffizienten dieser Größe nicht zu schätzen, sondern auf Eins zu setzen. Dies geschah, indem der Preisindex mit Eins minus dem effektiven Umsatzsteuersatz (gezahlte Umsatzsteuer pro Konsumeinheit) multipliziert wurde. Frei geschätzt wurde dann die Bestimmungsgleichung für den so definierten Preisindex:

<u>23–CONO2N Konsumgüterpreisindex ohne effektive Mehrwertsteuer</u>

$$\begin{aligned} CONO2N_t &= \underset{(3.4)}{-7.417} + \underset{(31.7)}{0.849}\ CONO2N_{t-1} + VarKof_t \cdot BSPG2N_t \\ &\quad + \underset{(3.8)}{0.150}\ (CONH1N_t \cdot 100 / BSPG1N_t) + \text{Restsaison} \\ VarKof_t &= \underset{(5.4)}{0.121} + \underset{(5.9)}{0.0011}\ IDRM4Nt \end{aligned}$$

$R^2 = 0.999$ SE = 0.41 MAPE = 0.39 DW = 1.99

22 BSPG2N Bruttosozialprodukt, Preisindex, 1980 = 100
32 CONH1N Privater Verbrauch, nominal, Mrd. DM
21 BSPG1N Bruttosozialprodukt, nominal, Mrd. DM
44 IDRM4N Geldmarktsatz (Frankfurt) für Dreimonatsgeld, Prozent

CONO2N geht ein in: 24–CONH2N

Der tatsächliche Preisindex (inklusive Mehrwertsteuersatz) ergibt sich somit aus einer Definitionsgleichung:

24–CONH2N Privater Verbrauch, Preisindex, 1980 = 100

$$CONH2N_t = CONO2N_t \;/\; (1 - TUMG1N_t \;/\; CONH1N_t)$$

23 CONO2N Konsumgüterpreisindex ohne effektive Mehrwertsteuer
68 TUMG1N Umsatzsteuer, nominal, Mrd. DM
32 CONH1N Privater Verbrauch, nominal, Mrd. DM

CONH2N geht ein in: 7–IBAWQN 14–CONHCN 32–CONH1N 43–XGM14N
44–IDRM4N 95–LSBG1N

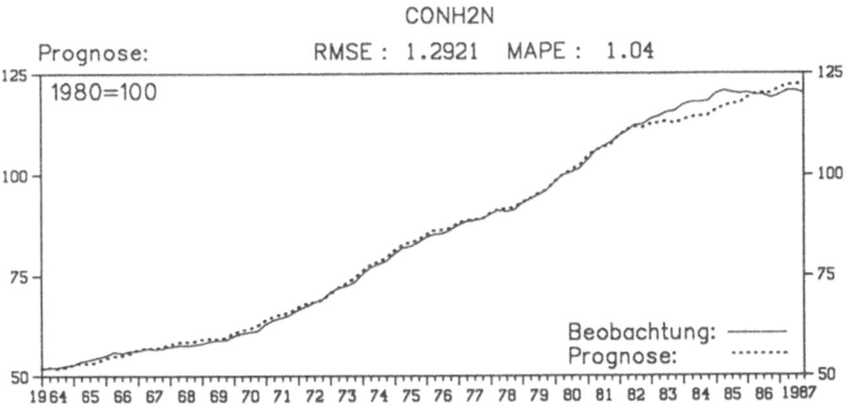

Der Koeffizient von BSPG2N in Gleichung (23) hängt vom Zinssatz für Dreimonatsgeld ab, wodurch der Einfluß der im Zinssatz enthaltenen Inflationserwartungen auf die laufende Preisentwicklung erfaßt werden soll. Diese Spezifikation führt im Vergleich zu einer Funktion, in der dieser Zusammenhang nicht enthalten ist, zu einer erheblichen Verbesserung des Korrelogramms der Residuen.

Die übrigen Preisfunktionen folgen weitgehend dem obigen Erklärungsmuster. Als Besonderheit ist noch anzumerken, daß sich die Preise für private Wohnungsbau– und Wirtschaftsbauinvestitionen am besten erklären ließen, indem die staatlichen Bauinvestitionen als zusätzliche erklärende Variable in die jeweilige Gleichung aufgenommen wurden.

25–CONS2N Öffentlicher Verbrauch, Preisindex, 1980 = 100

$$CONS2N_t = \underset{(10.2)}{-52.790} + \underset{(3.9)}{0.267}\, CONS2N_{t-1} + \underset{(10.5)}{0.741}\, BSPG2N_t$$

$$+ \underset{(12.2)}{1.680}\, (CONS1N_t \cdot 100 \,/ BSPG1N_t)$$

$$+ \underset{(5.2)}{0.170}\, (BSPG3N_t \cdot 100 \,/\, BSPG3N_{t-1,\,t-16})_{t\,,\,t-1} + \text{Restsaison}$$

22 BSPG2N Bruttosozialprodukt, Preisindex, 1980 = 100
33 CONS1N Öffentlicher Verbrauch, nominal, Mrd. DM
21 BSPG1N Bruttosozialprodukt, nominal, Mrd. DM
12 BSPG3N Bruttosozialprodukt, real, (Deflator: BSPG2N), Mrd. DM

CONS2N geht ein in: 15–CONSDN 33–CONS1N

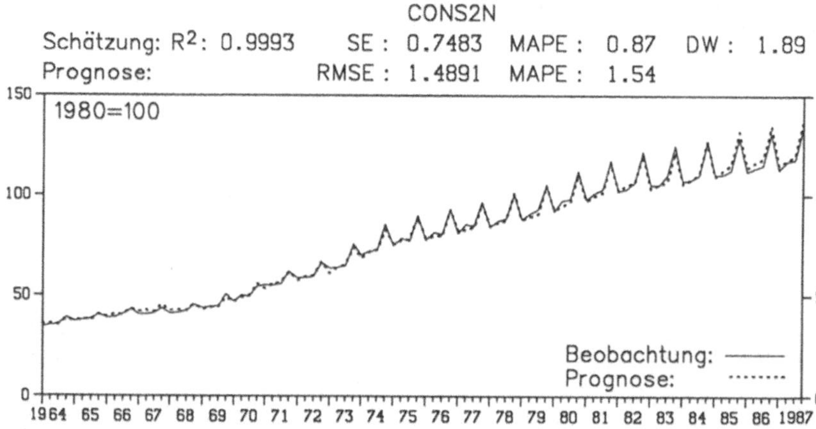

26–IAUU2N Bruttoausrüstungsinvestitionen der Unternehmen, Preisindex, 1980 = 100

$$IAUU2N_t = \underset{(4.6)}{1.669} + \underset{(33.7)}{0.894}\ IAUU2N_{t-1} + VarKof_t\ BSPG2N_t + \text{Restsaison}$$

$$VarKof_t = \underset{(3.1)}{0.076} + \underset{(6.2)}{0.0025}\ IUML4N_{t,t-3}$$

22 BSPG2N Bruttosozialprodukt, Preisindex, 1980 = 100
45 IUML4N Durchschnittliche Umlaufsrendite der festverzinslichen Wertpapiere, Prozent

IAUU2N geht ein in: 34–IAUU1N 102–KAKO1N 105–INREMN

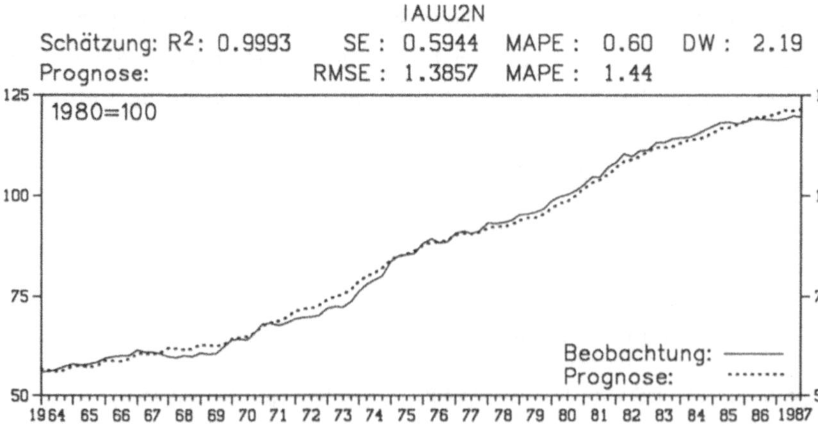

27–IAUS2N Bruttoausrüstungsinvestitionen des Staates, Preisindex, 1980 = 100

$$IAUS2N_t = \underset{(5.0)}{3.392} + \underset{(18.1)}{0.781}\ IAUS2N_{t-1} + \underset{(5.2)}{0.193}\ BSPG2N_t + \text{Restsaison}$$

22 BSPG2N Bruttosozialprodukt, Preisindex, 1980 = 100

IAUS2N geht ein in: 35–IAUS1N

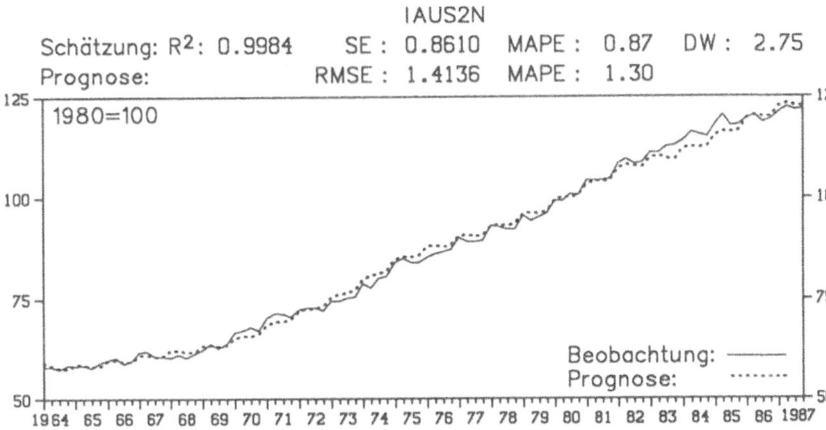

28–IBAV2N Bruttowirtschaftsbauinvestitionen, Preisindex, 1980 = 100

$$IBAV2N_t = -\underset{(4.5)}{5.456} + \underset{(16.9)}{0.738}\ IBAV2N_{t-1} + \underset{(5.4)}{0.231}\ BSPG2N_t + \underset{(5.2)}{0.359}\ IBAS1N_t$$
$$+ \underset{(4.0)}{0.150}\ IDRM4N_t + \underset{(4.0)}{0.888}\ (IBAV1N_t \cdot 100 \,/\, BSPG1N_t) + \text{Restsaison}$$

22 BSPG2N Bruttosozialprodukt, Preisindex, 1980 = 100
38 IBAS1N Bruttobauinvestitionen des Staates, nominal, Mrd. DM
44 IDRM4N Geldmarktsatz (Frankfurt) für Dreimonatsgeld, Prozent
36 IBAV1N Bruttowirtschaftsbauinvestitionen der Unternehmen, nominal, Mrd. DM
21 BSPG1N Bruttosozialprodukt, nominal, Mrd. DM

IBAV2N geht ein in: 36–IBAV1N

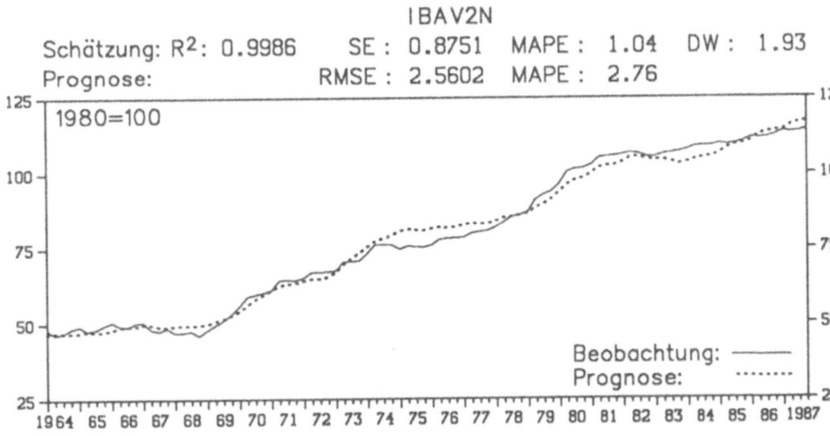

29–IBAW2N Bruttowohnbauinvestitionen, Preisindex, 1980 = 100

$$IBAW2N_t = \underset{(6\cdot 1)}{-17.329} + \underset{(17\cdot 5)}{0.783}\ IBAW2N_{t-1} + \underset{(4\cdot 1)}{0.204}\ BSPG2N_t + \underset{(3\cdot 2)}{0.093}\ IDRM4N_t$$

$$+ \underset{(4\cdot 8)}{0.275}\ IBAS1N_t + \underset{(2\cdot 2)}{0.056}\ (BSPG3N_t\ /\ BSPG3N_{t-1,t-16})$$

$$+ \underset{(2\cdot 1)}{0.290}\ (IBAW1N_t \cdot 100\ /\ BSPG1N_t) + \underset{(3\cdot 7)}{0.602}\ QMWST_t + \text{Restsaison}$$

22	BSPG2N	Bruttosozialprodukt, Preisindex, 1980 = 100
44	IDRM4N	Geldmarktsatz (Frankfurt) für Dreimonatsgeld, Prozent
38	IBAS1N	Bruttobauinvestitionen des Staates, nominal, Mrd. DM
12	BSPG3N	Bruttosozialprodukt, real, (Deflator: BSPG2N), Mrd. DM
37	IBAW1N	Bruttowohnbauinvestitionen, nominal, Mrd. DM
21	BSPG1N	Bruttosozialprodukt, nominal, Mrd. DM
	QMWST	Umsatzsteuersatz bzw. Mehrwertsteuersatz, Prozent

IBAW2N geht ein in: 37–IBAW1N 104–KAPK1N

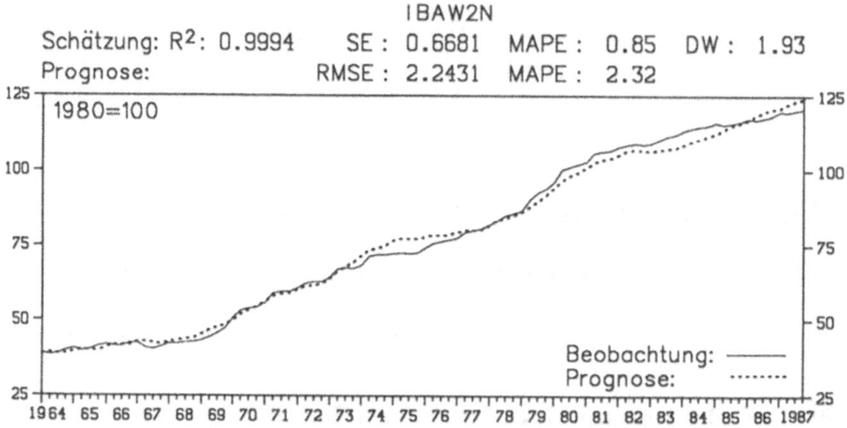

30–IBAS2N Bruttobauinvestitionen des Staates, Preisindex, 1980 = 100

$$IBAS2N_t = \underset{(0\cdot 4)}{-0.108} + \underset{(22\cdot 7)}{0.788}\ IBAS2N_{t-1} + VarKof_t \cdot BSPG2N_t$$

$$+ \underset{(7\cdot 3)}{57.676}\ JD((IBAS1N_t + IBAW1N_t + IBAV1N_t)\ /\ BSPG1N_t)$$

$$+ \text{Restsaison}$$

$$VarKof_t = \underset{(6\cdot 0)}{0.186} + \underset{(6\cdot 4)}{0.0028}\ IDRM4N_t$$

22	BSPG2N	Bruttosozialprodukt, Preisindex, 1980 = 100
38	IBAS1N	Bruttobauinvestitionen des Staates, nominal, Mrd. DM
37	IBAW1N	Bruttowohnbauinvestitionen, nominal, Mrd. DM
36	IBAV1N	Bruttowirtschaftsbauinvestitionen der Unternehmen, nominal, Mrd. DM
21	BSPG1N	Bruttosozialprodukt, nominal, Mrd. DM
44	IDRM4N	Geldmarktsatz (Frankfurt) für Dreimonatsgeld, Prozent

IBAS2N geht ein in: 38–IBAS1N

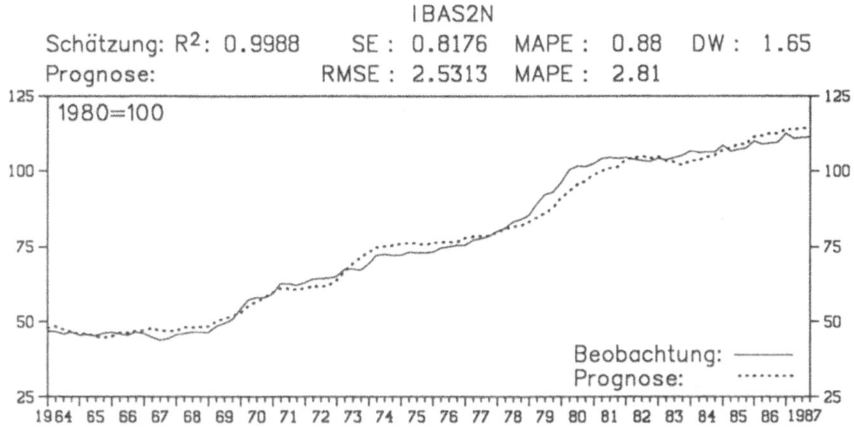

<u>31–EXPG2N Export, Preisindex, 1980 = 100</u>

$$EXPG2N_t = -\underset{(2.2)}{1.509} + \underset{(21.3)}{0.835}\ EXPG2N_{t-1} + \underset{(3.2)}{0.102}\ BSPG2N_t + \underset{(4.4)}{0.279}\ (EXPG1N_t \cdot 100 \ / \ BSPG1N_t) + \text{Restsaison}$$

22 BSPG2N Bruttosozialprodukt, Preisindex, 1980 = 100
39 EXPG1N Export, nominal, Mrd. DM
21 BSPG1N Bruttosozialprodukt, nominal, Mrd. DM

EXPG2N geht ein in: 18–EXPGFN 19–TOTG3N 39–EXPG1N

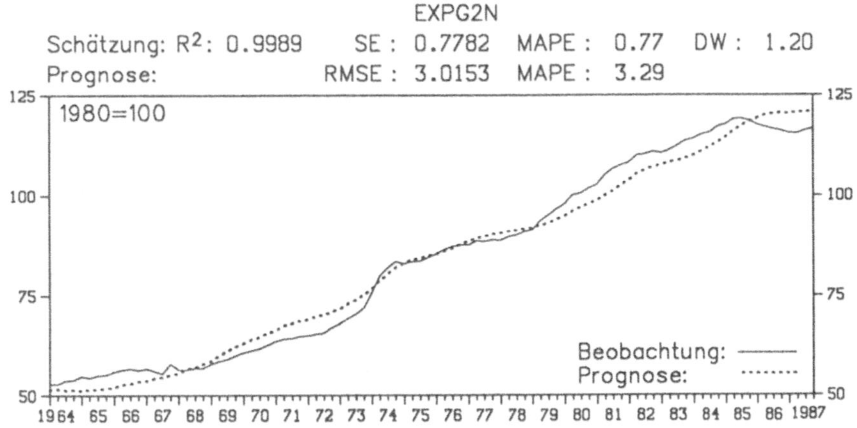

Exogen sind die Preisindizes für Waren– und Dienstleistungsimporte sowie der Energiepreisindex. Der Energiepreisindex hängt sehr stark vom Erdölpreis sowie von verschiedenen Energiesteuern ab. Eine endogene Erklärung ist daher nicht möglich.

Die Erklärung und Modellierung des nominalen Sozialprodukts und der Preise folgen zweifellos monetaristischen Vorstellungen (vgl. z.B. Friedman, M., 1968 oder Brunner, K.,

1970). Diese Theorie wird jedoch nicht dogmatisch ausgelegt: Die Art der Modellierung allein beinhaltet noch keine Aussage über die Wirksamkeit oder Unwirksamkeit der Geldpolitik. Eine Ursache für eine etwaige Nichtneutralität der Geldpolitik kann eine gewisse Starrheit nominaler Faktorpreise sein (z.B. bedingt durch das Bestehen längerfristiger Kontrakte, Fisher, S., 1977). Diese Möglichkeit besteht auch im Rahmen des Modells, da der effektive Nominallohnsatz sehr eng an den exogenen Tariflohnsatz gekoppelt ist (Gleichung (95)). Außerdem übt die Geldpolitik einen Einfluß auf den Geld– und Kapitalmarkt aus (Gleichungen (44) und (45)), und die auf diesen Märkten gebildeten Zinssätze wirken wiederum in den realen Sektor hinein. Inflation wird im Freiburger Modell keinesfalls als rein monetäres Phänomen verstanden. Die Entwicklung der Preise hängt vielmehr ebenso sehr von realen wie von monetären Faktoren ab. Die Definitionsgleichung (22) macht die Gleichgewichtigkeit von realen und nominalen Bestimmungsfaktoren für die Preiserklärung sichtbar.

1.3.3 Nominale Teilaggregate

Die nominalen Nachfragekomponenten ergeben sich nun – nachdem reale Größen und Preise erklärt worden sind – definitorisch. Die folgenden acht Gleichungen bedürfen daher keiner weiteren Erläuterung. Obwohl Definitionsgleichungen – wie der Name schon sagt – keine geschätzten Beziehungen darstellen, sind sie wichtig für das Verständnis der Interdependenzen eines Modells. Deshalb werden sie in dieser Darstellung mit aufgeführt.

<u>32–CONH1N Privater Verbrauch, nominal, Mrd. DM</u>

$$CONH1N_t = CONHCN_t \cdot CONH2N_t \; / \; 100$$

14 CONHCN Privater Verbrauch, real, (Deflator: CONH2N), Mrd. DM
24 CONH2N Privater Verbrauch, Preisindex, 1980 = 100

CONH1N geht ein in: 23–CONO2N 24–CONH2N 40–AEGI1N 68–TUMG1N

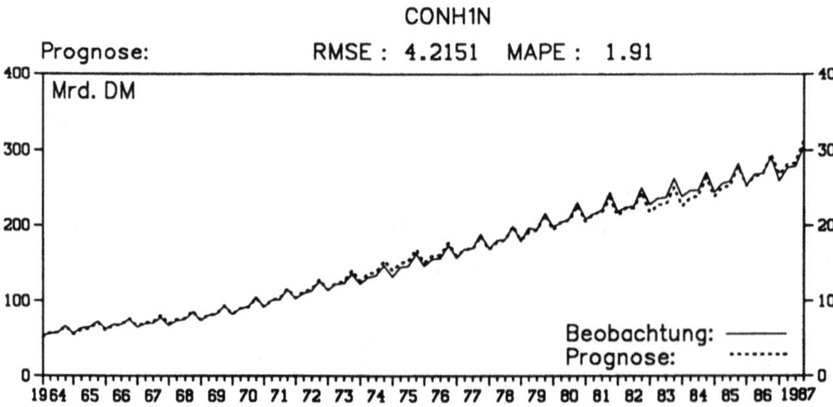

33–CONS1N Öffentlicher Verbrauch, nominal, Mrd. DM

$CONS1N_t = CONSDN_t \cdot CONS2N_t \;/\; 100$

15 CONSDN Öffentlicher Verbrauch, real, (Deflator: CONS2N), Mrd. DM
25 CONS2N Öffentlicher Verbrauch, Preisindex, 1980 = 100

CONS1N geht ein in: 25–CONS2N 66–TLPS1N 81–AUSS1N

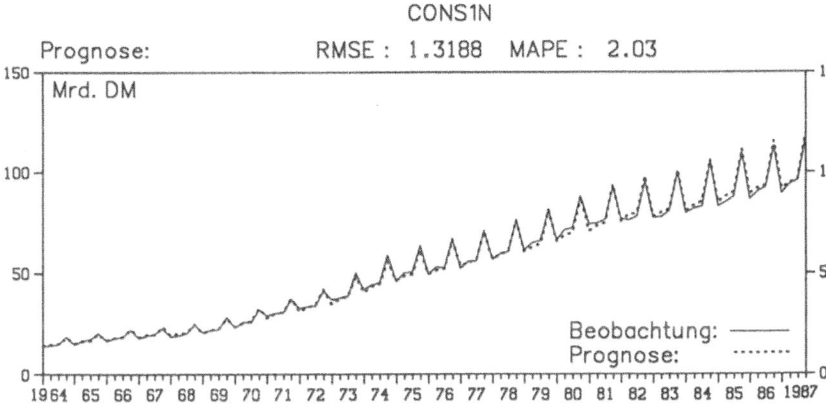

34–IAUU1N Bruttoausrüstungsinvestitionen der Unternehmen, nominal, Mrd. DM

$IAUU1N_t = IAUUMN_t \cdot IAUU2N_t \;/\; 100$

4 IAUUMN Bruttoausrüstungsinvestitionen der Unternehmen, real, (Deflator: IAUU2N), Mrd. DM
26 IAUU2N Bruttoausrüstungsinvestitionen der Unternehmen, Preisindex, 1980 = 100

IAUU1N geht ein in: 40–AEGI1N

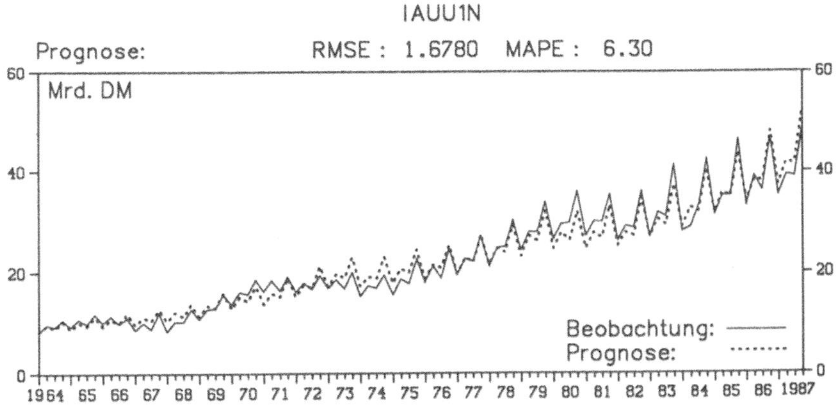

35–IAUS1N Bruttoausrüstungsinvestitionen des Staates, nominal, Mrd. DM

$IAUS1N_t = IAUSLN_t \cdot IAUS2N_t \; / \; 100$

	IAUSLN	Bruttoausrüstungsinvestitionen des Staates, real, (Deflator: IAUS2N), Mrd. DM
27	IAUS2N	Bruttoausrüstungsinvestitionen des Staates, Preisindex, 1980 = 100

IAUS1N geht ein in: 40–AEGI1N 81–AUSS1N

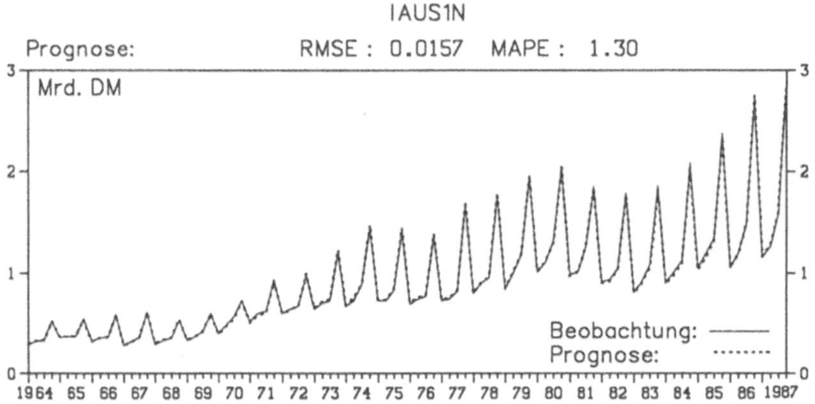

36–IBAV1N Bruttowirtschaftsbauinvestitionen der Unternehmen, nominal, Mrd. DM

$IBAV1N_t = IBAVPN_t \cdot IBAV2N_t \; / \; 100$

5	IBAVPN	Bruttowirtschaftsbauinvestitionen der Unternehmen, real, (Deflator: IBAV2N), Mrd. DM
28	IBAV2N	Bruttowirtschaftsbauinvestitionen der Unternehmen, Preisindex, 1980 = 100

IBAV1N geht ein in: 28–IBAV2N 30–IBAS2N 40–AEGI1N

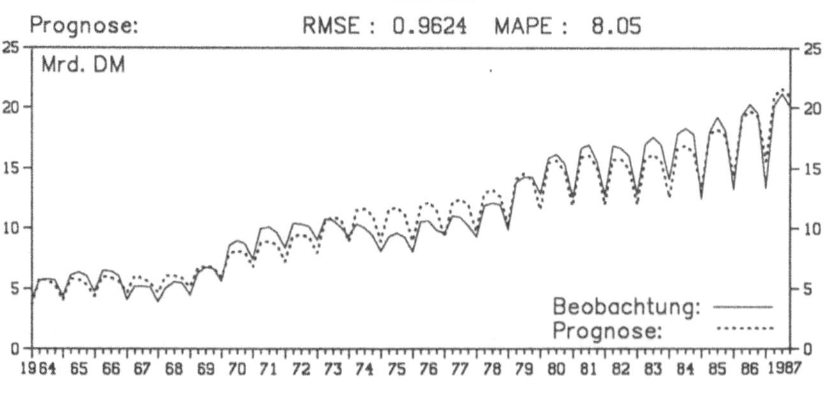

37–IBAW1N Bruttowohnbauinvestitionen, nominal, Mrd. DM

$IBAW1N_t = IBAWQN_t \cdot IBAW2N_t / 100$

7 IBAWQN Bruttowohnbauinvestitionen, real, (Deflator: IBAW2N), Mrd. DM
29 IBAW2N Bruttowohnbauinvestitionen, Preisindex, 1980 = 100

IBAW1N geht ein in: 29–IBAW2N 30–IBAS2N 40–AEGI1N

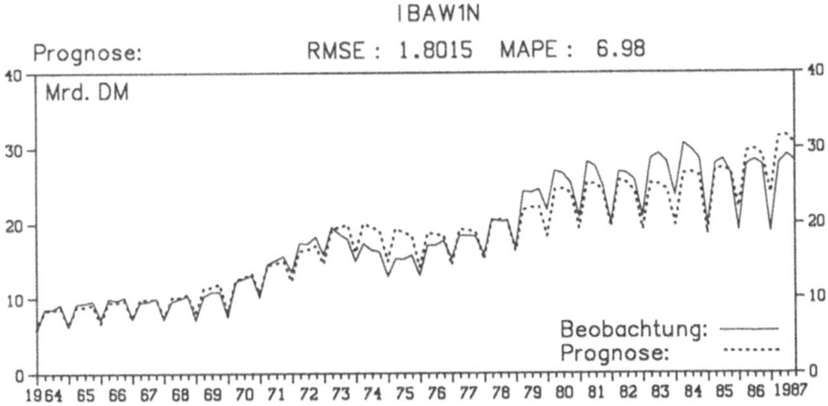

38–IBAS1N Bruttobauinvestitionen des Staates, nominal, Mrd. DM

$IBAS1N_t = IBASON_t \cdot IBAS2N_t / 100$

IBASON Bruttobauinvestitionen des Staates, real, (Deflator: IBAS2N), Mrd. DM
30 IBAS2N Bruttobauinvestitionen des Staates, Preisindex, 1980 = 100

IBAS1N geht ein in: 28–IBAV2N 29–IBAW2N 30–IBAS2N 40–AEGI1N 81–AUSS1N

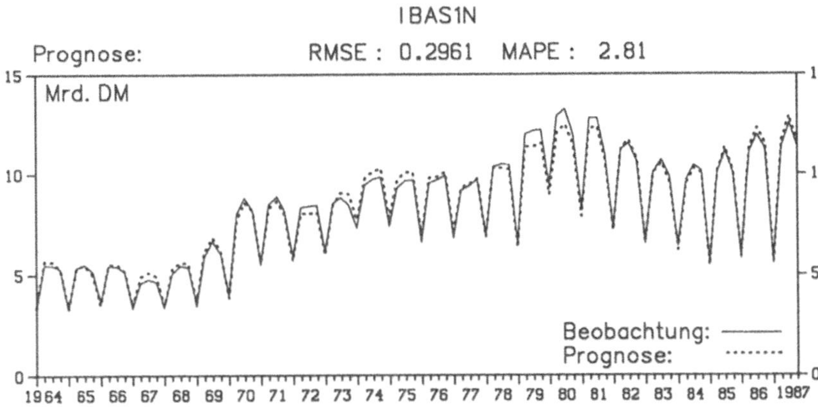

<u>39–EXPG1N Export, nominal, Mrd. DM</u>

$$EXPG1N_t = EXPGFN_t \cdot EXPG2N_t \; / \; 100$$

18 EXPGFN Export, real, (Deflator: EXPG2N), Mrd. DM
31 EXPG2N Export, Preisindex, 1980 = 100

EXPG1N geht ein in: 31–EXPG2N

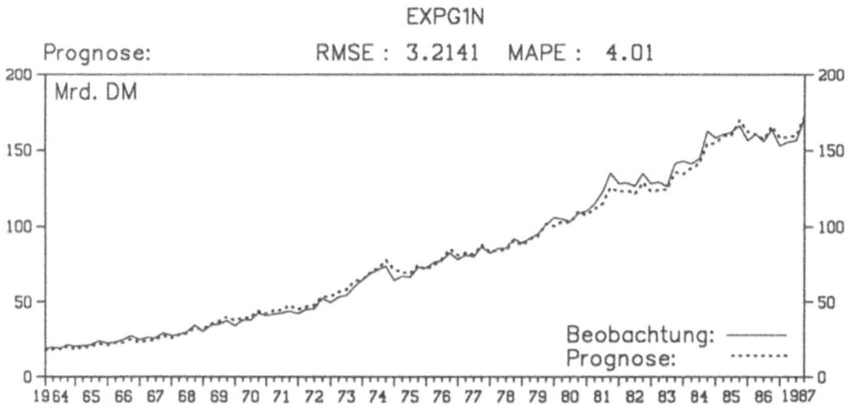

1. 3. 4 Auftragseingang im Verarbeitenden Gewerbe

Die nominalen Nachfragekomponenten, nach Verwendungsarten zusammengefaßt, erklären den Auftragseingang aus dem Inland im Verarbeitenden Gewerbe. Die Koeffizienten dieser Variablen hängen zum Teil von deren Wachstumsraten ab. Zusätzlich tragen die Subventionen des Staates an den Unternehmenssektor zur Erklärung der Auftragseingänge bei.

<u>40–AEGI1N Index des Auftragseingangs aus dem Inland im Verarbeitenden Gewerbe, nominal, 1980 = 100</u>

$$AEGI1N_t = \underset{(18.5)}{18.622} + \underset{(3.5)}{0.378}\, PV(1.25)\langle IBAW1N_t + IBAV1N_t + IBAS1N_t \rangle$$

$$+ VarKof_{1t} \cdot (IAUU1N_t + IAUS1N_t) + VarKof_{2t} \cdot CONH1N_t$$

$$+ \underset{(4.8)}{0.176}\, AEGA1N_t + \underset{(6.5)}{2.476}\, USSU1N_{t\,,t\,-1} + \text{Restsaison}$$

$$VarKof_{1t} = -\underset{(0.4)}{0.072} + \underset{(4.0)}{0.0087}\, WR(IAUU1N_t + IAUS1N_t)$$

$$VarKof_{2t} = \underset{(2.4)}{0.083} + \underset{(6.6)}{0.0058}\, WR(CONH1N_t)$$

37 IBAW1N Bruttowohnbauinvestitionen, nominal, Mrd. DM
36 IBAV1N Bruttowirtschaftsbauinvestitionen der Unternehmen, nominal, Mrd. DM
38 IBAS1N Bruttobauinvestitionen des Staates, nominal, Mrd. DM
34 IAUU1N Bruttoausrüstungsinvestitionen der Unternehmen, nominal, Mrd. DM
35 IAUS1N Bruttoausrüstungsinvestitionen des Staates, nominal, Mrd. DM
32 CONH1N Privater Verbrauch, nominal, Mrd. DM
AEGA1N Index des Auftragseing. aus d. Ausland im Verarb. Gew., nominal, 1980 = 100
84 USSU1N Subventionen des Staates an die Unternehmen, nominal, Mrd. DM

AEGI1N geht ein in: 41–AEGG1N

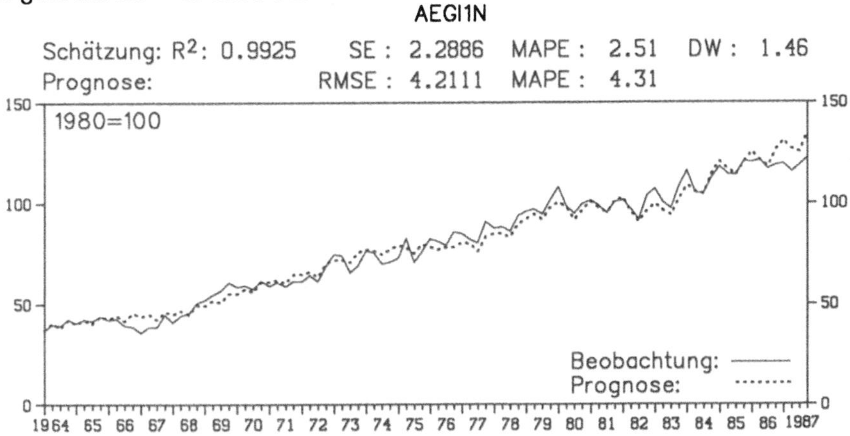

Der Auftragseingang aus dem Ausland ist im Modell exogen. Der gesamte Auftragseingang im Verarbeitenden Gewerbe ergibt sich als gewichtetes Mittel aus der inländischen und der ausländischen Komponente:

41–AEGG1N Index des Auftragseingangs im Verarb. Gewerbe gesamt, nominal, 1980 = 100

$$AEGG1N_t = 0.684\ AEGI1N_t + 0.316\ AEGA1N_t$$

40 AEGI1N Index des Auftragseingangs aus dem Inland im Verarbeitenden Gewerbe, nominal, 1980 = 100
AEGA1N Index des Auftragseingangs aus d. Ausland im Verarb. Gew. nom., 1980 = 100

AEGG1N geht ein in: 42–AEGG3N 95–LSBG1N

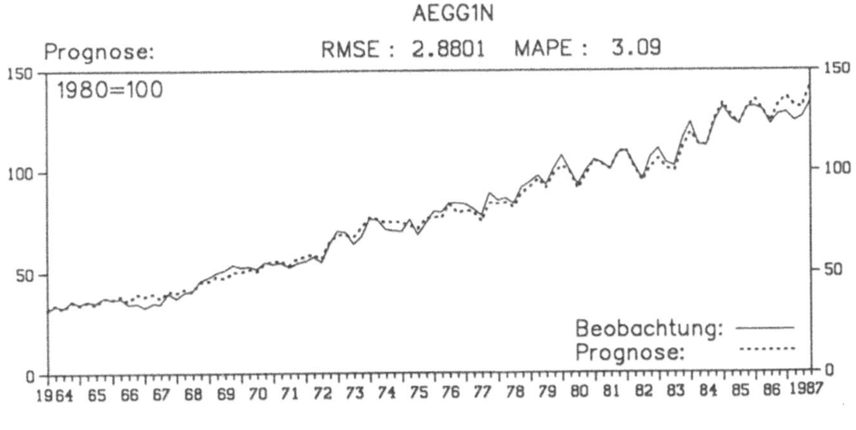

42–AEGG3N Index des Auftragseingangs im Verarbeitenden Gewerbe, insgesamt, real, (Deflator: BSPG2N)

$AEGG3N_t = AEGG1N_t \cdot 100 / BSPG2N_t$

41 AEGG1N Index des Auftragseingangs im Verarb. Gewerbe gesamt, nominal, 1980 = 100
22 BSPG2N Bruttosozialprodukt, Preisindex, 1980 = 100

AEGG3N geht ein in: 13–BSPG3N

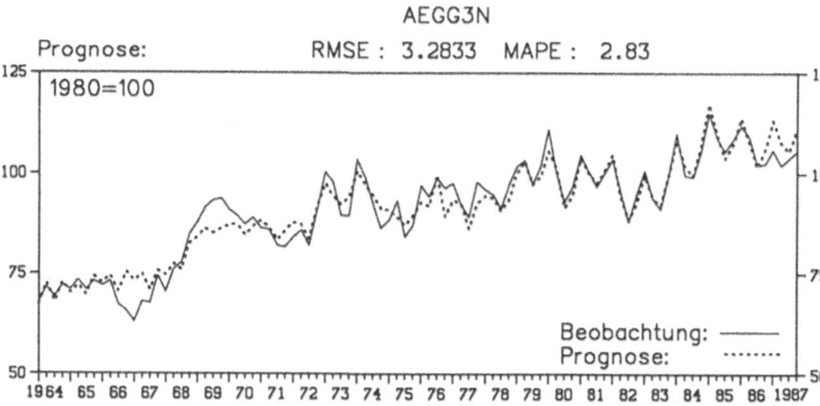

1. 4 Geld und Zinssätze

Eine disaggregierte Modellierung der Geld– und Kapitalmärkte der Bundesrepublik ist über längere Zeiträume kaum möglich. Dies liegt zum einen daran, daß sich durch die Freigabe der Wechselkurse 1973, die Einführung des EWS 1979 sowie durch die zunehmende weltweite Verflechtung der Kapitalmärkte das währungspolitische Umfeld dieser Märkte stark geändert hat. Zum anderen hat die Bundesbank – zum Teil mit den angesprochenen Entwicklungen einhergehend – ihre geld– und kreditpolitische Linie im Untersuchungszeitraum des öfteren geändert. Am einschneidendsten war in diesem Zusammenhang die Umstellung von einer überwiegenden Zinspolitik zu einer verstärkten Politik der Geldmengensteuerung im Gefolge der Wechselkursfreigabe. Auch die Bedeutung der von der Bundesbank eingesetzten Instrumentvariablen hat sich im Laufe der Jahre verschoben. Ganz neue Instrumente – wie etwa die Wertpapierpensionsgeschäfte – sind hinzugekommen.

Aus diesen Gründen konzentriert sich der Modellteil "Geld und Zinssätze" auf wenige erklärte Größen und nur zwei Instrumentvariablen: die Zentralbankgeldmenge und den Diskontsatz. Diese können generell als Indikatoren der Geldpolitik angesehen werden, unabhängig davon, ob sie in Verbindung mit Mindestreserve-, Lombard-, Offenmarkt- oder Wertpapierpensionspolitik eingesetzt werden. Natürlich muß bei eventuellen Simulationen berücksichtigt werden, daß beide Instrumente nur in begrenztem Umfang unabhängig voneinander variiert werden können.

Die Entwicklung der umlaufenden Geldmenge M1 ist im Modell an die Entwicklung der Zentralbankgeldmenge gekoppelt. Deren Koeffizient, der im Rahmen einer Gleichung mit mehreren erklärenden Variablen nicht gleich dem Geldschöpfungsmultiplikator ist, hängt vom Zinssatz für Dreimonatsgeld sowie vom Mindestreservesatz als Kostenfaktoren der Geldhaltung ab. Der negative Koeffizient der Inflationsrate weist in die gleiche Richtung. Der Wechselkurs des US–Dollars wurde zusätzlich in die Gleichung aufgenommen, um der Tatsache Rechnung zu tragen, daß die Bundesbank ihre Geldpolitik stets stark an währungspolitischen Zielen orientiert hat. Dies wird durch die Variable "Zentralbankgeldmenge" nur unvollständig erfaßt. Das negative Vorzeichen der Wechselkursvariablen beruht darauf, daß die Bundesbank bei einer "schwachen" DM in der Regel zu einer restriktiveren Politik übergeht.

<u>43–XGM14N Geldmenge M1, nominal, Mrd. DM</u>

$$XGM14N_t = \underset{(6.8)}{23.880} + \underset{(13.1)}{0.607}\ XGM14N_{t-1} + VarKof_t \cdot XZBG4N_t$$

$$- \underset{(4.3)}{0.699}\ WR(CONH2N)_{t,t-11} - \underset{(6.9)}{4.826}\ PV(1.0)\langle DEKU4N_t \rangle + \text{Restsaison}$$

$$VarKof_t = \underset{(9.1)}{0.619} - \underset{(12.7)}{0.0062}\ IDRM4N_t - \underset{(2.5)}{0.0023}\ XRSA4N_t$$

	XZBG4N	Zentralbankgeldmenge, nominal, Mrd. DM
24	CONH2N	Privater Verbrauch, Preisindex, 1980 = 100
	DEKU4N	Devisenkurs des US–Dollar, DM/Dollar
44	IDRM4N	Geldmarktsatz (Frankfurt) für Dreimonatsgeld, Prozent
	XRSA4N	Reservesatz für Sichtverbindlichkeiten gegenüber Gebietsansässigen, Klasse 1, Bankplatz, Prozent

XGM14N geht ein in: 14–CONHCN 21–BSPG1N 44–IDRM4N 45–IUML4N

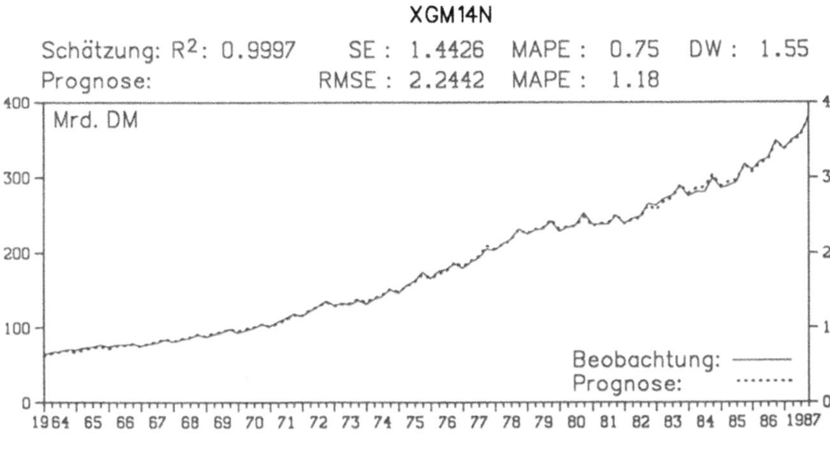

Zwei Zinssätze werden im Freiburger Modell erklärt: der Zinssatz für Dreimonatsgeld als repräsentativer kurzfristiger Zinssatz und die Umlaufsrendite festverzinslicher Wertpapiere als repräsentativer langfristiger Zinssatz. Beide Zinssätze werden simultan bestimmt. Der kurzfristige Zinssatz hängt vom Diskontsatz, von der Änderungsrate der umlaufenden Geldmenge, von der Inflationsrate sowie von der Entwicklung des langfristigen Zinssatzes ab:

<u>44–IDRM4N Geldmarktsatz (Frankfurt) für Dreimonatsgeld, Prozent</u>

$$IDRM4N_t = \underset{(1.1)}{-0.614} + \underset{(2.4)}{0.419}\, VR(CONH2N_t) - \underset{(5.5)}{0.321}\, VR(XGM14N_t)$$

$$+ \underset{(2.4)}{0.239}\, IUML4N_t + \underset{(15.7)}{1.147}\, IDIS4N_t + \underset{(8.3)}{3.383}\, QIDRM_t + \text{Restsaison}$$

24	CONH2N	Privater Verbrauch, Preisindex, 1980 = 100
43	XGM14N	Geldmenge M1, nominal, Mrd. DM
45	IUML4N	Durchschnittliche Umlaufsrendite der festverzinslichen Wertpapiere, Prozent
	IDIS4N	Diskontsatz der Bundesbank, Prozent
	QIDRM	Shiftvariable für IDRM4N, 1973Q2–1973Q4 = 1, sonst = 0

IDRM4N geht ein in: 14–CONHCN 23–CONO2N 28–IBAV2N 29–IBAW2N 30–IBAS2N 43–XGM14N 45–IUML4N 52–EOZH1N

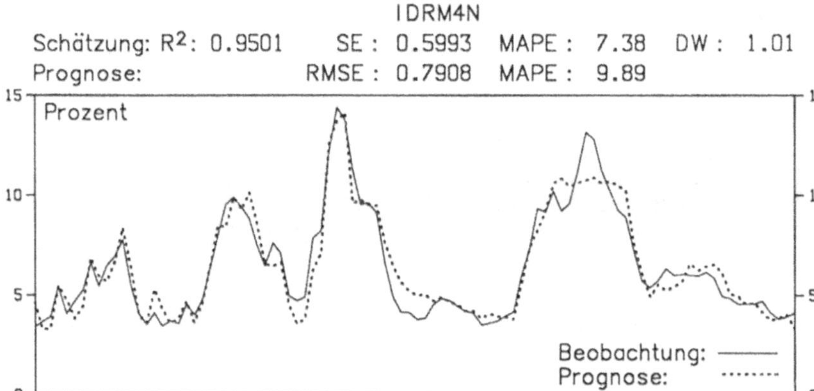

Um die mit der Freigabe der Wechselkurse verbundenen Unsicherheiten am Geldmarkt angemessen zu berücksichtigen, wurde eine Dummyvariable in die Gleichung eingesetzt.

Der langfristige Zinssatz ist seinerseits über die Variablen kurzfristiger Zinssatz und Veränderungsrate der Geldmenge mit dem Geldmarkt verknüpft. Die Veränderungsrate der Geldmenge wirkt am Kapitalmarkt in die entgegengesetzte Richtung wie am Geldmarkt: Eine steigende Geldmenge entlastet einerseits kurzfristig den Geldmarkt und hat dort eine Zinssenkung zur Folge. Andererseits nährt eine gestiegene Geldmenge höhere Inflationserwartungen, die eine Zurückhaltung gegenüber langfristigen Anlagen geboten erscheinen lassen und zu Kurssenkungen und entsprechenden Zinssteigerungen führen. Eine Angleichung beider Zinssätze erfolgt über das Wechselspiel des Geldmarktsatzes und der Umlaufsrendite in beiden Gleichungen.

<u>45–IUML4N Durchschnittliche Umlaufsrendite der festverzinslichen Wertpapiere, Prozent</u>

$$\begin{aligned} IUML4N_t = {} & \underset{(0.9)}{0.247} + \underset{(15.6)}{0.625}\ IUML4N_{t-1} + \underset{(10.6)}{0.209}\ IDRM4N_t + \underset{(4.0)}{0.185}\ DEKU4N_t \\ & + \underset{(5.2)}{14.000}\ (NVGS1N_t\ /\ BSPG1N_t) + \underset{(4.2)}{1.305}\ QIUML_t \\ & + \underset{(5.1)}{0.210}\ PV(3.0)<VR(XGM14N_t)> + \text{Restsaison} \end{aligned}$$

44	IDRM4N	Geldmarktsatz (Frankfurt) für Dreimonatsgeld, Prozent
	DEKU4N	Devisenkurs des US–Dollar, DM/Dollar
91	NVGS1N	Nettoneuverschuldung der Gebietskörperschaften, nominal, Mrd. DM
21	BSPG1N	Bruttosozialprodukt, nominal, Mrd. DM
	QIUML	Shiftvariable für IUML4N, 1974Q2 = 1, sonst = 0
43	XGM14N	Geldmenge M1, nominal, Mrd. DM

IUML4N geht ein in: 13–BSPG3N 14–CONHCN 26–IAUU2N 44–IDRM4N 89–EYZS1N 99–ABSL1N 100–ABSD1N 102–KAKO1N 104–KAPK1N

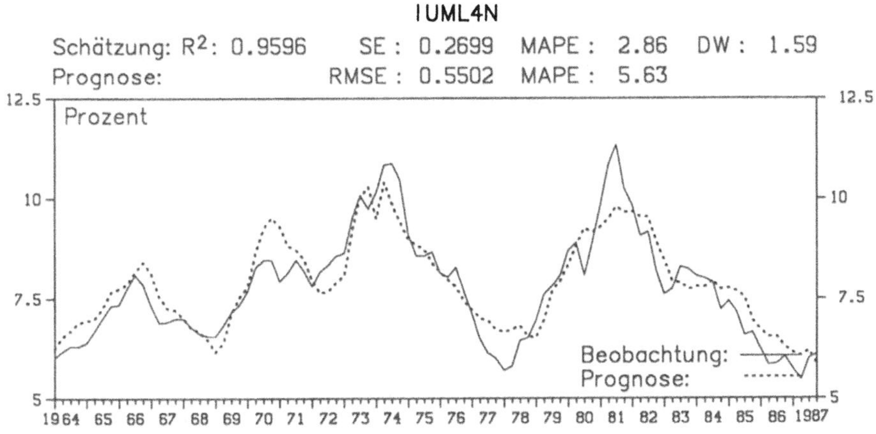

Die Wechselkursvariable erfaßt als Indikator außenwirtschaftliche Faktoren, die für die Entwicklung am Kapitalmarkt bedeutsam sind. Das Verhältnis von Nettoneuverschuldung des Staates zum Bruttosozialprodukt erklärt "crowding–out"–Effekte, die zum einen unmittelbar infolge einer gestiegenen staatlichen Nachfrage nach Kapital entstehen können, zum anderen aber auch erwartungsbedingt sind. Die Neuverschuldung des Staates war besonders in den siebziger Jahren eine Größe, auf die die Kapitalmärkte empfindlich reagierten.

1.5 Einkommensrechnung

Die Einkommensrechnung des Freiburger Modells besteht fast ausschließlich aus Definitionsgleichungen, da die für die Berechnung der Einkommen notwendigen Komponenten in anderen Teilen des Modells erklärt werden. So werden die Einkommen der Arbeitnehmer aus der Multiplikation der bezahlten Arbeitsstunden (Gleichung 2) mit dem Bruttostundenlohnsatz (Gleichung 95) berechnet; die Gewinne ergeben sich – wie in der Volkswirtschaftlichen Gesamtrechnung – zusammen mit den Vermögenserträgen als Residualeinkommen. Um zu den einzelnen Nettoeinkommen zu gelangen, werden von den Bruttoeinkommen die verschiedenen Einkommensteuern und Sozialabgaben abgezogen, die in dem Modellteil "Einnahmen und Ausgaben des Staates" erklärt werden. Lediglich die entnommenen Gewinne mußten durch eine Verhaltensgleichung erklärt werden (Gleichung 52).

1.5.1 Einkommen der Arbeitnehmer

46–YBOH1N Bruttolohn– und –gehaltsumme der Arbeitnehmer, nominal, Mrd. DM

$$YBOH1N_t = LSBG1N_t \cdot ERBG1N_t \; / \; 1000$$

95 LSBG1N Bruttostundenlohnsatz, nominal, DM/Stunde
2 ERBG1N Bezahlte Arbeitsstunden der abhängig Erwerbstätigen, Mio. Std.

YBOH1N geht ein in: 47–YABH1N 59–TLOH1N 62–TEGS1N 72–SATG1N 73–SUOG1N 74–SSOG1N 83–UVSH1N 87–ULDH1N

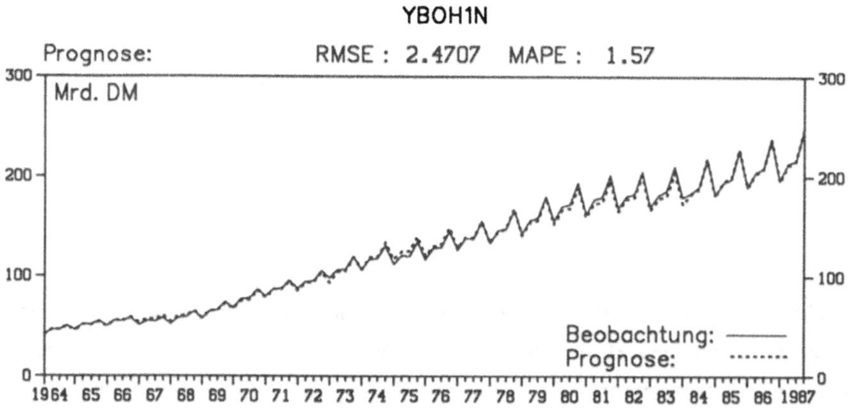

47–YABH1N Bruttoeinkommen aus unselbständiger Arbeit, nominal, Mrd. DM

$YABH1N_t = YBOH1N_t + SUOG1N_t$

46 YBOH1N Bruttolohn- und -gehaltsumme der Arbeitnehmer, nominal, Mrd. DM
73 SUOG1N Sozialbeiträge der Arbeitgeber zu den Einkommen der Arbeitnehmer, nominal, Mrd. DM

YABH1N geht ein in: 48–YNOH1N 49–YBOU1N 97–LSTG1N

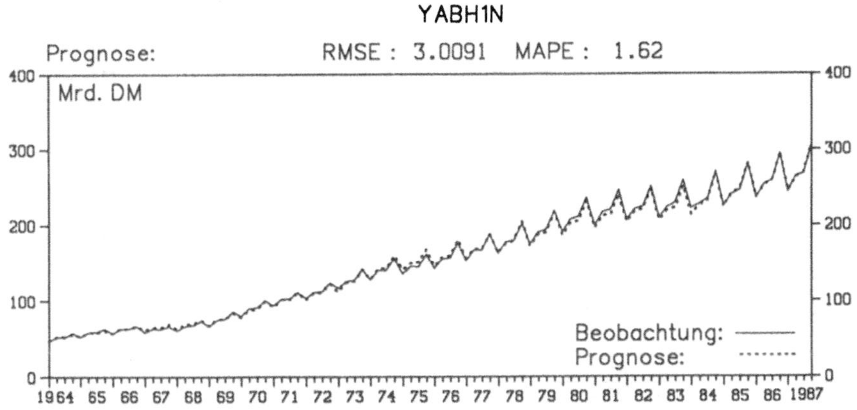

48–YNOH1N Nettolohn- und -gehaltsumme der Arbeitnehmer, nominal, Mrd. DM

$YNOH1N_t = YABH1N_t - SUOG1N_t - SATG1N_t - TLOH1N_t$

47 YABH1N Bruttoeinkommen aus unselbständiger Arbeit, nominal, Mrd. DM
73 SUOG1N Sozialbeiträge der Arbeitgeber zu den Einkommen der Arbeitnehmer, nominal, Mrd. DM
72 SATG1N Tatsächliche Sozialbeiträge vom Einkommen der Arbeitnehmer, insgesamt, nominal, Mrd. DM
59 TLOH1N Lohnsteuer der Arbeitnehmer, nominal, Mrd. DM

YNOH1N geht ein in: 53–YVGH1N

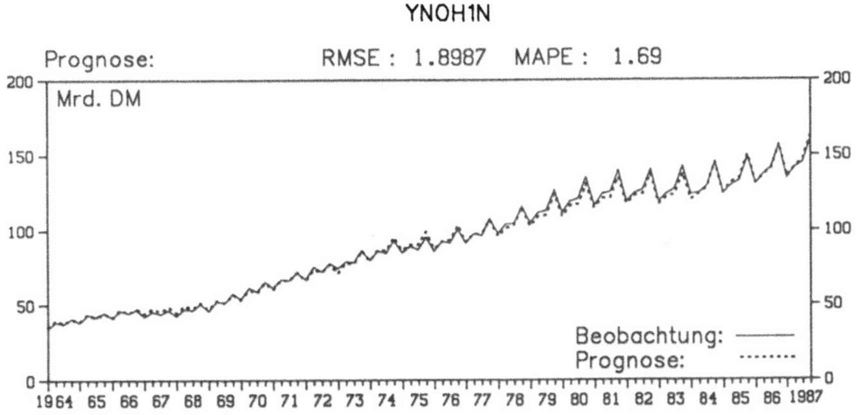

1.5.2 Gewinn– und Vermögenseinkommen

Die amtliche Berechnungsweise der Gewinne hat zur Folge, daß es praktisch nicht möglich ist, eine Variable "Unternehmensgewinne" zu verwenden, die den "Gewinnen" der ökonomischen Theorie entspricht. Auch die "entnommenen Gewinne" sind kein guter Indikator für diese Größe, da sie ebenso sehr vom Konsum der Selbständigenhaushalte wie von der Ertragslage der Unternehmen abhängen. Zudem gibt es in der amtlichen Berechnung einen Bruch, da die "Nettogewinne der Unternehmen" als Bruttogewinne abzüglich Steuern berechnet werden, die Entnahmen hingegen direkt als Nettoentnahmen erfaßt werden. Die Lücke zwischen beiden Größen wird durch die "Nichtentnommenen Gewinne der Unternehmen" geschlossen. Letztere Größe ist seit etwa 10 Jahren negativ; hier wird die Inkompatibilität der beiden Rechnungen sichtbar. Bei der Schätzung verschiedener Gleichungen, die eine Gewinnvariable enthalten sollten, haben wir die relativ besten Erfahrungen mit der "Investitionsrendite der Unternehmen" (Gleichung 105) gemacht, die in verschiedenen Modellgleichungen eine wichtige Rolle spielt.

49–YBOU1N Bruttoeinkommen aus Unternehmertätigkeit und Vermögen, nom., Mrd. DM

$$YBOU1N_t = BSPG1N_t - YABH1N_t - TINS1N_t + USSU1N_t + MONG1N_t - ABSG1N_t$$

21	BSPG1N	Bruttosozialprodukt, nominal, Mrd. DM
47	YABH1N	Bruttoeinkommen aus unselbständiger Arbeit, nominal, Mrd. DM
57	TINS1N	Indirekte Steuern, nominal, Mrd. DM
84	USSU1N	Subventionen des Staates an die Unternehmen, nominal, Mrd. DM
	MONG1N	Montanumlage, nominal, Saldo, Mrd. DM
109	ABSG1N	Abschreibungen gesamt, nominal, Mrd. DM

YBOU1N geht ein in: 50–GUBU1N

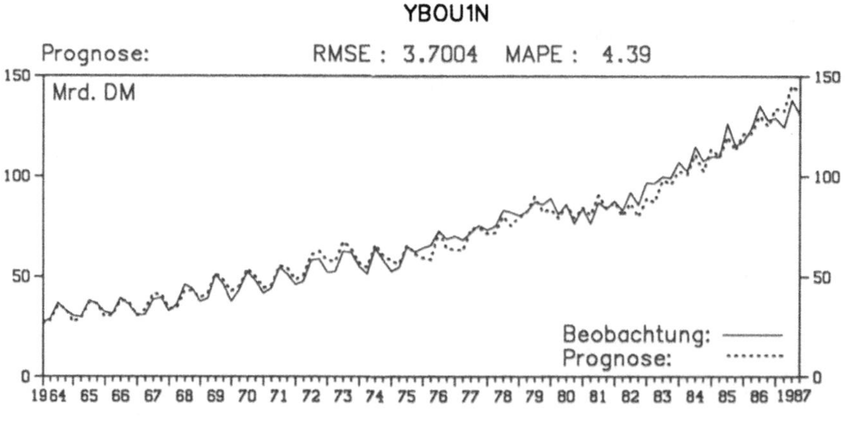

50–GUBU1N Bruttogewinne der Untern. ohne Erwerbseink. des Staates, nominal, Mrd. DM

$GUBU1N_t = YBOU1N_t - EYVS1N_t + EYZS1N_t$

49 YBOU1N Bruttoeinkommen aus Unternehmertätigkeit und Vermögen, nom., Mrd. DM
77 EYVS1N Vermögenseinkommen des Staates, nominal, Mrd. DM
89 EYZS1N Zinszahlungen des Staates (Saldo), nominal, Mrd. DM

GUBU1N geht ein in: 51–GUNU1N 60–TKSS1N 61–TKES1N 62–TEGS1N 64–TGWS1N 84–USSU1N

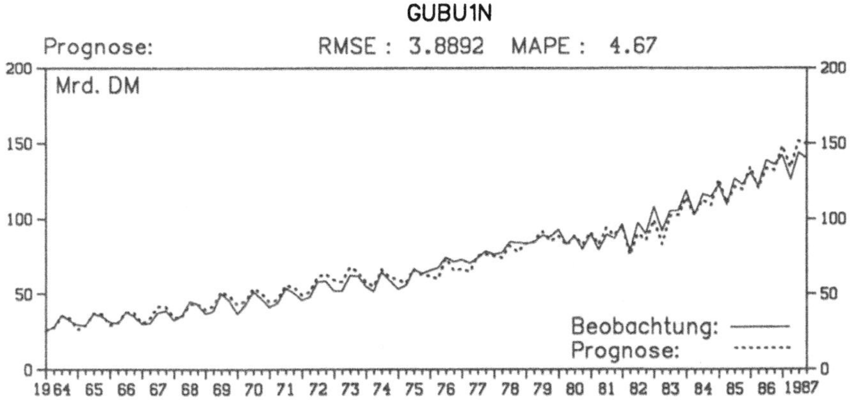

Die in der Gleichung (51) enthaltene Größe "Gesamte Gewinnsteuern" enthält die Gewerbesteuer (s. u.); insofern weichen die von uns verwandten Nettogewinne bereits von der amtlichen Statistik ab.

51–GUNU1N Nettogewinne der Unternehmen, nominal, Mrd. DM

$GUNU1N_t = GUBU1N_t - TGUS1N_t$

50 GUBU1N Bruttogewinne der Untern. ohne Erwerbseink. des Staates, nominal, Mrd. DM
58 TGUS1N Gesamte Gewinnsteuern der Unternehmen, nominal, Mrd. DM

GUNU1N geht ein in: 52–EOZH1N 105–INREMN

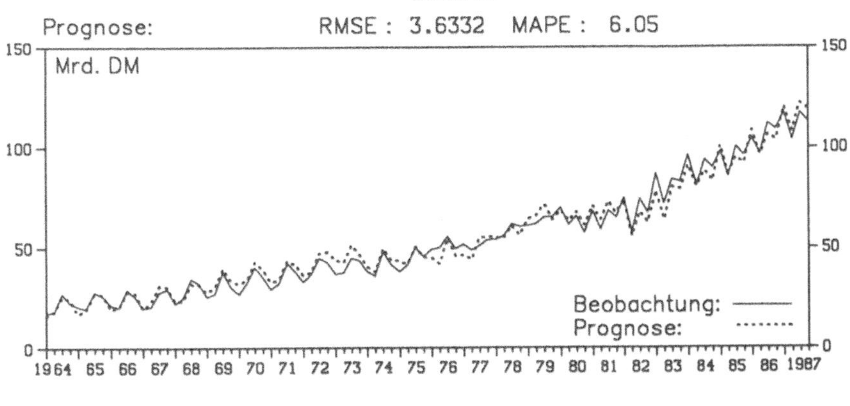

Die entnommenen Gewinne sind an die Entwicklung der gesamten Nettogewinne gekoppelt. Der Entnahmeanteil steigt mit dem Zinssatz, da c. p. bei höheren Zinsen die Kapitalbindung in Unternehmen weniger attraktiv ist. Die Variable "Quartalsdifferenz der Lohnstückkosten" erfaßt eine kurzfristige Kostenkomponente, die auf die Liquidität und damit auf die Entnahmemöglichkeiten einwirkt.

<u>52–EOZH1N Entnommene Nettogewinne der Unternehmen, nominal, Mrd. DM</u>

$$EOZH1N_t = -\underset{(3.1)}{5.386} + \underset{(8.0)}{0.682}\, PV(1.0)\langle EOZH1N_{t-1}\rangle - \underset{(2.9)}{80.937}\, QD(LSTG1N_t)$$

$$+ \underset{(2.9)}{0.0015}\, KAPG3N_t + VarKof_t \cdot PV(1.0)\langle GUNU1N_t\rangle + \text{Restsaison}$$

$$VarKof_t = \underset{(3.5)}{0.237} + \underset{(1.9)}{0.0035}\, PV(2.0)\langle IDRM4N_t\rangle$$

97 LSTG1N Lohnstückkosten, nominal, (YABH1N / BSPG3N)
9 KAPG3N Kapitalstock in Preisen von 1980, Mrd. DM
51 GUNU1N Nettogewinne der Unternehmen, nominal, Mrd. DM
44 IDRM4N Geldmarktsatz (Frankfurt) für Dreimonatsgeld, Prozent

EOZH1N geht ein in: 53–YVGH1N

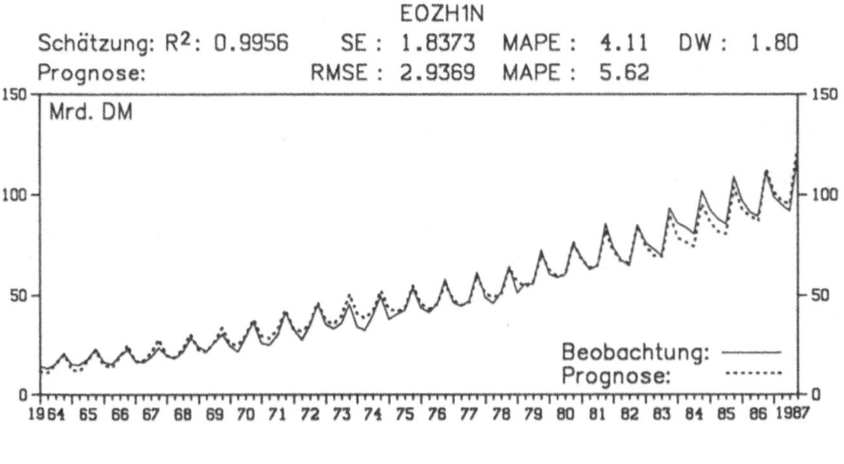

1.5.3 Verfügbares Einkommen der Privaten Haushalte

<u>53–YVGH1N Verfügbares Einkommen der Privaten Haushalte, nominal, Mrd. DM</u>

$$YVGH1N_t = YNOH1N_t + EOZH1N_t + UVSH1N_t - ULDH1N_t$$

48 YNOH1N Nettolohn- und -gehaltsumme der Arbeitnehmer, nominal, Mrd. DM
52 EOZH1N Entnommene Nettogewinne der Unternehmen, nominal, Mrd. DM
83 UVSH1N Soziale Leistungen des Staates an die Privaten Haushalte, nominal, Mrd. DM
87 ULDH1N Soziale Leistungen des Staates an die Privaten Haushalte abzüglich des Saldos der laufenden Übertragungen an die Privaten Haushalte, nominal, Mrd. DM

YVGH1N geht ein in: 7–IBAWQN 14–CONHCN

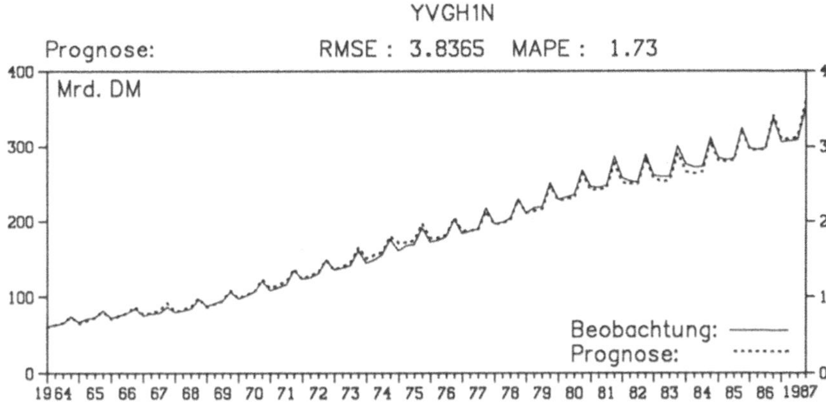

1.6 Einnahmen und Ausgaben des Staates

Das Modell enthält eine detaillierte Modellierung des Staatshaushaltes. Dabei wird allerdings nicht zwischen den Haushalten der einzelnen Gebietskörperschaften (Bund, Länder und Gemeinden) unterschieden. Ferner werden die Träger der gesetzlichen Sozialversicherungen dem Staat zugeordnet.

Der Staatshaushalt ist gegliedert in eine Einnahmenseite, eine Ausgabenseite und eine Gleichung zur Bestimmung der Nettoneuverschuldung. Die Einnahmen des Staates bestehen im wesentlichen aus Steuern und Sozialabgaben, die durch institutionelle Gleichungen erklärt werden. Die Gliederung der Steuern erfolgte weitgehend nach der Abgrenzung der Volkswirtschaftlichen Gesamtrechnung. Lediglich die Gewerbesteuer wurde im Gegensatz hierzu den direkten Steuern zugerechnet, da die Bemessungsgrundlage der Gewerbeertragssteuer, die den Hauptanteil an der gesamten Gewerbesteuer hat, eine Einkommensgröße ist, eben der Gewerbeertrag.

1.6.1 Einnahmen

Die Einnahmen des Staates setzen sich zusammen aus Steuern, Sozialabgaben, Vermögenseinnahmen und verschiedenen Übertragungen:

54–EINS1N Gesamte Einnahmen des Staates, nominal, Mrd. DM

$$EINS1N_t = TGES1N_t + SVGS1N_t + EYVS1N_t + UOTS1N_t + USPS1N_t + VEMS1N_t$$

55	TGES1N	Steueraufkommen insgesamt, nominal, Mrd. DM
71	SVGS1N	Sozialbeiträge der Privaten Haushalte und Unternehmen an den Staat, insgesamt, nominal, Mrd. DM
77	EYVS1N	Vermögenseinkommen des Staates, nominal, Mrd. DM
79	UOTS1N	Laufende Übertragungen der Übrigen Welt an den Staat, nom., Mrd. DM
78	USPS1N	Sonstige laufende Übertragungen der Privaten Haushalte und Unternehmen an den Staat, nominal, Mrd. DM
80	VEMS1N	Empfangene Vermögensübertragungen des Staates, nominal, Mrd. DM

EINS1N geht ein in: 90–FSDS1N

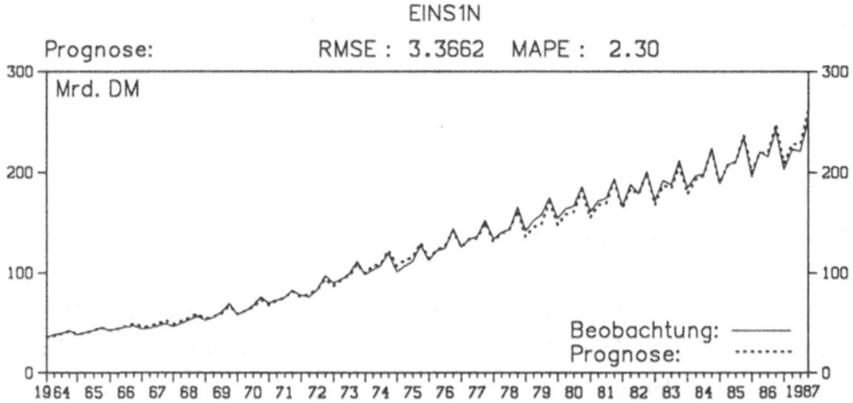

a) Steuern

Zur Erklärung der verschiedenen Steuern wurde nach einem einheitlichen Schema vorgegangen. Die Steuereinnahmen hängen stets von der Bemessungsgrundlage und dem Steuersatz (oder einem durchschnittlichen Steuersatz) ab. Diese werden multiplikativ miteinander verknüpft, wobei des öfteren die Technik der variablen Koeffizienten benutzt wurde. Die typische Steuerfunktion im Freiburger Modell hat eine der beiden folgenden Formen:

(1.3) $$\text{Steuerbetrag} = a_0 + a_1 \cdot \text{Steuersatz} \cdot \text{Bemessungsgrundlage}$$

(1.4) $$\text{Steuerbetrag} = b_0 + b_{1t} \cdot \text{Bemessungsgrundlage}$$

(1.5) $$b_{1t} = \beta_0 + \beta_1 \cdot \text{Steuersatz.}$$

Im zweiten Fall geht die Bemessungsgrundlage also (nach Einsetzen des variablen Koeffizienten) sowohl additiv als auch multiplikativ in die Steuerfunktion ein.

Die Ansätze 1.3 oder 1.4 – 1.5 sind unseres Erachtens für Simulationszwecke wesentlich geeigneter als alternative Ansätze, in denen der Steuersatz als additiver Regressor eingeht. Hierbei können i.d.R. Wirkungen einer Steuersatzänderung nicht adäquat erfaßt werden, da bei steigendem Trend des Steuerbetrages der Einfluß des Steuersatzes relativ abnimmt.

Einige Definitionsgleichungen sind notwendig, um das Steueraufkommen zu gliedern:

55–TGES1N Steueraufkommen insgesamt, nominal, Mrd. DM

$TGES1N_t = TDIS1N_t + TINS1N_t$

56 TDIS1N Direkte Steuern der Privaten Haushalte und Unternehmen an den Staat, nominal, Mrd. DM
57 TINS1N Indirekte Steuern, nominal, Mrd. DM

TGES1N geht ein in: 54–EINS1N

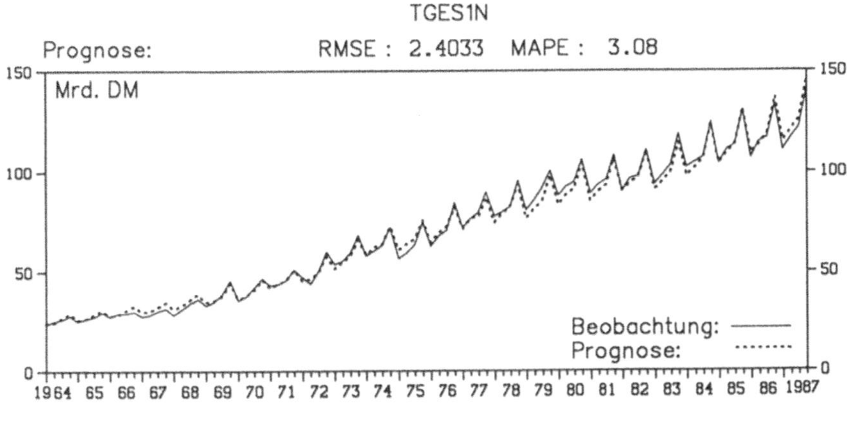

56–TDIS1N Direkte Steuern der Privaten Haushalte und Unternehmen, nominal, Mrd. DM

$TDIS1N_t = TLOH1N_t + TGUS1N_t + TLPS1N_t + TSDS1N_t$

59 TLOH1N Lohnsteuer der Arbeitnehmer, nominal, Mrd. DM
58 TGUS1N Gesamte Gewinnsteuern der Unternehmen, nominal, Mrd. DM
66 TLPS1N Lohnsteuer auf Pensionen, nominal, Mrd. DM
67 TSDS1N Sonstige direkte Steuern, nominal, Mrd. DM

TDIS1N geht ein in: 55–TGES1N

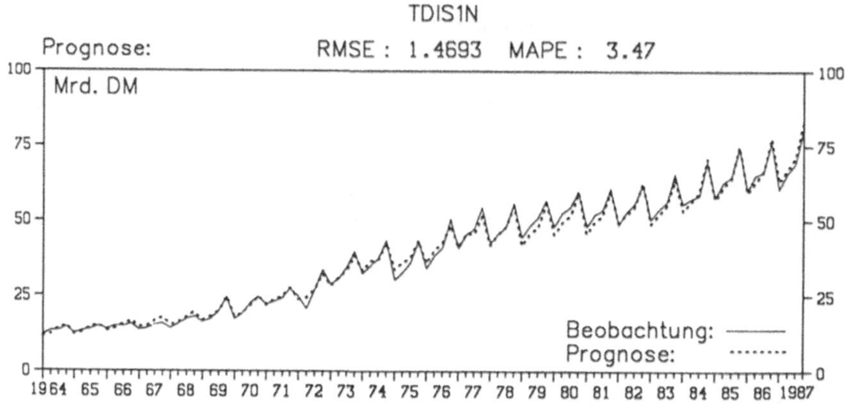

57–TINS1N Indirekte Steuern, nominal, Mrd. DM

$$TINS1N_t = TPRO1N_t + TUMG1N_t + TSIS1N_t$$

69 TPRO1N Verbrauchsteuern und Produktionsteuern ohne Umsatzsteuern und ohne Gewerbesteuern, nominal, Mrd. DM
68 TUMG1N Umsatzsteuer, nominal, Mrd. DM
70 TSIS1N Sonstige indirekte Steuern und Abgaben, nominal, Mrd. DM

TINS1N geht ein in: 49–YBOU1N 55–TGES1N

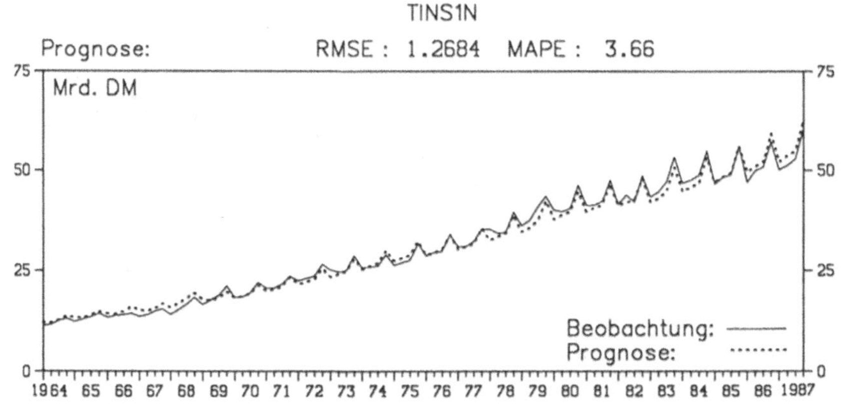

58–TGUS1N Gesamte Gewinnsteuern der Unternehmen, nominal, Mrd. DM

$$TGUS1N_t = TEVS1N_t + TKSS1N_t + TKES1N_t + TGWS1N_t + TVMS1N_t + TSUS1N_t$$

63 TEVS1N Veranlagte Einkommensteuer, nominal, Mrd. DM
60 TKSS1N Körperschaftsteuer, nominal, Mrd. DM
61 TKES1N Kapitalertragsteuer, nominal, Mrd. DM
64 TGWS1N Gewerbesteuer, Ertrag und Kapital, nominal, Mrd. DM
65 TVMS1N Vermögensteuer, nominal, Mrd. DM
TSUS1N Sonstige Unternehmensteuern, nominal, Mrd. DM

TGUS1N geht ein in: 51–GUNU1N 56–TDIS1N

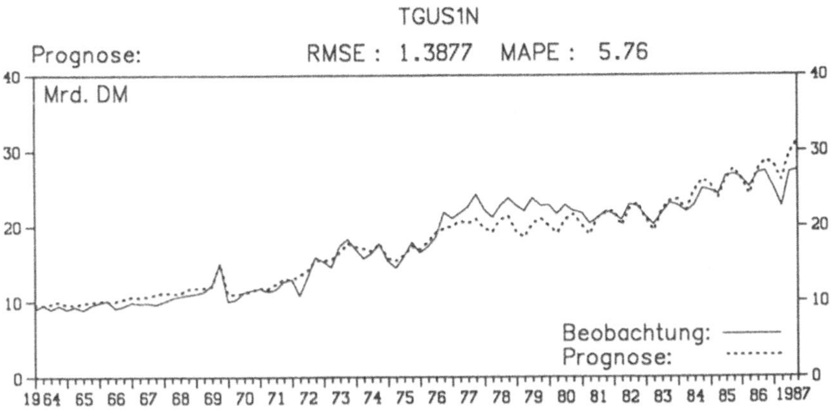

Die Erklärung der Lohnsteuer der Arbeitnehmer erfolgt im Modell in zwei Schritten: Zunächst wird das Durchschnittseinkommen eines Arbeitnehmers ermittelt. Für dieses Einkommen wird mit Hilfe der in das Modell eingebauten jeweils aktuellen Steuerformel die Steuerschuld gemäß dem Grundtarif errechnet. Um die Progression in zwei weiteren Punkten der Progressionskurve zu berücksichtigen, werden auch für das doppelte und das halbe Durchschnittsjahreseinkommen eines Arbeitnehmers die Lohnsteuerschulden gemäß Grundtarif errechnet. Der überwiegende Teil der lohnsteuerpflichtigen Arbeitnehmer wird jedoch nicht nach dem Grund– sondern nach dem Splittingtarif besteuert (Statistisches Bundesamt, 1986, S. 440). Jeder der oben genannten drei typischen Grundtarif–Lohnsteuerfälle erfaßt im Modell jedoch gleichzeitig Steuerpflichtige, deren Steuerschuld nach dem – für Ehegatten üblichen – Splittingtarif ermittelt wird. Denn die Steuerlast nach dem Splittingtarif beträgt das doppelte der Steuerlast, die sich ergibt, wenn das Gesamteinkommen der Ehegatten halbiert wird und nach dem Grundtarif besteuert wird. Damit liegen die Steuerschulden für sechs typische Einkommensfälle vor, die den überwiegenden Teil des Lohnsteueraufkommens charakterisieren:

0,5 · Durchschnittseinkommen, verbunden mit dem Grundtarif bzw.
1 · Durchschnittseinkommen, verbunden mit dem Splittingtarif.

1 · Durchschnittseinkommen, verbunden mit dem Grundtarif bzw.
2 · Durchschnittseinkommen, verbunden mit dem Splittingtarif.

2 · Durchschnittseinkommen, verbunden mit dem Grundtarif bzw.
4 · Durchschnittseinkommen, verbunden mit dem Splittingtarif.

In einem zweiten Schritt werden die so berechneten jeweiligen Steuerschulden mit der Gesamtzahl der Arbeitnehmer multipliziert, als Variable für fiktive Lohnsteueraufkommen in die Lohnsteuergleichung eingesetzt und ihre Anteilskoeffizienten geschätzt. Über die Multiplikation der geschätzten Anteilskoeffizienten mit den fiktiven Lohnsteueraufkommen lassen sich Schätzungen für die Anteile am tatsächlichen Lohnsteueraufkommen berechnen. Diese Schätzwerte sind verträglich mit entsprechenden Angaben der Lohnsteuerstatistik 1983.

Da die Lohnsteuerformeln für alle Zeiträume und Einkommensklassen in das Modell eingebaut sind, was hier aus Platzgründen nicht dokumentiert wird, können zu jedem Zeitpunkt für jede Einkommenshöhe die jeweils aktuellen Steuerschulden berechnet werden.

Für die Lohnsteuer der Arbeitnehmer ergab sich aufgrund der vorangehend beschriebenen Vorgehensweise die folgende Schätzung:

59–TLOH1N Lohnsteuer der Arbeitnehmer, nominal, Mrd. DM

$$\begin{aligned} TLOH1N = &+ \underset{(2.1)}{0.514}\ \text{Grundtarif}(0{,}5 \cdot YBOH1N_t \cdot 4000 / ERAG1Nt) \cdot ERAG1N_t / 4000 \\ &+ \underset{(1.8)}{0.147}\ \text{Grundtarif}(1 \cdot YBOH1N_t \cdot 4000 / ERAG1Nt) \cdot ERAG1N_t / 4000 \\ &+ \underset{(0.7)}{0.043}\ \text{Grundtarif}(2 \cdot YBOH1N_t \cdot 4000 / ERAG1Nt) \cdot ERAG1N_t / 4000 \\ &- \underset{(6.5)}{2.841} + \underset{(3.5)}{1.454}\ QLK_t + \text{Restsaison} \end{aligned}$$

	Grundtarif(X):	Steuerschuld auf ein Einkommen von X gemäß Grundtarif, Tsd. DM
46	YBOH1N	Bruttolohn- und -gehaltsumme der Arbeitnehmer, nominal, Mrd. DM
1	ERAG1N	Beschäftigte Arbeitnehmer im Inland, Tausend
	QLK	Shiftvariable Konjunkturzuschlag zur Lohnsteuer, 1970Q3 – 1972Q4 ≠ 0, sonst = 0

TLOH1N geht ein in: 48–YNOH1N 56–TDIS1N 63–TEVS1N

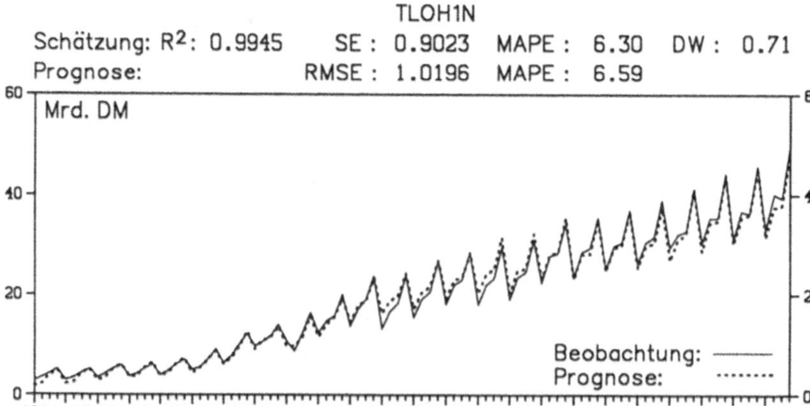

Nach dem in der Einleitung zu diesem Abschnitt dargestellten Verfahren wurde die Körperschaftsteuer wie folgt geschätzt:

60–TKSS1N Körperschaftsteuer, nominal, Mrd. DM

$$TKSS1N_t = -0.118 + 0.0010\ GUBU1N_t \cdot QKSTN_t + \text{Restsaison}$$
(0.9) (33.3)

50 GUBU1N Bruttogewinne der Unternehmen ohne Erwerbseinkünfte des Staates, nominal, Mrd. DM
QKSTN Körperschaftsteuersatz, bis 1976Q4 = 51%, ab 1977Q1 = 56%

TKSS1N geht ein in: 58–TGUS1N 63–TEVS1N

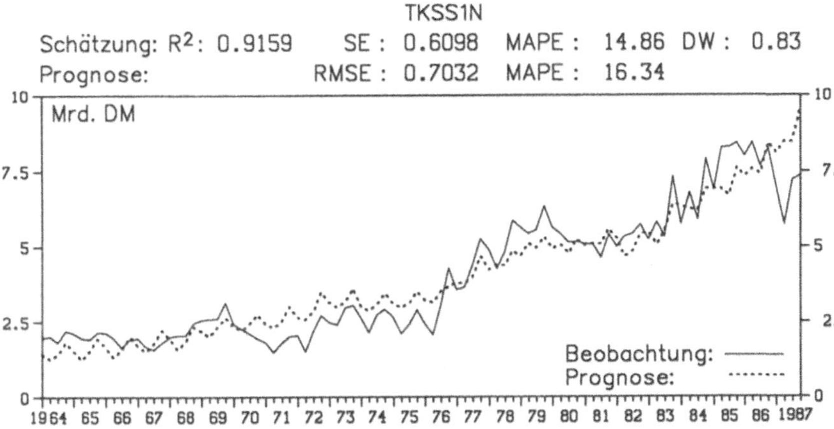

Die Kapitalertragsteuer bildet eine Ausnahme von dem eingangs beschriebenen Steuererklärungsprinzip, da sie nur von den Bruttogewinnen abhängt:

61–TKES1N Kapitalertragsteuer, nominal, Mrd. DM

$$TKES1N_t = -0.238 + 0.015\ GUBU1N_{t, t-1} + \text{Restsaison}$$
(6.6) (32.6)

50 GUBU1N Bruttogewinne der Untern. ohne Erwerbseink. des Staates, nominal, Mrd. DM

TKES1N geht ein in: 58–TGUS1N 63–TEVS1N

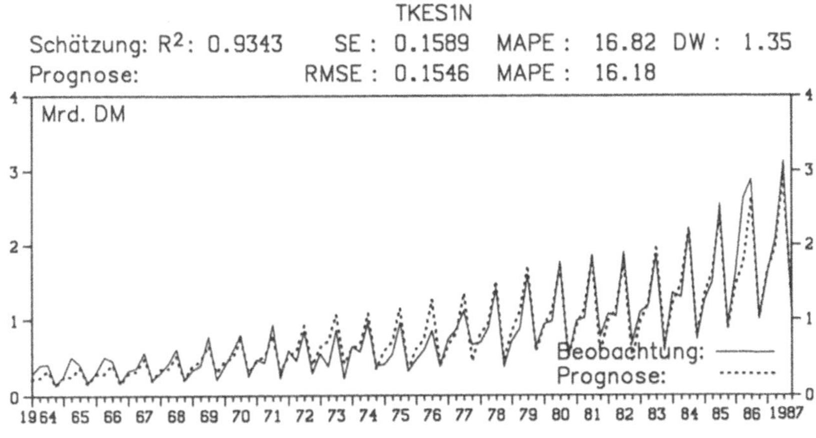

Während die Lohnsteuer, die Körperschaftsteuer und die Kapitalertragsteuer Quellensteuern sind und ihre Erfassung daher keine größeren Probleme bereitet, ist die Erfassung (und Modellierung) der veranlagten Einkommensteuer erheblich schwieriger. Dies hängt damit zusammen, daß die statistisch erfaßten Zahlungseingänge nicht eindeutig dem Zeitpunkt der Entstehung der Steuerschuld zugerechnet werden können. Bei diesem Problem handelt es sich nicht um eine Verschiebung der Steuer um ein oder zwei Quartale, sondern aufgrund der Verlustvor– und –rücktragsmöglichkeiten, des Lohnsteuerjahresausgleichs und anderer Regelungen kann die Verschiebung mehrere Jahre betragen. Um diesem Problem gerecht zu werden, wurde von uns ein indirekter Weg gewählt, die veranlagte Einkommenssteuer zu erklären: Analog zur Lohnsteuer wurde die gesamte Einkommensteuer erklärt; die veranlagte Einkommensteuer ergibt sich dann als Differenz zwischen gesamter Einkommensteuer und den Quellensteuern.

Der Berechnung der Einkommensteuerschuld wurden drei typische Einkommensklassen zugrundegelegt: das Durchschnittseinkommen eines Arbeitnehmers sowie das doppelte und das halbe Durchschnittseinkommen. Ergänzend für Steuerabgaben von Spitzenverdienern findet das Produkt aus den Bruttogewinnen der Unternehmen (GUBU1N) und dem Spitzensteuersatz (QESTS) Eingang in die Gleichung. Somit ergibt sich eine Zerlegung der Einkommensteuerberechnung in sieben typische Einkommensklassen:

0,25 · Durchschnittseinkommen, verbunden mit dem Grundtarifarif bzw.
0,5 · Durchschnittseinkommen, verbunden mit dem Splittingtarif.

0,5 · Durchschnittseinkommen, verbunden mit dem Grundtarif bzw.
1 · Durchschnittseinkommen, verbunden mit dem Splittingtarif.

1 · Durchschnittseinkommen, verbunden mit dem Grundtarif bzw.
2 · Durchschnittseinkommen, verbunden mit dem Splittingtarif.

Bruttogewinne der Unternehmen, verbunden mit dem Spitzensteuersatz.

Auf eine Erklärung des Steueraufkommens über eine Zerlegung in eine größere Zahl von Klassen durch Vorgabe oder Schätzung der jeweils gültigen Einkommensverteilung wurde ebenso verzichtet wie auf eine ausführliche Erfassung von Freibeträgen oder des Einkommensteuerausgleichs (Krelle, W., Pauly, R., 1976; Hansen, G., Westphal, U., Kröger, J., 1983). Die Zerlegung könnte z. B. mit einer Lognormalverteilung durchgeführt werden, deren Parameter aus den in Abständen von drei Jahren erstellten großen Steuerstatistiken errechnet werden. Bereits mit der im Modell vorliegenden Zerlegung in 6 bzw. 7 Klassen konnte eine hohe Erklärungsgüte erzielt werden. Diese Zerlegung besitzt insbesondere für makroökonomische Simulationen eine ausreichende Präzision.

62–TEGS1N Einkommensteuer insgesamt, ohne Lohnsteuer auf Pensionen, nom., Mrd. DM

$$TEGS1N_t = \underset{(3.5)}{1.382} - \underset{(3.7)}{1.191}\, Q7076_t$$
$$+ \underset{(1.3)}{0.337}\, Splittarif(0.5 \cdot YBOH1N_t \cdot 4000 / ERAG1N_t) \cdot ERAG1N_t / 4000$$
$$+ \underset{(1.5)}{0.370}\, Splittarif(1 \cdot YBOH1N_t \cdot 4000 / ERAG1N_t) \cdot ERAG1N_t / 4000$$
$$+ \underset{(3.6)}{0.304}\, Splittarif(2 \cdot YBOH1N_t \cdot 4000 / ERAG1N_t) \cdot ERAG1N_t / 4000$$
$$+ \underset{(3.1)}{0.067}\, GUBU1N_t \cdot QESTS_t + Restsaison$$

	Splittarif(X):	Steuerschuld auf ein Einkommen in Höhe von X gemäß Splittingtarif, Tausend DM
	Q7076	Shiftvariable: 1970Q1 – 1976Q2 = 1, sonst = 0
46	YBOH1N	Bruttolohn- und -gehaltsumme der Arbeitnehmer, nominal, Mrd. DM
1	ERAG1N	Beschäftigte Arbeitnehmer im Inland, Tausend
50	GUBU1N	Bruttogewinne der Unternehmen ohne Erwerbseinkünfte des Staates, nominal, Mrd. DM
	QESTS	Spitzensteuersatz der Einkommensteuer

TEGS1N geht ein in: 63–TEVS1N

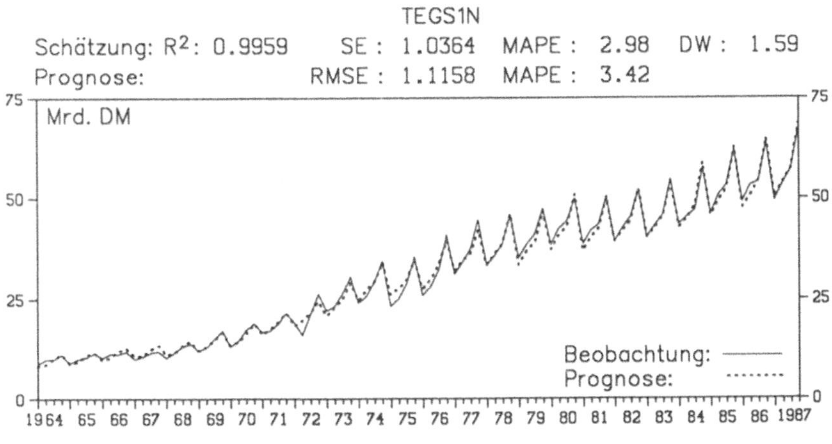

63–TEVS1N Veranlagte Einkommensteuer, nominal, Mrd. DM

$$TEVS1N_t = TEGS1N_t - TLOH1N_t - TKSS1N_t - TKES1N_t$$

62	TEGS1N	Einkommensteuer insgesamt, ohne Lohnsteuer auf Pensionen, nominal, Mrd. DM
59	TLOH1N	Lohnsteuer der Arbeitnehmer, nominal, Mrd. DM
60	TKSS1N	Körperschaftsteuer, nominal, Mrd. DM
61	TKES1N	Kapitalertragsteuer, nominal, Mrd. DM

TEVS1N geht ein in: 58–TGUS1N

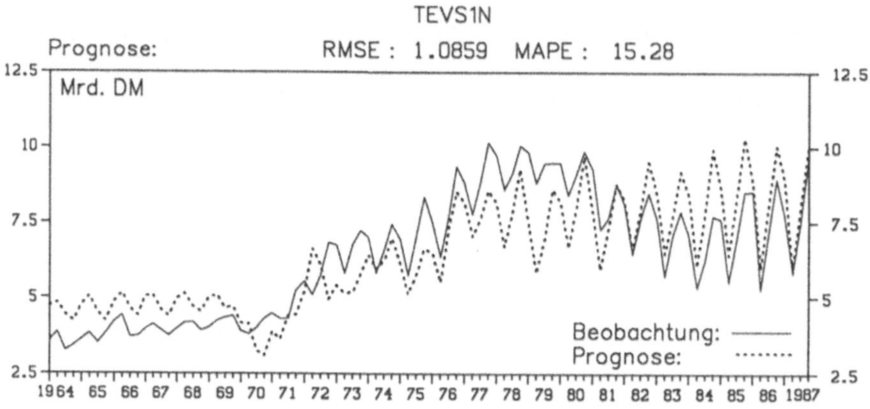

Weitere direkte Steuern sind die Gewerbesteuer, die Vermögensteuer, die Lohnsteuer auf Pensionen und "sonstige" direkte Steuern. Die Vermögensteuer und die sonstigen direkten Steuern werden durch das Bruttosozialprodukt erklärt, da eine besser geeignete Bezugsgröße im Modell nicht vorhanden ist. Die Lohnsteuer auf Pensionen wird durch den nominalen Staatskonsum bestimmt.

<u>64–TGWS1N Gewerbesteuer, Ertrag und Kapital, nominal, Mrd. DM</u>

$$TGWS1N_t = \underset{(12.1)}{1.109}\ QGWS1_t + \underset{(12.2)}{2.133}\ QGWS2_t + \underset{(4.1)}{1.243}\ QGWS3_t + \underset{(8.1)}{2.428}\ QTGW1_t$$
$$+ \underset{(20.7)}{0.015}\ (GUBU1N_t \cdot QGWHS_{t,t-1} / 100)_{t,t-3} + \text{Restsaison}$$

QGWS1 Shiftvariable Absolutglied der Gewerbesteuer, 1960Q1–1972Q3 = 1, sonst = 0
QGWS2 Shiftvariable Absolutglied der Gewerbesteuer, 1972Q4–1982Q4 = 1, sonst = 0
QGWS3 Shiftvariable Absolutglied der Gewerbesteuer, 1981Q1–1987Q4 = 1, sonst = 0
QTGW1 Shiftvariable für TGWS1N, 1969Q4 = 1, sonst = 0
50 GUBU1N Bruttogewinne der Untern. ohne Erwerbseink. des Staates, nominal, Mrd. DM
QGWHS Gewogener Durchschnittshebesatz der Gewerbesteuer, Prozent

TGWS1N geht ein in: 58–TGUS1N

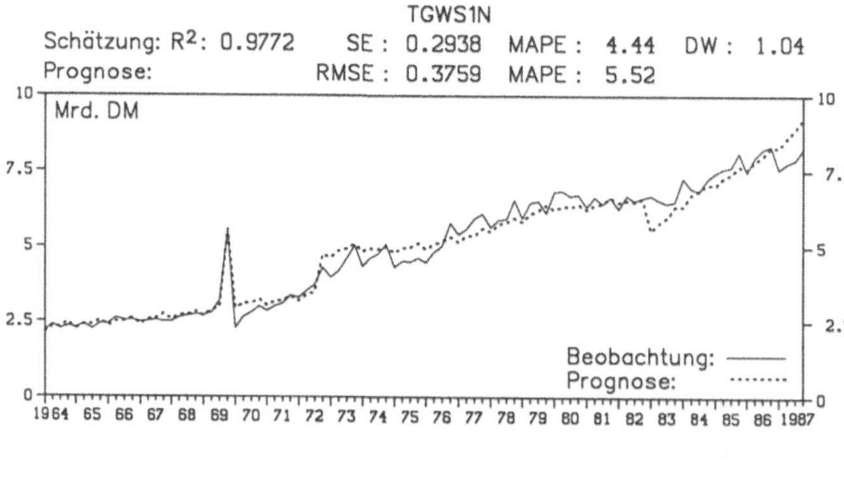

65–TVMS1N Vermögensteuer, nominal, Mrd. DM

$$TVMS1N_t = \underset{(1.9)}{0.035} + \underset{(2.0)}{0.00018}\ BSPG1N_t + \underset{(21.6)}{0.915}\ TVMS1N_{t-1} + \text{Restsaison}$$

21 BSPG1N Bruttosozialprodukt, nominal, Mrd. DM

TVMS1N geht ein in: 58–TGUS1N

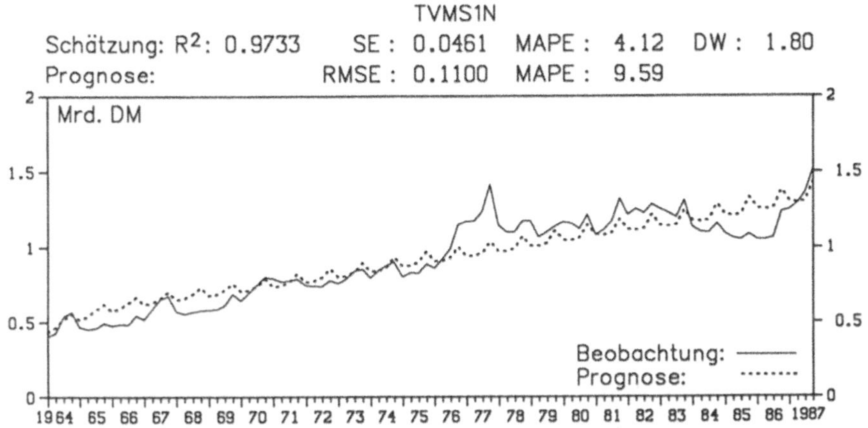

66–TLPS1N Lohnsteuer auf Pensionen, nominal, Mrd. DM

$$TLPS1N_t = -\underset{(2.8)}{0.038} + \underset{(5.6)}{0.0065}\ CONS1N_t + \underset{(6.4)}{0.532}\ TLPS1N_{t-1} + \text{Restsaison}$$

33 CONS1N Öffentlicher Verbrauch, nominal, Mrd. DM

TLPS1N geht ein in: 56–TDIS1N

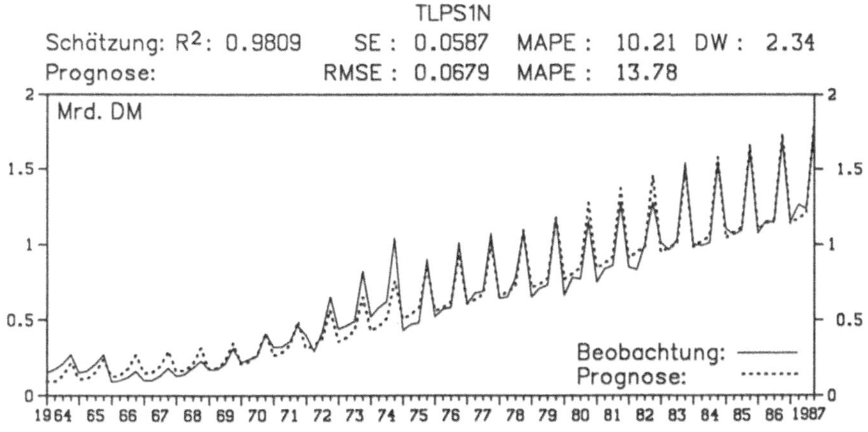

67-TSDS1N Sonstige direkte Steuern, nominal, Mrd. DM

$$TSDS1N_t = -0.050 + 0.0011\ BSPG1N_t + 0.771\ TSDS1N_{t-1} + \text{Restsaison}$$

(0.8) (2.8) (11.1)

21 BSPG1N Bruttosozialprodukt, nominal, Mrd. DM

TSDS1N geht ein in: 56–TDIS1N

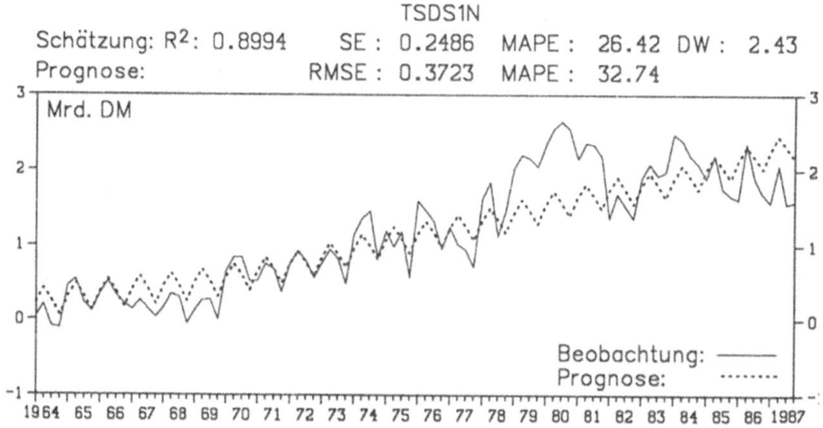

Die indirekten Steuern sind unterteilt in die Variablen "Umsatzsteuer" (Mehrwertsteuer), "Verbrauch- und Produktionsteuern" und "sonstige indirekte Steuern":

68–TUMG1N Umsatzsteuer, nominal, Mrd. DM

$$TUMG1N_t = 0.265 + VarKof_t \cdot CONH1N_t + \text{Restsaison}$$

(1.0)

$$VarKof_t = 0.043 + 0.0046\ QMWST_t$$

(4.4) (6.8)

32 CONH1N Privater Verbrauch, nominal, Mrd. DM
QMWST Umsatzsteuersatz bzw. Mehrwertsteuersatz, Prozent

TUMG1N geht ein in: 24–CONH2N 57–TINS1N

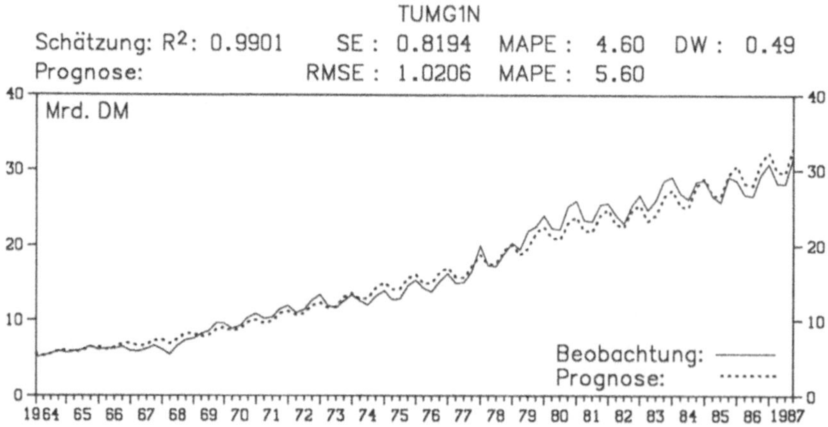

69–TPRO1N Verbrauchsteuern und Produktionsteuern ohne Umsatzsteuern und ohne Gewerbesteuern, nominal, Mrd. DM

$$TPRO1N_t = \underset{(3.9)}{0.783} + \underset{(3.5)}{0.0071}\ BSPG1N_t + \underset{(10.9)}{0.753}\ TPRO1N_{t-1} + \text{Restsaison}$$

21 BSPG1N Bruttosozialprodukt, nominal, Mrd. DM

TPRO1N geht ein in: 57–TINS1N

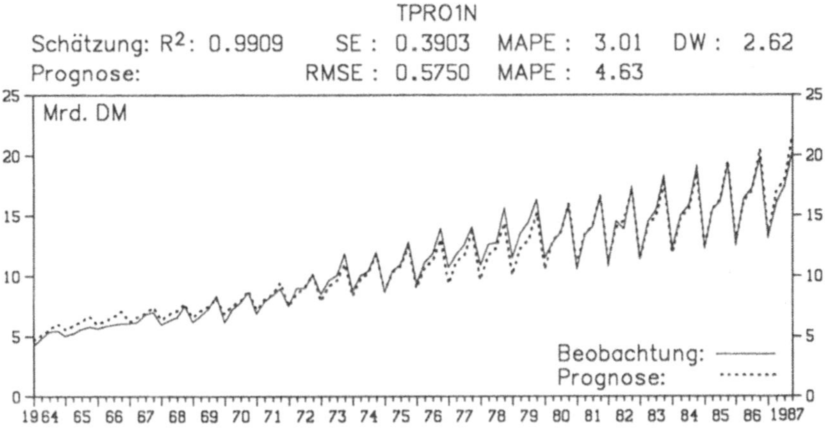

70–TSIS1N Sonstige indirekte Steuern und Abgaben, nominal, Mrd. DM

$$TSIS1N_t = \underset{(2.4)}{0.163} + \underset{(7.0)}{0.0069}\ BSPG1N_t + \underset{(6.2)}{0.478}\ TSIS1N_{t-1} + \underset{(5.7)}{0.287}\ QSIS_t + \text{Restsaison}$$

21 BSPG1N Bruttosozialprodukt, nominal, Mrd. DM
QSIS Shiftvariable für TSIS1N, 1968Q2 = 4, 1968Q3 = 3, 1968Q4 = 2, 1969Q1 = 1, sonst = 0

TSIS1N geht ein in: 57–TINS1N

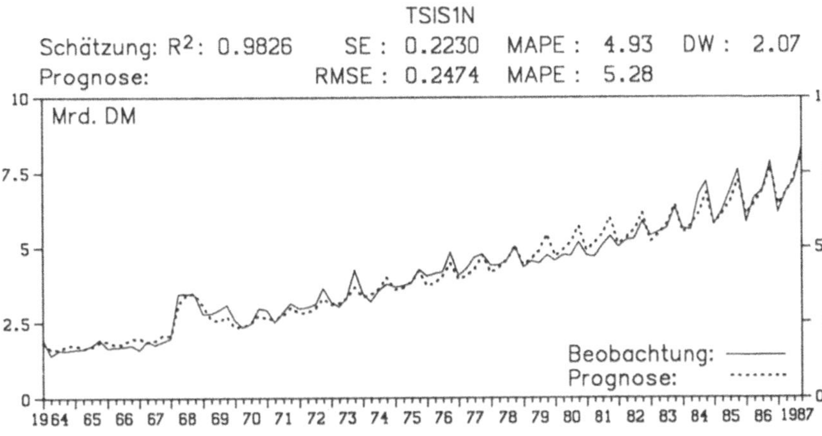

b) Sozialabgaben

Die Beiträge der Arbeitnehmer und Arbeitgeber zu den gesetzlichen Sozialversicherungen werden jeweils durch die Bruttolohn- und -gehaltsumme bestimmt, deren Koeffizient durch die einzelnen Beitragssätze erklärt wird. Bestimmte Sonderentwicklungen wie Sozialversicherungspflichtigkeit der Weihnachtsgelder seit 1984 wurden durch Shiftvariablen berücksichtigt.

71–SVGS1N Sozialbeiträge der Privaten Haushalte und Unternehmen an den Staat insgesamt, nominal, Mrd. DM

$$SVGS1N_t = SATG1N_t + SUOG1N_t + SSOG1N_t$$

72 SATG1N Tatsächliche Sozialbeiträge vom Einkommen der Arbeitnehmer, insgesamt, nominal, Mrd. DM
73 SUOG1N Sozialbeiträge der Arbeitgeber zu den Einkommen der Arbeitnehmer, nominal, Mrd. DM
74 SSOG1N Sonstige Sozialbeiträge, nominal, Mrd. DM

SVGS1N geht ein in: 54–EINS1N 91–NVGS1N

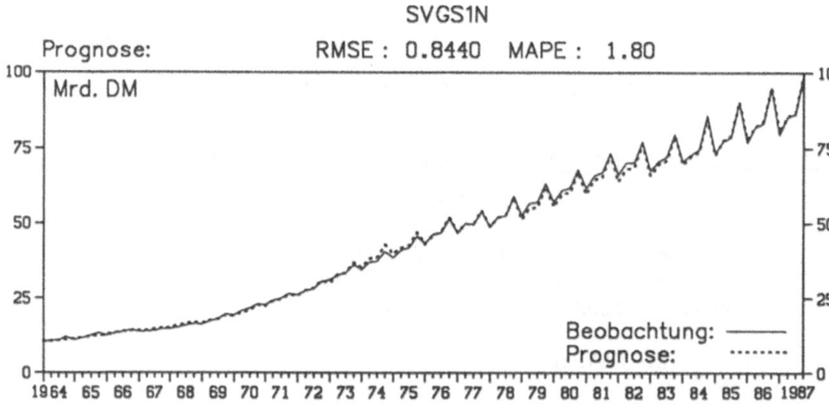

72–SATG1N Tatsächliche Sozialbeiträge vom Einkommen der Arbeitnehmer, insgesamt, nominal, Mrd. DM

$$SATG1N_t = \underset{(4.1)}{-0.756} + VarKof_t \cdot YBOH1N_t + \underset{(7.7)}{0.086}\, PV(0.5)<SBGH1N_t> + \text{Restsaison}$$

$$VarKof_t = \underset{(0.3)}{+0.0030} + \underset{(7.7)}{0.0038}\, PV(0.5)<QRVBT_t> + \underset{(7.2)}{0.0022}\, PV(0.5)<QKVBT_t>$$

$$+ \underset{(10.7)}{0.0043}\, PV(0.5)<AVBH1N_t> + \underset{(4.4)}{0.0056}\, PV(0.5)<QWGR_t>$$

46 YBOH1N Bruttolohn- und -gehaltsumme der Arbeitnehmer, nominal, Mrd. DM
76 SBGH1N Beitragsbemessungsgrenze zur Rentenversicherung, Tausend DM
QRVBT Beitragssatz zur Rentenversicherung, Prozent
QKVBT Durchschnittlicher Beitragssatz zur Krankenversicherung, Prozent
75 AVBH1N Beitragssatz zur Arbeitslosenversicherung, Prozent
QWGR Shiftvariable für Sozialversicherungsreform: Weihnachtsgeld abgabepflichtig, ab 1984 jedes 4. Quartal = 1, sonst = 0

SATG1N geht ein in: 48–YNOH1N 71–SVGS1N

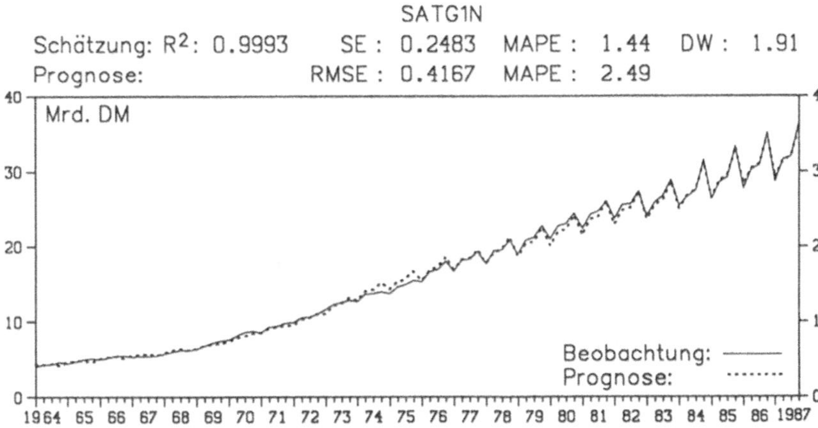

73–SUOG1N Sozialbeiträge der Arbeitgeber zu den Einkommen der Arbeitnehmer, nominal, Mrd. DM

$$SUOG1N_t = -\underset{(5.6)}{1.732} + VarKof_t\ YBOH1N_t + Restsaison$$

$$VarKof_t = \underset{(1.5)}{0.031} + \underset{(6.9)}{0.0060}\ PV(0.5)<QRVBT_t> + \underset{(11.2)}{0.0062}\ PV(0.5)<QKVBT_t>$$

$$+ \underset{(10.8)}{0.0066}\ PV(0.5)<AVBH1N_t> + \underset{(1.5)}{0.0033}\ PV(0.5)<QWGR_t>$$

46 YBOH1N Bruttolohn- und -gehaltsumme der Arbeitnehmer, nominal, Mrd. DM
QRVBT Beitragssatz zur Rentenversicherung, Prozent
QKVBT Durchschnittlicher Beitragssatz zur Krankenversicherung, Prozent
75 AVBH1N Beitragssatz zur Arbeitslosenversicherung, Prozent
QWGR Shiftvariable für Sozialversicherungsreform: Weihnachtsgeld abgabepflichtig, ab 1984 jedes 4. Quartal = 1, sonst = 0

SUOG1N geht ein in: 47–YABH1N 48–YNOH1N 71–SVGS1N

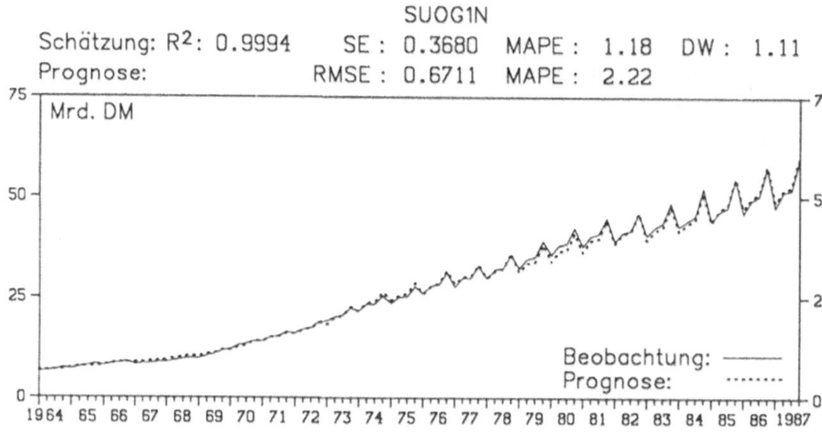

74–SSOG1N Sonstige Sozialbeiträge, nominal, Mrd. DM

$$SSOG1N_t = \underset{(2\cdot 8)}{-\,0.271} + \underset{(3\cdot 7)}{0.0041}\ YBOH1N_t + \underset{(12\cdot 8)}{0.753}\ SSOG1N_{t-1}$$

$$+ \underset{(3\cdot 1)}{0.00050}\ JD(ALOG1N)_{t\,,t-3} + \text{Restsaison}$$

46 YBOH1N Bruttolohn- und -gehaltsumme der Arbeitnehmer, nominal, Mrd. DM
94 ALOG1N Zahl der Arbeitslosen, Tausend

SSOG1N geht ein in: 71–SVGS1N

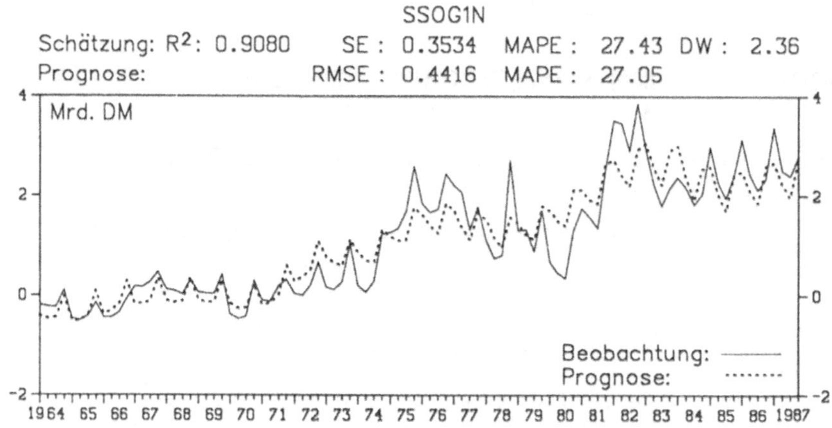

Der Beitragssatz zur Arbeitslosenversicherung hängt von der Arbeitslosenquote ab.

75–AVBH1N Beitragssatz zur Arbeitslosenversicherung, Prozent

$$AVBH1N_t = \underset{(20\cdot 3)}{1.085} + \underset{(34\cdot 8)}{0.375}\ (ALOG1N_t \cdot 100\ /\ ARBG1N_t)_{t-1,t-4}$$

94 ALOG1N Zahl der Arbeitslosen, Tsd.
93 ARBG1N Arbeitsangebot (ERAG1N + ALOG1N), Tsd.

AVBH1N geht ein in: 72–SATG1N 73–SUOG1N

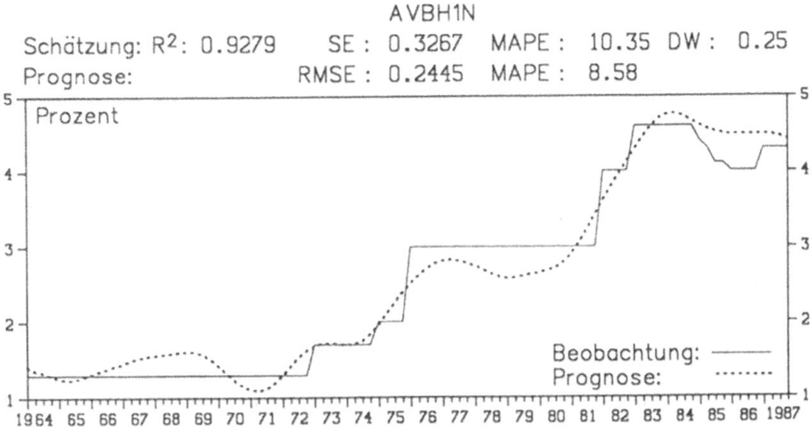

Zur Berechnung der Beitragsbemessungsgrenze zur Rentenversicherung wird das durchschnittliche Arbeitnehmereinkommen des Vorvorjahres berechnet. Sie wird jeweils zu Beginn des Jahres neu ermittelt und bleibt dann ein Jahr lang konstant. Diese institutionelle Regelung wird in der folgenden Gleichung zu erfassen versucht.

76–SBGH1N Beitragsbemessungsgrenze zur Rentenversicherung, Tausend DM

$$SBGH1N_t = \underset{(0.8)}{0.165}\; Q01_t + \underset{(198.4)}{1.517}\; (YABH1N_t \cdot 1000 \,/\, ERAG1N_t)_{t\,-4,\,t\,-7} \cdot Q01_t$$

$$+ \underset{(790.2)}{1.000}\; SBGH1N_{t\,-1} \cdot (1 - Q01_t)$$

47 YABH1N Bruttoeinkommen aus unselbständiger Arbeit, nominal, Mrd. DM
1 ERAG1N Beschäftigte Arbeitnehmer im Inland, Tausend
Q01 Shiftvariable Saisoneinfluß: jeweils im ersten Quartal = 1, sonst = 0

SBGH1N geht ein in: 72–SATG1N

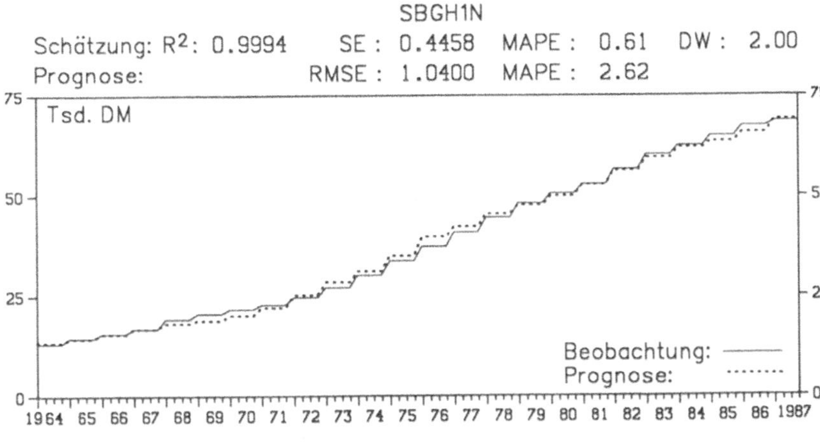

c) Sonstige Einnahmen

Die in diesem Abschnitt dargestellten sonstigen Einnahmen sind die Vermögenseinkommen und die Übertragungen der übrigen Sektoren an den Staat. Ein großer Teil dieser Übertragungen ist mit ökonomischen Größen nur schwer erklärbar und müßte mit einer Fülle institutioneller Details begründet werden. Dies wäre ein Grund, sie exogen zu lassen. Dagegen spricht aber, daß eine Vielzahl exogener Variablen die Prognose mit einem ökonometrischen Modell sehr erschwert, da exogene Variablen zunächst außerhalb des Modells prognostiziert werden müssen. Aus diesem Grund wurde von uns ein Mittelweg beschritten: immer, wenn eine vom Staat kontrollierte Variable als politisches Instrument nicht von Bedeutung ist und das Zusammenwirken der Modellvariablen nicht wesentlich beeinflußt, wurde sie endogenisiert. Dabei wurde auf eine volle Spezifikation der institutionellen Details verzichtet. Die betreffenden Variablen wurden vielmehr an das Bruttosozialprodukt gekoppelt. Sie haben daher den Charakter von Prognosehilfsgleichungen. Die folgenden Gleichungen (und auch die beiden letzten Gleichungen des vorangehenden Abschnitts) sollten in diesem Sinne verstanden werden und werden daher nicht weiter kommentiert.

77–EYVS1N Vermögenseinkommen des Staates, nominal, Mrd. DM

$$EYVS1N_t = \underset{(1.2)}{-0.302} + \underset{(2.8)}{0.200}\, EYVS1N_{t-1} + \underset{(7.7)}{0.011}\, BSPG1N_t + \underset{(9.5)}{0.445}\, QBBGW_t$$

$$+ \text{Restsaison}$$

21 BSPG1N Bruttosozialprodukt, nominal, Mrd. DM
QBBGW Bundesbankgewinne, nominal, Mrd. DM

EYVS1N geht ein in: 50–GUBU1N 54–EINS1N

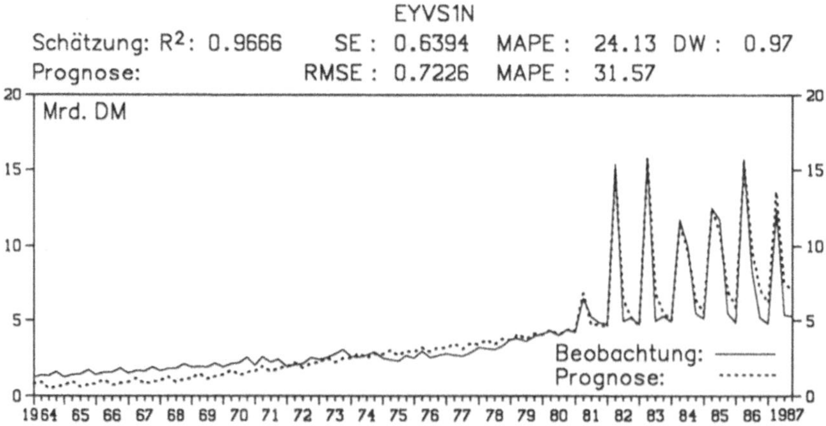

Bei der Ermittlung der Restsaison wurden die Bundesbankgewinne ebenfalls als erklärende Größe berücksichtigt.

78–USPS1N Sonstige laufende Übertragungen der Privaten Haushalte und Unternehmen an den Staat, nominal, Mrd. DM

$$USPS1N_t = -\underset{(1.4)}{0.024} + \underset{(2.7)}{0.00063}\ BSPG1N_t + \underset{(26.4)}{0.911}\ USPS1N_{t-1} + \text{Restsaison}$$

21 BSPG1N Bruttosozialprodukt, nominal, Mrd. DM

USPS1N geht ein in: 54–EINS1N

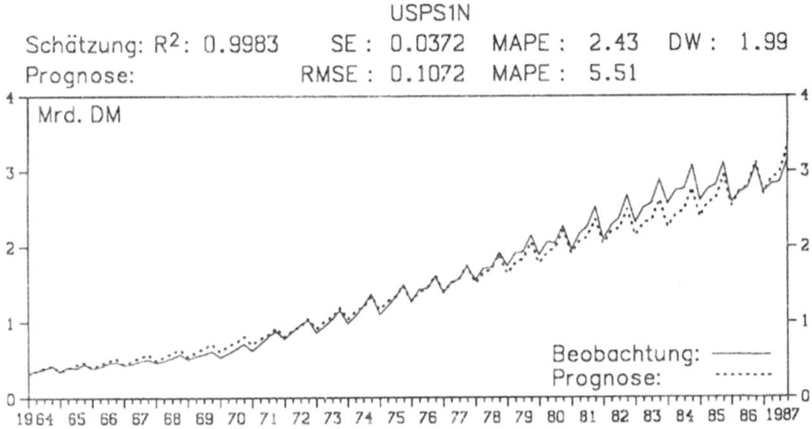

79–UOTS1N Laufende Übertragungen der Übrigen Welt an den Staat, nominal, Mrd. DM

$$UOTS1N_t = -\underset{(9.7)}{0.856} + \underset{(28.0)}{0.0080}\ BSPG1N_t + \text{Restsaison}$$

21 BSPG1N Bruttosozialprodukt, nominal, Mrd. DM

UOTS1N geht ein in: 54–EINS1N

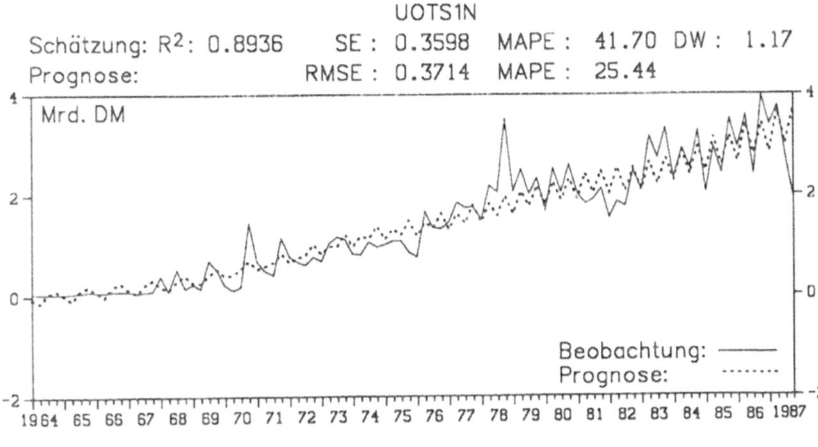

80–VEMS1N Empfangene Vermögensübertragungen des Staates, nominal, Mrd. DM

$$VEMS1N_t = \underset{(1.2)}{0.040} + \underset{(1.8)}{0.00035}\ BSPG1N_t + \underset{(18.6)}{0.890}\ VEMS1N_{t-1} + \text{Restsaison}$$

21 BSPG1N Bruttosozialprodukt, nominal, Mrd. DM

VEMS1N geht ein in: 54–EINS1N

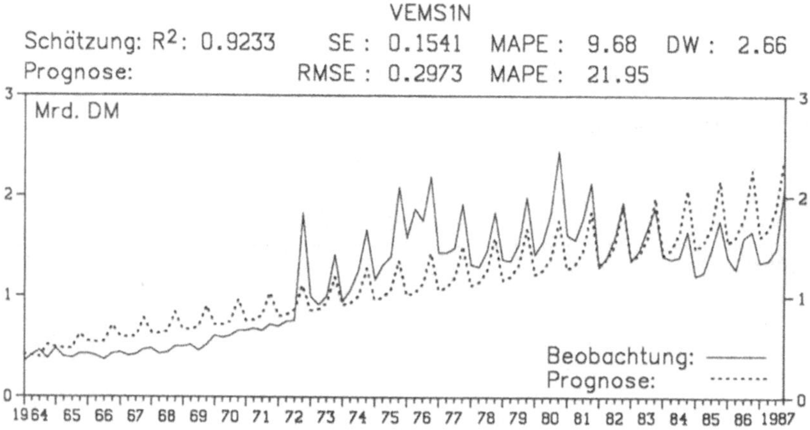

1. 6. 2 Ausgaben

Die Definitionsgleichung (81) spaltet die Staatsausgaben zunächst in ihre im Modell erklärten Bestandteile auf:

81–AUSS1N Gesamte Ausgaben des Staates, nominal, Mrd. DM

$$AUSS1N_t = CONS1N_t + IBAS1N_t + IAUS1N_t - (ABSG1N_t - ABSU1N_t) + UGLS1N_t + VGLS1N_t + EYZS1N_t$$

33 CONS1N Öffentlicher Verbrauch, nominal, Mrd. DM
38 IBAS1N Bruttobauinvestitionen des Staates, nominal, Mrd. DM
35 IAUS1N Bruttoausrüstungsinvestitionen des Staates, nominal, Mrd. DM
109 ABSG1N Abschreibungen gesamt, nominal, Mrd. DM
108 ABSU1N Abschreibungen der Unternehmen, nominal, Mrd. DM
82 UGLS1N Geleistete laufende Übertragungen des Staates nominal, Mrd. DM
88 VGLS1N Geleistete Vermögensübertragungen des Staates, nominal, Mrd. DM
89 EYZS1N Zinszahlungen des Staates (Saldo), nominal, Mrd. DM

AUSS1N geht ein in: 21–BSPG1N 90–FSDS1N

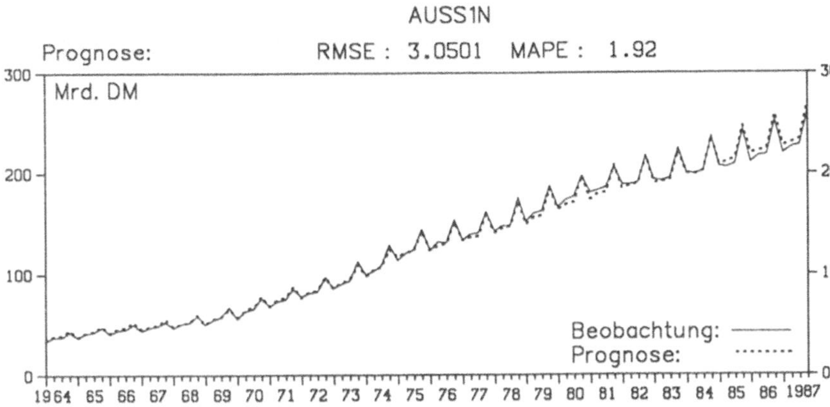

Die staatlichen Verbrauchsausgaben, die – wie schon erwähnt – einen sehr hohen Anteil an Personalausgaben enthalten, werden im Einkommensverwendungsteil des Modells erklärt (Gleichung 15). Die staatlichen Investitionsausgaben sind exogene Instrumentvariablen. Deshalb verbleibt für diesen Abschnitt nur die Bestimmung der verschiedenen Übertragungen des Staates.

a) Soziale Leistungen und Subventionen

<u>82–UGLS1N Geleistete laufende Übertragungen des Staates nominal, Mrd. DM</u>

$$UGLS1N_t = UVSH1N_t + USSU1N_t + USOU1N_t + UOST1N_t$$

83 UVSH1N Soziale Leistungen des Staates an die Priv. Haushalte, nom., Mrd. DM
84 USSU1N Subventionen des Staates an die Unternehmen, nominal, Mrd. DM
85 USOU1N Sonstige laufende Übertragungen des Staates an die Unternehmen, nominal, Mrd. DM
86 UOST1N Laufende Übertragungen des Staates an die Übrige Welt, nom., Mrd. DM

UGLS1N geht ein in: 81–AUSS1N

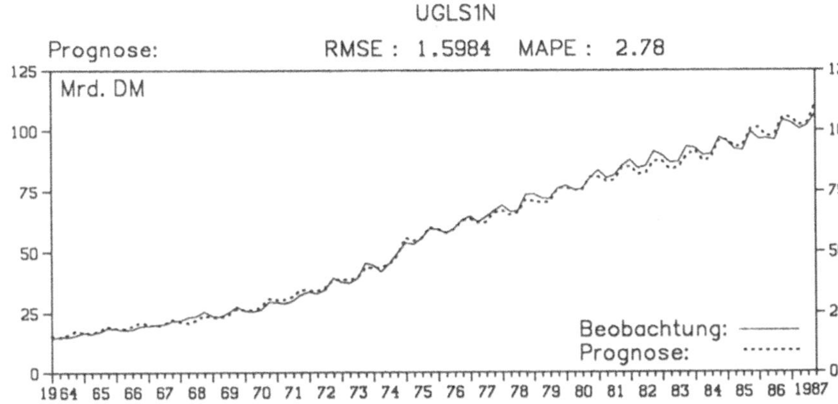

Die Sozialleistungen des Staates an die Privaten Haushalte werden durch die allgemeine Einkommensentwicklung (vertreten durch die Bruttolohn– und -gehaltsumme) und durch die Zahl der Arbeitslosen erklärt. Seit 1975 ist der Koeffizient der Bruttolohn– und -gehaltsumme etwas höher als zuvor, da der Anstieg der Sozialleistungen seit jener Zeit nicht allein durch die Arbeitslosenzahlen begründet werden konnte. Die Dummyvariable "Strukturbruch" erfaßt diese Koeffizientenverschiebung in vereinfachender Weise.

83–UVSH1N Soziale Leistungen des Staates an die Privaten Haushalte, nom., Mrd. DM

$$UVSH1N_t = -\underset{(0.6)}{0.212} + VarKof_t \; YBOH1N_t + \underset{(8.2)}{0.0033} \; ALOG1N_{t\,,t-1} + \text{Restsaison}$$

$$VarKof_t = \underset{(54.7)}{0.292} + \underset{(16.0)}{0.062} \; QST75_t$$

46 YBOH1N Bruttolohn- und -gehaltsumme der Arbeitnehmer, nominal, Mrd. DM
94 ALOG1N Zahl der Arbeitslosen, Tausend
QST75 Shiftvariable Strukturbruch, ab 1975Q1 = 1, zuvor = 0

UVSH1N geht ein in: 53–YVGH1N 82–UGLS1N 91–NVGS1N

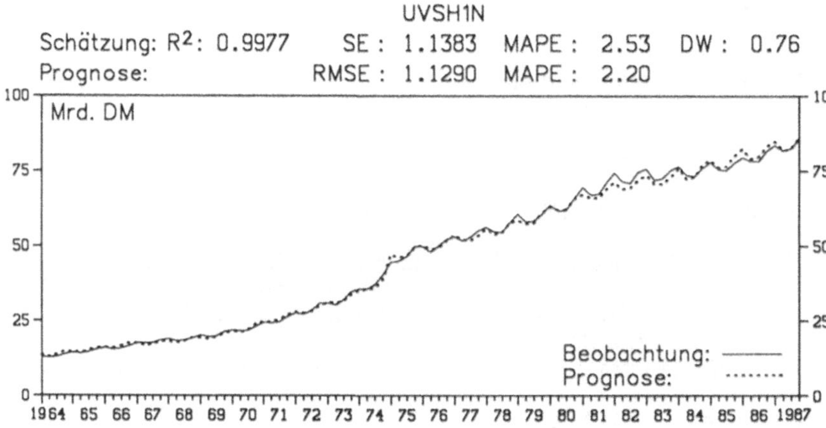

Die Subventionen des Staates an die Unternehmen könnten eventuell als Instrument–variable betrachtet werden. Sie haben jedoch eine sehr große endogene Komponente, da in ihrer Abgrenzung auch Steuerbefreiungen und -ermäßigungen enthalten sind, die einen großen Anteil ausmachen. Diese Komponente ist zudem stark mit dem Konjunkturzyklus und speziell mit den Gewinnen der Unternehmen korreliert. So kommt es, daß eine Variable, die man vom Begriff her eher mit "notleidenden" Unternehmen in Verbindung bringt, im Modell positiv von den Gewinnen abhängt. Zusätzlich sind die Subventionen an die allgemeine Einkommensentwicklung gekoppelt, die hier durch das Bruttosozialprodukt repräsentiert wird. Hinzu tritt als erklärende Größe die Entwicklung der Arbeitslosigkeit. Steigende

Arbeitslosigkeit ist zum Teil auch mit ausscheidenden Unternehmen korreliert, was partiell zu einer Senkung der Subventionen führt.

84–USSU1N Subventionen des Staates an die Unternehmen, nominal, Mrd. DM

$$USSU1N_t = -\underset{(7.5)}{1.571} + \underset{(4.3)}{0.049}\ GUBU1N_t - \underset{(4.5)}{0.00097}\ PV(0.25)\langle ALOG1N_t \rangle$$

$$+ \underset{(5.7)}{0.015}\ BSPG1N_t + \text{Restsaison}$$

50 GUBU1N Bruttogewinne der Unternehmen ohne Erwerbseinkünfte des Staates, nominal, Mrd. DM
94 ALOG1N Zahl der Arbeitslosen, Tausend
21 BSPG1N Bruttosozialprodukt, nominal, Mrd. DM

USSU1N geht ein in: 40–AEGI1N 49–YBOU1N 82–UGLS1N

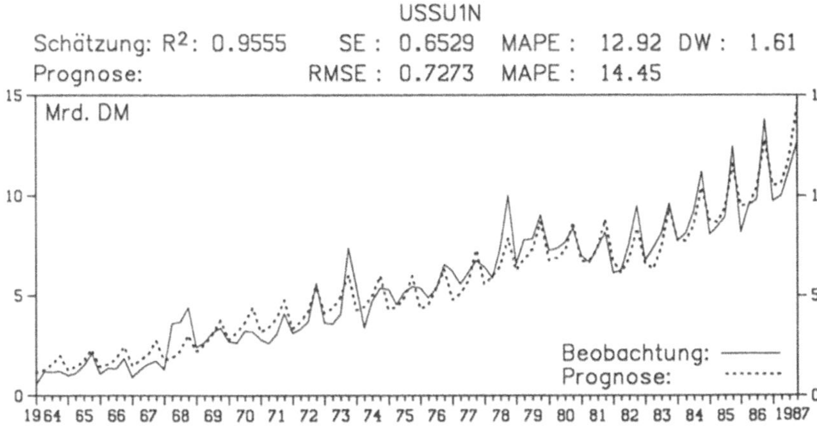

Die übrigen Gleichungen dieses Abschnitts sind wiederum im Sinne von "Prognosehilfsgleichungen" zu verstehen und werden daher nicht weiter kommentiert.

85–USOU1N Sonstige laufende Übertragungen des Staates an die Unternehmen, nominal, Mrd. DM

$$USOU1N_t = -\underset{(2.8)}{0.057} + \underset{(7.7)}{0.0019}\ BSPG1N_t + \underset{(2.4)}{0.234}\ USOU1N_{t-1} - \underset{(3.9)}{0.101}\ Q824_t + \text{Restsaison}$$

21 BSPG1N Bruttosozialprodukt, nominal, Mrd. DM
Q824 Shiftvariable Regierungswechsel, ab 1982Q4 = 1, sonst = 0

USOU1N geht ein in: 82–UGLS1N

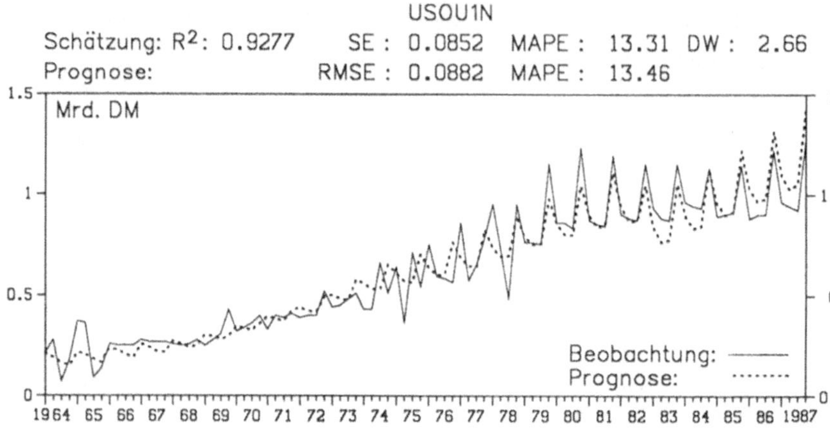

86–UOST1N Laufende Übertragungen des Staates an die Übrige Welt, nom., Mrd. DM

$$UOST1N_t = -1.553 + 0.019\ BSPG1N_t + \text{Restsaison}$$
$$\quad (16.4) \qquad (64.0)$$

21 BSPG1N Bruttosozialprodukt, nominal, Mrd. DM

UOST1N geht ein in: 82–UGLS1N

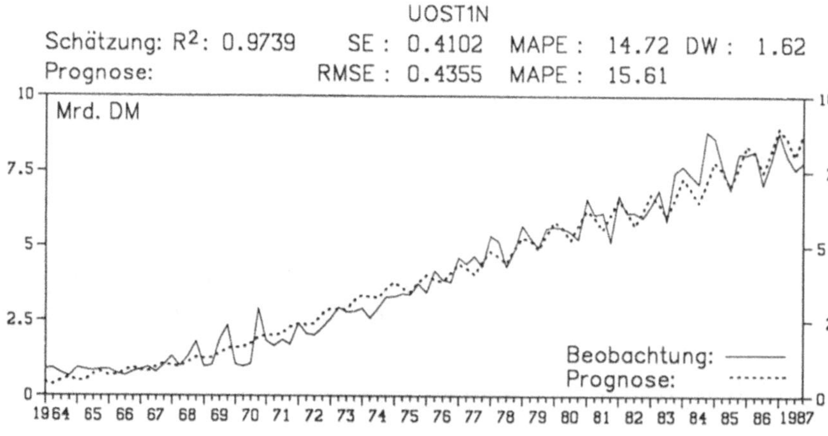

87–ULDH1N Soziale Leistungen des Staates an die Privaten Haushalte abzüglich des Saldos der laufenden Übertragungen an die Privaten Haushalte, nominal, Mrd. DM

$$ULDH1N_t = -0.161 + 0.0082\ YBOH1N_t + 0.8644\ ULDH1N_{t-1} + \text{Restsaison}$$
$$\quad (1.3) \qquad (2.6) \qquad (17.0)$$

46 YBOH1N Bruttolohn- und -gehaltsumme der Arbeitnehmer, nominal, Mrd. DM

ULDH1N geht ein in: 53–YVGH1N

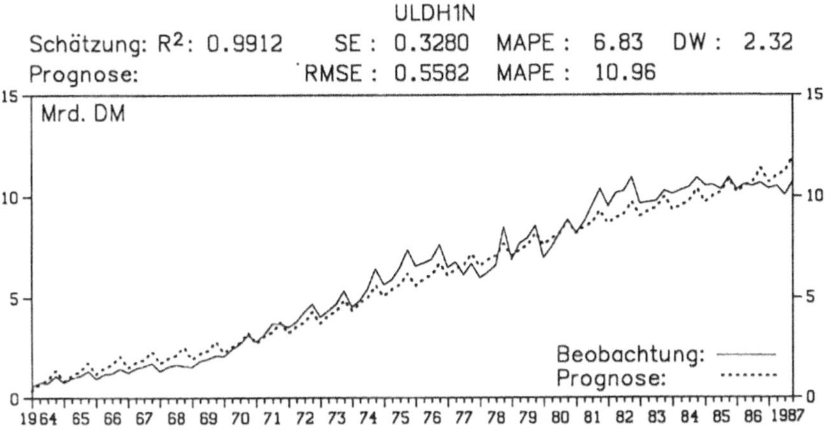

88–VGLS1N Geleistete Vermögensübertragungen des Staates, nominal, Mrd. DM

$$VGLS1N_t = \underset{(1.1)}{0.215} + \underset{(4.0)}{0.0067}\ BSPG1N_t + \underset{(7.4)}{0.623}\ VGLS1N_{t-1} + \text{Restsaison}$$

21 BSPG1N Bruttosozialprodukt, nominal, Mrd. DM

VGLS1N geht ein in: 81–AUSS1N

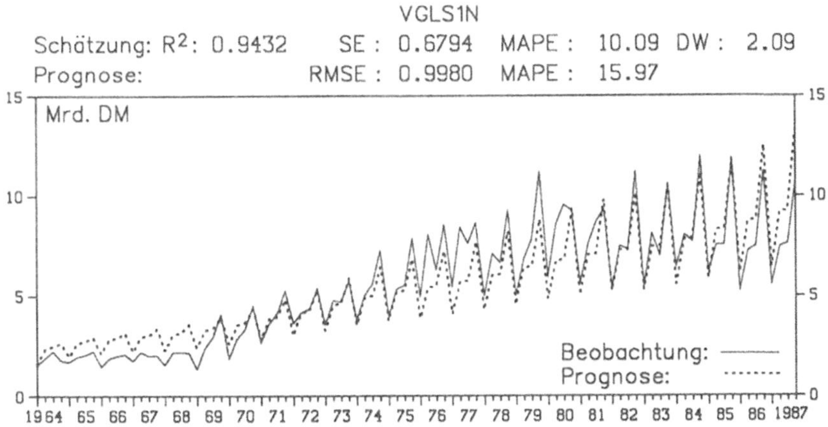

b) Zinszahlungen

Die Zinszahlungen des Staates bilden eine inzwischen und für die mittlere Zukunft durchaus bedeutende Komponente der gesamten Staatsausgaben. Sie werden im Modell erklärt durch die insgesamt angelaufene Verschuldung der Gebietskörperschaften, deren Koeffizient vom Zinssatz für festverzinsliche Wertpapiere abhängt. Dieser Zinssatz, der ja ein aktuelles Renditeniveau angibt, wurde über drei Jahre verteilt, um einem Durchschnittszinssatz der tatsächlichen Schuldenzusammensetzung des Staates näherzukommen.

89–EYZS1N Zinszahlungen des Staates (Saldo), nominal, Mrd. DM

$$EYZS1Nt = -\underset{(17.1)}{0.585} + VarKof_t\ VEGS1N_t + Restsaison$$

$$VarKof_t = \underset{(13.3)}{0.014} + \underset{(4.4)}{0.00054}\ IUML4N_{t,t-11}$$

92 VEGS1N Gesamte Verschuldung der Gebietskörperschaften, nominal, Mrd. DM
45 IUML4N Durchschnittliche Umlaufsrendite der festverzinslichen Wertpapiere, Prozent

EYZS1N geht ein in: 50–GUBU1N 81–AUSS1N

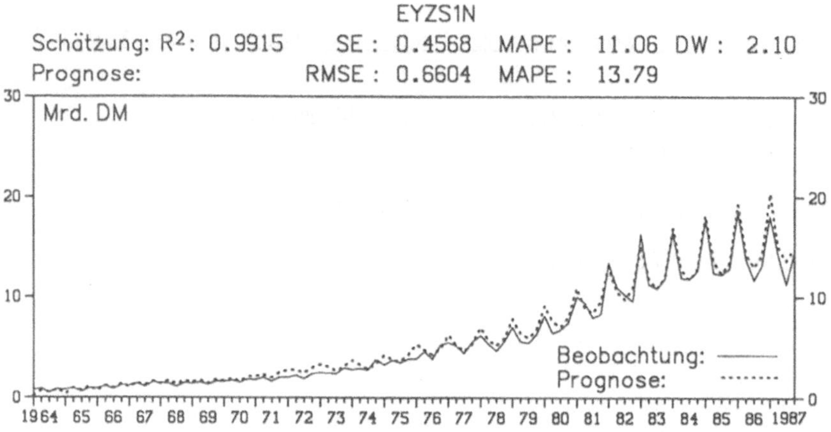

1.6.3 Finanzierungssaldo und Verschuldung

Die Differenz zwischen Einnahmen und Ausgaben ergibt den Finanzierungssaldo des Staates. "Staat" ist hier im Sinne der Abgrenzung der Volkswirtschaftlichen Gesamtrechnung zu verstehen, schließt also Bund, Länder und Gemeinden sowie die gesetzlichen Sozialversicherungen ein.

90–FSDS1N Finanzierungssaldo des Staates, nominal, Mrd. DM

$$FSDS1N_t = EINS1N_t - AUSS1N_t$$

54 EINS1N Gesamte Einnahmen des Staates, nominal, Mrd. DM
81 AUSS1N Gesamte Ausgaben des Staates, nominal, Mrd. DM

FSDS1N geht ein in: 91–NVGS1N

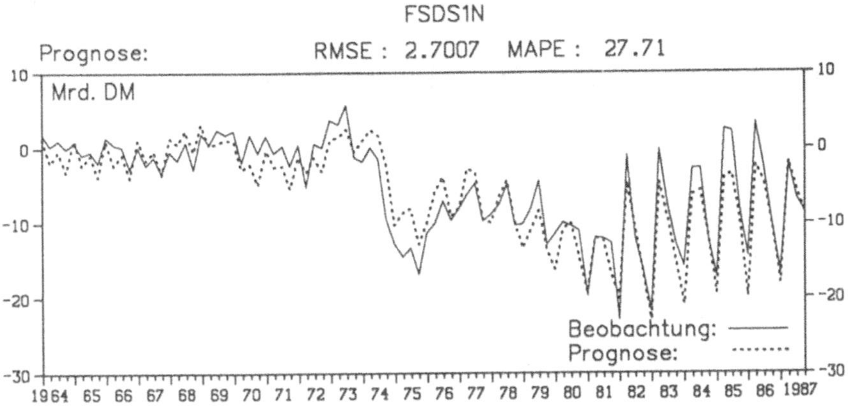

Die tatsächliche Kreditaufnahme der Gebietskörperschaften am Kapitalmarkt ist jedoch nicht mit diesem sich aus der Volkswirtschaftlichen Gesamtrechnung ergebenden Finanzierungssaldo identisch. Deshalb wurde die Nettoneuverschuldung gesondert erklärt. Die Gleichung enthält als erklärende Größe neben dem Finanzierungssaldo (der Koeffizient ist negativ, weil ein negativer Saldo zu einer Kreditaufnahme führt) den Saldo der sozialen Sicherungen, der den Hauptunterschied in der Abgrenzung zwischen beiden Größen bildet.

91–NVGS1N Nettoneuverschuldung der Gebietskörperschaften, nominal, Mrd. DM

$$NVGS1N_t = \underset{(8.4)}{3.155} - \underset{(21.6)}{1.020}\ FSDS1N_{t,t-1} + \underset{(3.2)}{0.363}\ (SVGS1N_{t,t-3} - UVSH1N_{t,t-3})$$

$$+ \text{Restsaison}$$

90 FSDS1N Finanzierungssaldo des Staates, nominal, Mrd. DM
71 SVGS1N Sozialbeiträge der Privaten Haushalte und Unternehmen an den Staat insgesamt, nominal, Mrd. DM
83 UVSH1N Soziale Leistungen des Staates an die Privaten Haushalte, nominal, Mrd. DM

NVGS1N geht ein in: 14–CONHCN 45–IUML4N 92–VEGS1N

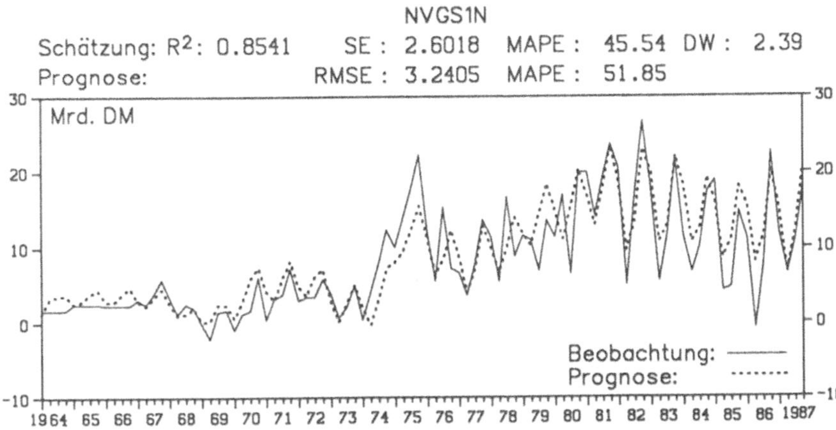

Die gesamte Verschuldung des Staates wird durch einfache Fortschreibung berechnet:

92–VEGS1N Gesamte Verschuldung der Gebietskörperschaften, nominal, Mrd. DM

$$VEGS1N_t = VEGS1N_{t-1} + NVGS1N_t$$

91 NVGS1N Nettoneuverschuldung der Gebietskörperschaften, nominal, Mrd. DM

VEGS1N geht ein in: 89–EYZS1N

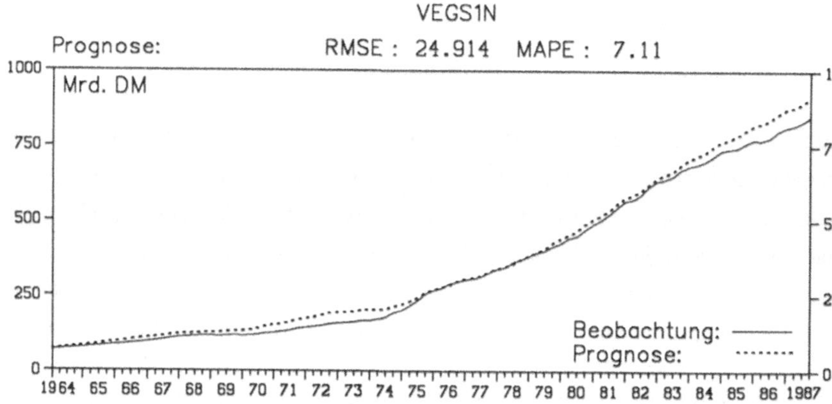

Diese Größe ist von zunehmender Bedeutung, weil sie den laufenden Haushalt in steigendem Maße belastet (Gleichung 89).

1.7 Arbeitsmarkt

Die Arbeitsnachfrage wurde in Gleichung (1) dargestellt, die hier der Übersichtlichkeit halber noch einmal wiedergegeben wird:

1–ERAG1N Beschäftigte Arbeitnehmer im Inland, Tausend

$$ERAG1N_t = \underset{(4.6)}{7.11} \cdot ERAG1N_{t-1}^{\underset{(14.4)}{1.44}} \cdot ERAG1N_{t-2}^{\underset{(7.5)}{-0.60}} \cdot PV(1.5)<BSPG3N_t>^{\underset{(4.4)}{0.14}}$$

$$\cdot KAPG3N_t^{\underset{(4.1)}{-0.08}} \cdot LSBG3N_{t-2}^{\underset{(2.1)}{-0.02}} \cdot (ERHG1N_t \cdot ERZG1N_t)^{\underset{(1.6)}{-0.06}} + \text{Restsaison}$$

12 BSPG3N Bruttosozialprodukt, real, (Deflator: BSPG2N), Mrd. DM
9 KAPG3N Kapitalstock in Preisen von 1980, Mrd. DM
96 LSBG3N Bruttostundenlohnsatz, real, (Deflator: BSPG2N), DM/Stunde
ERHG1N Tägliche Arbeitszeit in Stunden
ERZG1N Bezahlte Arbeitstage pro Quartal

Das Arbeitsangebot hängt von der Anzahl der Personen im erwerbsfähigen Alter, vom Reallohnsatz, sowie von der Zahl der Arbeitslosen ab. Die Arbeitslosenzahl hat einen negativen Einfluß auf das Arbeitsangebot, weil potentielle Arbeitssuchende sich bei hoher Arbeitslosigkeit keine Hoffnungen machen, einen Arbeitsplatz zu finden und daher gar nicht auf dem Arbeitsmarkt in Erscheinung treten. Dies ist der sogenannte "discouraged–worker"-Effekt.

93–ARBG1N Arbeitsangebot (ERAG1N + ALOG1N), Tsd.

$$ARBG1N_t = -2328.569 + \underset{(4.2)}{} 0.877\ \underset{(28.3)}{ARBG1N_{t-1}} + 123.747\ \underset{(5.7)}{BEEW1N_t}$$

$$+ 27.648\ \underset{(3.8)}{LSBG3N_t} - 0.188\ \underset{(6.6)}{ALOG1N_t} + \text{Restsaison}$$

BEEW1N Bevölkerung im Alter von 15–65 Jahren, Millionen
96 LSBG3N Bruttostundenlohnsatz, real, (Deflator: BSPG2N), DM/Stunde
94 ALOG1N Zahl der Arbeitslosen, Tausend

ARBG1N geht ein in: 75–AVBH1N 94–ALOG1N

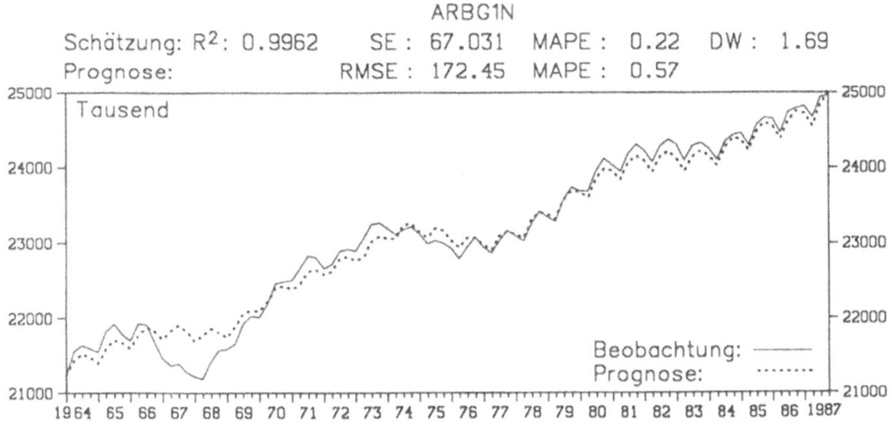

Die Arbeitslosenzahl ergibt sich als Differenz zwischen Angebot und Nachfrage:

94–ALOG1N Zahl der Arbeitslosen, Tausend

$$ALOG1N_t = ARBG1N_t - ERAG1N_t$$

93 ARBG1N Arbeitsangebot (ERAG1N + ALOG1N), Tausend
1 ERAG1N Beschäftigte Arbeitnehmer im Inland, Tausend

ALOG1N geht ein in: 7–IBAWQN 74–SSOG1N 75–AVBH1N 83–UVSH1N 84–USSU1N 93–ARBG1N

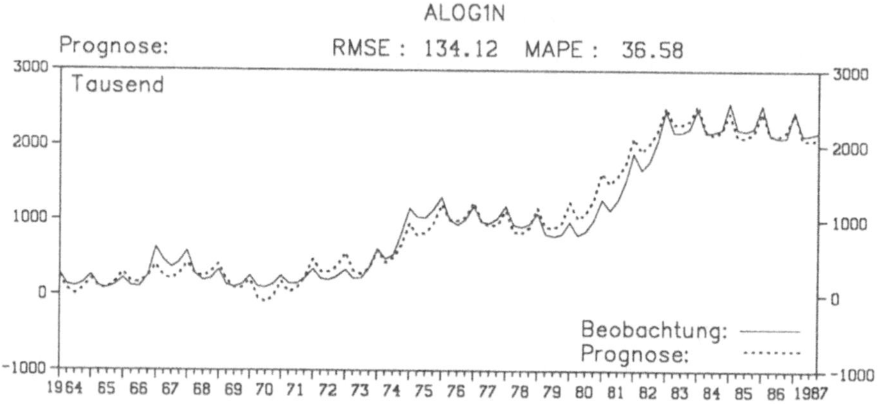

Die Erklärung der Arbeitslosigkeit ist im Freiburger Modell also rein markttheoretisch. Eine Definitionsgleichung wie Gleichung (94) ist in gewissem Sinne "riskant", da sie eine Variable, die relativ kleine Werte annimmt, als Differenz zweier Variablen erklärt, die (im Durchschnitt des Schätzzeitraums) etwa 25 mal so große Werte annehmen. Prozentual kleine Fehler bei den "großen" Variablen ergeben bei der "kleinen" Variable unter Umständen enorme Verschätzungen. So bedeutet z. B. eine Verschätzung der Nachfrage nach abhängig Beschäftigten um 400 000 Personen im Jahr 1987 prozentual nur einen Fehler von rund 1,8 Prozent. Wenn daraus eine Verschätzung der Arbeitslosenzahl um 400 000 resultiert, würde dies wohl allgemein als schweres Manko interpretiert. Wie aus den Grafiken erkennbar ist, wird jedoch zumindest ex post die Entwicklung der Arbeitslosenzahl befriedigend nachvollzogen.

Die demographischen und strukturellen Aspekte des Arbeitsmarkts (wie etwa die Zuwanderungen durch Gastarbeiter oder Aussiedler bzw. die Veränderung der Selbständigenzahl) werden in dem Modell nur unzureichend bzw. überhaupt nicht berücksichtigt. Kein Modell kann jedoch alle Aspekte einer Volkswirtschaft gleich gut erklären. So können mit der gegenwärtigen Fassung des Modells die Auswirkungen von Arbeitszeitverkürzungen oder von Tariflohnänderungen auf den Arbeitsmarkt analysiert werden (siehe auch die Simulationsstudie zur Arbeitszeitverkürzung in Kapitel 2). Für detaillierte langfristige Arbeitsmarktprognosen ist es hingegen nicht geeignet. Da das Modell offen ist für Erweiterungen seiner Teilsegmente, ist hiermit allerdings keine sehr wesentliche Beschränkung verbunden. Ein stärker disaggregiertes Modell des Arbeitsmarktes kann z. B. jederzeit in das Modell eingebunden werden.

Der Tariflohnsatz ist exogen. Erklärt wird im Modell der effektive Bruttostundenlohn, der vom Tariflohn mehr oder weniger stark abweichen kann. Neben dem Tariflohn sind die Auftragseingänge und das Konsumgüterpreisniveau Bestimmungsfaktoren des Effektivlohnsatzes. Das Konsumgüterpreisniveau hat einen sehr kleinen Koeffizienten, da es hier nur noch den Einfluß von Preissteigerungen erfaßt, die von den Tarifparteien nicht erwartet worden sind bzw. nicht in den Tarifabschlüssen berücksichtigt wurden.

95–LSBG1N Bruttostundenlohnsatz, nominal, DM/Stunde

$$LSBG1N_t = -\underset{(9.9)}{2.148} + \underset{(2.3)}{0.016}\ CONH2N_t + \underset{(19.1)}{0.140}\ PV(0.25)\langle LTSG1N_t\rangle$$

$$+ \underset{(7.7)}{0.036}\ PV(3.0)\langle AEGG1N_t\rangle + \text{Restsaison}$$

24 CONH2N Privater Verbrauch, Preisindex, 1980 = 100
LTSG1N Index des Tariflohn- und -gehaltniveaus der Gesamtwirtschaft auf Stundenbasis, 1980 = 100
41 AEGG1N Index des Auftragseingangs im Verarbeitenden Gewerbe gesamt, nominal, 1980 = 100

LSBG1N geht ein in: 15–CONSDN 21–BSPG1N 46–YBOH1N 96–LSBG3N

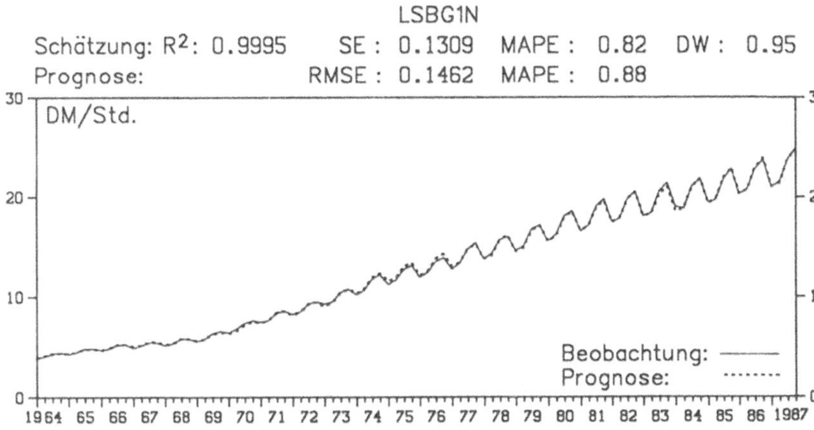

Der Reallohnsatz, die Lohnstückkosten und die Arbeitsproduktivität sind Definitionsgleichungen.

96–LSBG3N Bruttostundenlohnsatz, real, (Deflator: BSPG2N), DM/Stunde

$$LSBG3N_t = LSBG1N_t \cdot 100 \,/\, BSPG2N_t$$

95 LSBG1N Bruttostundenlohnsatz, nominal, DM/Stunde
22 BSPG2N Bruttosozialprodukt, Preisindex, 1980 = 100

LSBG3N geht ein in: 1–ERAG1N 93–ARBG1N

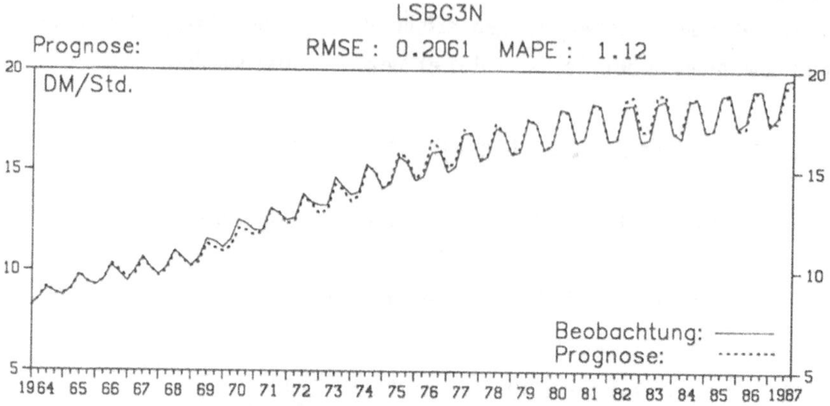

97–LSTG1N Lohnstückkosten, nominal

$LSTG1N_t = YABH1N_t \ / \ BSPG3N_t$

47 YABH1N Bruttoeinkommen aus unselbständiger Arbeit, nominal, Mrd. DM
12 BSPG3N Bruttosozialprodukt, real, (Deflator: BSPG2N), Mrd. DM

LSTG1N geht ein in: 52–EOZH1N

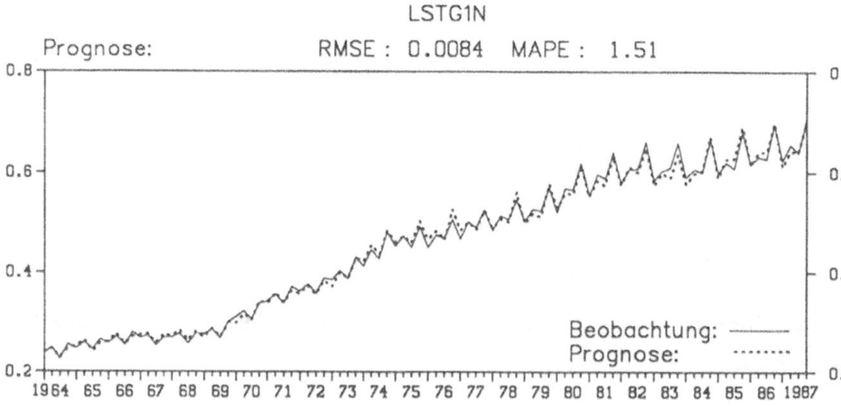

98–PROG3N Arbeitsproduktivität, Tausend DM/Arbeitnehmer

$PROG3N_t = BSPG3N_t \cdot 1000 \ / \ ERAG1N_t$

12 BSPG3N Bruttosozialprodukt, real, (Deflator: BSPG2N), Mrd. DM
1 ERAG1N Beschäftigte Arbeitnehmer im Inland, Tausend

PROG3N geht ein in: ——

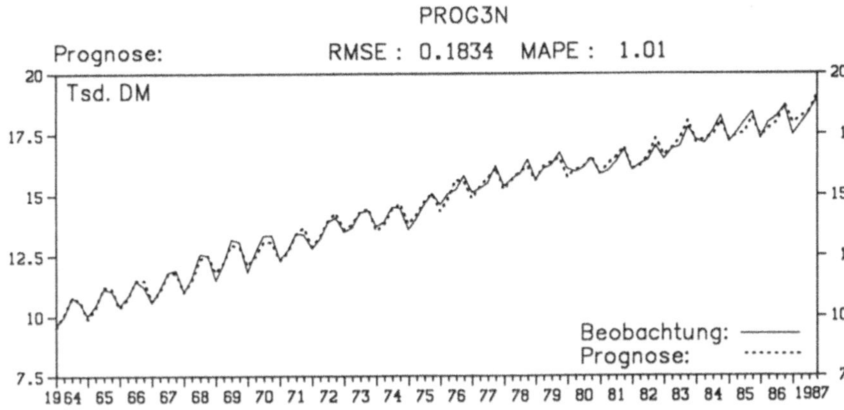

1. 8 Kapitalkosten, Investitionsrendite und Abschreibungen

Die Berechnung der Nutzungskosten des Kapitals (für Ausrüstungen) erfolgt in der zuerst von Jorgensen, D. W. (1963) hergeleiteten Weise. Bekanntlich bestehen die Hauptprobleme bei der Berechnung dieser Größe in der Bestimmung des relevanten Steuersatzes sowie in der Modellierung der erwarteten Preissteigerungsrate von Kapitalgütern, die empirisch leicht die Varianz der Kapitalkosten dominiert. Früheren Autoren (z. B. Jorgensen, D. W., 1963; König, H., 1976; Pauly, P., 1978) folgend, wurde die erwartete Preissteigerungsrate daher nicht berücksichtigt. Als Steuersatz fungiert das (modellendogene) tatsächliche Verhältnis von Gewinnsteuern zu Gewinnen der Unternehmen. Als durchschnittliche Nutzungsdauer wurden 10 Jahre zugrundegelegt. Zur Berechnung des Gegenwartswertes der Abschreibungen wurden stets degressive Abschreibung mit dem jeweils zulässigen Höchstsatz sowie ein optimaler Übergang zur linearen Abschreibung vorausgesetzt. Besondere steuer– und abschreibungspolitische Maßnahmen im Schätzzeitraum wurden berücksichtigt. Die folgenden Formeln wirken vielleicht etwas abschreckend; sie sind jedoch nur Variationen bekannter Diskontierungsformeln unter Berücksichtigung von Steuern. Zunächst werden in den Gleichungen (99) und (100) die Gegenwartswerte linearer bzw. degressiver Abschreibungsmöglichkeiten ermittelt. Dann wird in Gleichung (101) der Gegenwartswert einer optimalen Kombination dieser Abschreibungsmöglichkeiten berechnet. Die Werte gelten pro DM abzuschreibenden Kapitals.

99–ABSL1N Gegenwartswert linearer Abschreibungen, Prozent

$$
\begin{aligned}
ABSL1N_t &= 1 / ((1 - TSGU1N_t)\cdot(IUML4N_t/100) \cdot 10) \\
&\quad \cdot (1 - EXP(-(1 - TSGU1N_t)\cdot(IUML4N_t/100) \cdot 10)) \cdot 100
\end{aligned}
$$

TSGU1N = TGUS1N / GUBU1N Gesamter Gewinnsteuersatz
45 IUML4N Durchschnittliche Umlaufsrendite der festverzinslichen Wertpapiere, Prozent

ABSL1N geht ein in: 101–ABGW1N

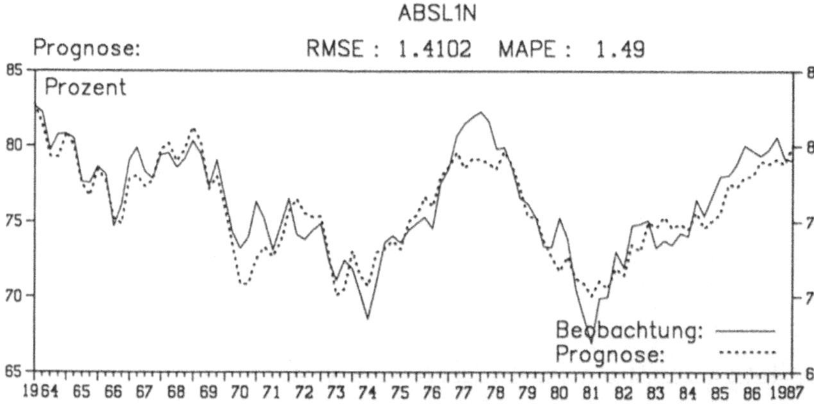

<u>100–ABSD1N Gegenwartswert optimaler degressiv–linearer Abschreibungen, Prozent</u>

$$
\begin{aligned}
ABSD1N_t = [\ & QDABS_t\ /\ ((\ 1 - TSGU1N_t\ )\cdot IUML4N_t/100 + QDABS_t\ ) \\
& \cdot (1 - EXP(\ -((1 - TSGU1N_t\ )\cdot IUML4N_t/100 + QDABS_t\ ) \cdot QTOPT_t)) \\
& + EXP(\ -QDABS_t \cdot QTOPT_t\ )\ /\ ((1 - TSGU1N_t\ )\cdot IUML4N_t/100 \\
& \cdot (10 - QTOPT_t)) \cdot (EXP(\ -(1 - TSGU1N_t\ )\cdot IUML4N_t/100 \cdot QTOPT_t\ ) \\
& - EXP(\ -(1 - TSGU1N_t\ )\cdot (IUML4N_t/100) \cdot 10))] \cdot 100
\end{aligned}
$$

QDABS Höchstsatz für degressive Abschreibung
TSGU1N = TGUS1N / GUBU1N Gesamter Gewinnsteuersatz
45 IUML4N Durchschnittliche Umlaufsrendite der festverzinslichen Wertpapiere, Prozent
QTOPT Optimaler Übergangszeitpunkt zur linearen Abschreibung, Jahre

ABSD1N geht ein in: 101–ABGW1N

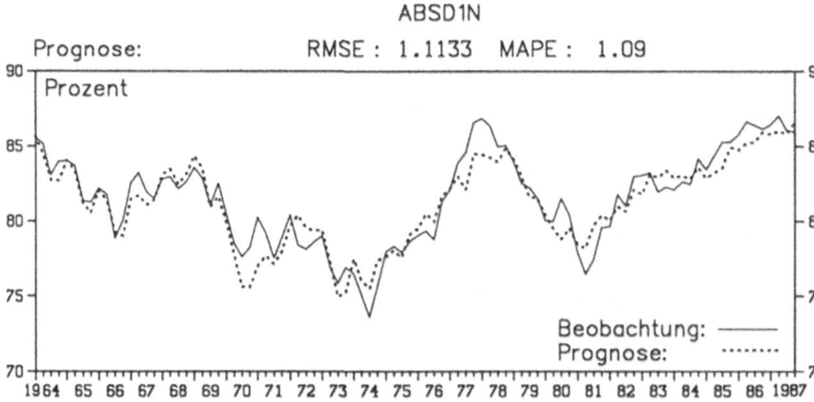

101–ABGW1N Gegenwartswert steuerlicher Abschreibungen, Prozent

$$ABGW1N_t = QDAB1_t \cdot ABSD1N_t + (1 - QDAB1_t) \cdot ABSL1N_t$$

	QDAB1	Shiftvariable für Aussetzung der degressiven Abschreibung 1970Q1–1970Q2 = 0, 1973Q2–1973Q4 = 0, sonst = 1
100	ABSD1N	Gegenwartswert optimaler degressiv–linearer Abschreibungen, Prozent
99	ABSL1N	Gegenwartswert bei linearer Abschreibung, Prozent

ABGW1N geht ein in: 102–KAKO1N

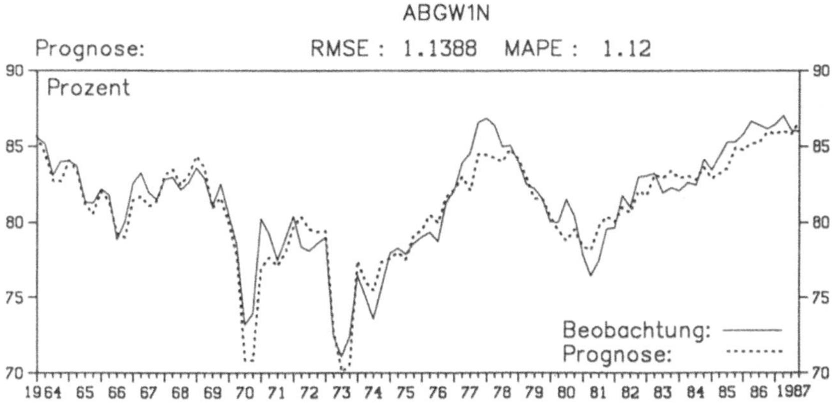

Die Nutzungskosten des Kapitals pro Periode entsprechen den Kosten für das eingesetzte Kapital nach Steuern (physischer Verschleiß plus Zinskosten), vermindert um den Gegenwartswert der steuerlichen Abschreibungsmöglichkeiten:

102–KAKO1N Index der Nutzungskosten des Kapitals, nominal

$$KAKO1N_t = IAUU2N_t \cdot (IUML4N_t/100 \cdot (1 - TSGU1N_t) + QABGA_t) \cdot (1 + QIST_t - (1 + QSABS_t) \cdot TSGU1N_t \cdot ABGW1N_t/100) / (1 - TSGU1N_t)$$

26	IAUU2N	Bruttoausrüstungsinvestitionen der Unternehmen, Preisindex, 1980 = 100
45	IUML4N	Durchschnittliche Umlaufsrendite der festverzinslichen Wertpapiere, Prozent
	TSGU1N = TGUS1N / GUBU1N	Gesamter Gewinnsteuersatz
	QABGA	Rate des physischen Verschleißes des Ausrüstungskapitals
	QIST	Investitionsteuer- bzw. Investitionzulagensatz
	QSABS	Sonderabschreibungssatz
101	ABGW1N	Gegenwartswert steuerlicher Abschreibungen, Prozent

KAKO1N geht ein in: 103–KAKO3N

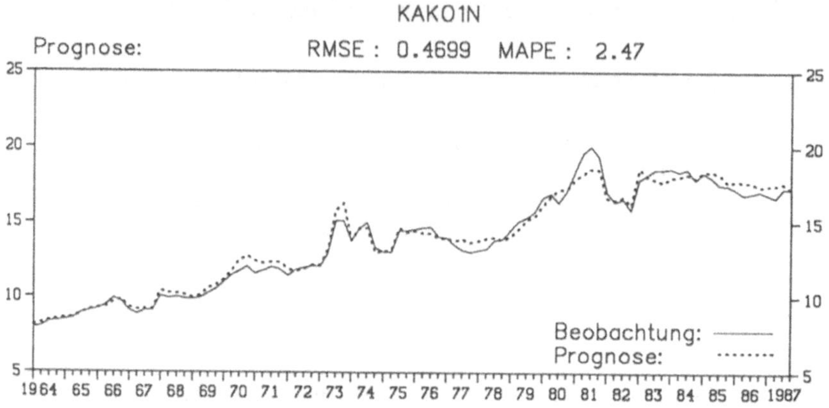

103–KAKO3N Index der Nutzungskosten des Kapitals, real, (Deflator: BSPG2N)

$KAKO3N_t = KAKO1N_t \cdot 100 / BSPG2N_t$

102 KAKO1N Index der Nutzungskosten des Kapitals, nominal
22 BSPG2N Bruttosozialprodukt, Preisindex, 1980 = 100

KAKO3N geht ein in: 4–IAUUMN

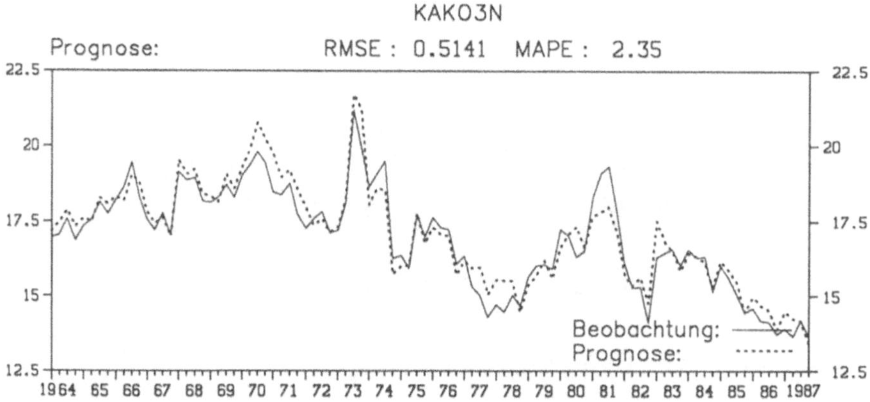

Die Kapitalkosten für Wohnungsbauten wurden hingegen ohne Berücksichtigung steuer– und abschreibungspolitischer Maßnahmen erklärt. Eine adäquate Modellierung dieser Politik würde ein eigenes kleines Modell erfordern.

104–KAPK1N Index der Kapitalkosten für Wohnungsbauten, nominal

$KAPK1N_t = IBAW2N_t \cdot (IUML4N_t / 100 - WR(IBAW2N_t)/100)$

29 IBAW2N Bruttowohnbauinvestitionen, Preisindex, 1980 = 100
45 IUML4N Durchschnittliche Umlaufsrendite der festverzinslichen Wertpapiere, Prozent

KAPK1N geht ein in: 7–IBAWQN

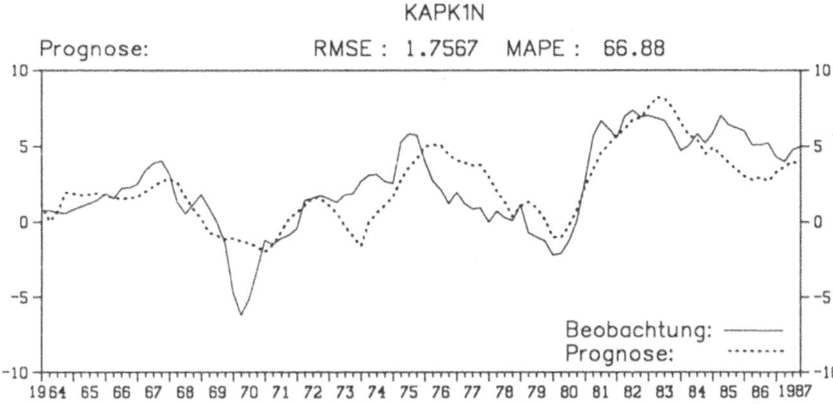

An verschiedenen Stellen des Modells (u. a. als Bestimungsgröße der Produktion und der Investitionen) wird die Profitabilität des Kapitals verwendet. Als Indikator hierfür dient das Verhältnis der realen Nettogewinne zu dem gleitenden Mittel der realen Ausrüstungsinvestitionen der jeweils drei zurückliegenden Jahre. Damit ergibt sich eine stationäre Reihe, die die konjunkturellen Schwankungen der Profitabilität gut wiederzugeben scheint.

105–INREMN Rendite der Ausrüstungsinvestitionen, real

$$INREMN_t = (GUNU1N_t \cdot 100 / IAUU2N_t) / IAUUMN_{t,t-11}$$

51 GUNU1N Nettogewinne der Unternehmen, nominal, Mrd. DM
26 IAUU2N Bruttoausrüstungsinvestitionen der Unternehmen, Preisindex, 1980 = 100
3 IAUUMN Bruttoausrüstungsinvestitionen der Unternehmen, real, (Deflator: IAUU2N), Mrd. DM

INREMN geht ein in: 4–IAUUMN 13–BSPG3N

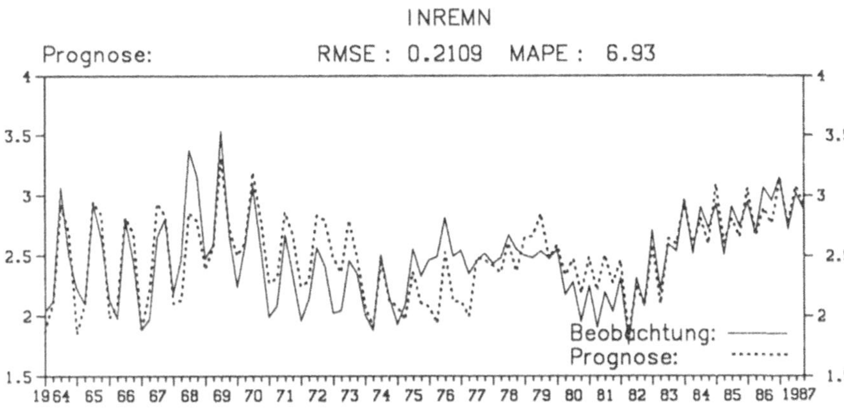

Die steuerlichen Abschreibungen schließlich (nicht zu verwechseln mit den in Abschnitt 1.2 erklärten Abgängen) sind eher in die Kategorie der Prognosehilfsgleichungen einzuordnen. Sie hängen außer von ihren eigenen verzögerten Werten nur vom Kapitalstock ab.

106–ABSU3N Abschreibungen der Unternehmen, real, Mrd. DM

$$ABSU3N_t = \underset{(14.8)}{1.473} + \underset{(7.5)}{0.533}\ ABSU3N_{t-1,t-8} + \underset{(6.5)}{0.0027}\ KAPG3N_{t-1} + \text{Restsaison}$$

9 KAPG3N Kapitalstock in Preisen von 1980, Mrd. DM

ABSU3N geht ein in: 108–ABSU1N

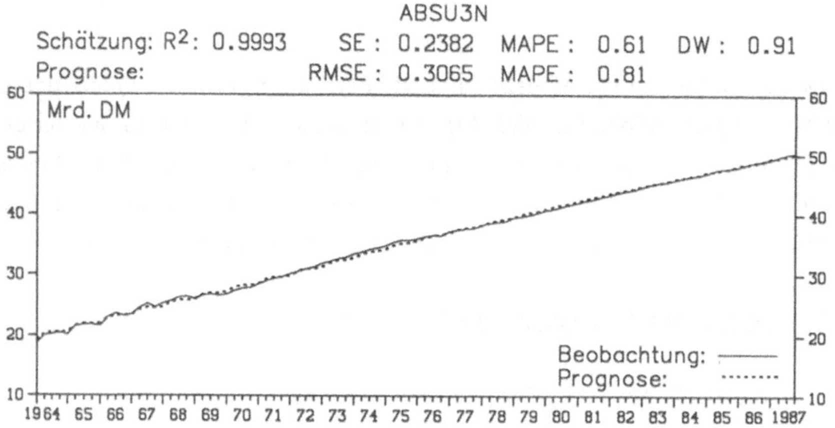

107–ABSG3N Abschreibungen gesamt, real, Mrd. DM

$$ABSG3N_t = \underset{(10.7)}{1.388} + \underset{(8.8)}{0.560}\ ABSG3N_{t-1,t-8} + \underset{(6.8)}{0.0027}\ KAPG3N_{t-1} + \text{Restsaison}$$

9 KAPG3N Kapitalstock in Preisen von 1980, Mrd. DM

ABSG3N geht ein in: 109–ABSG1N

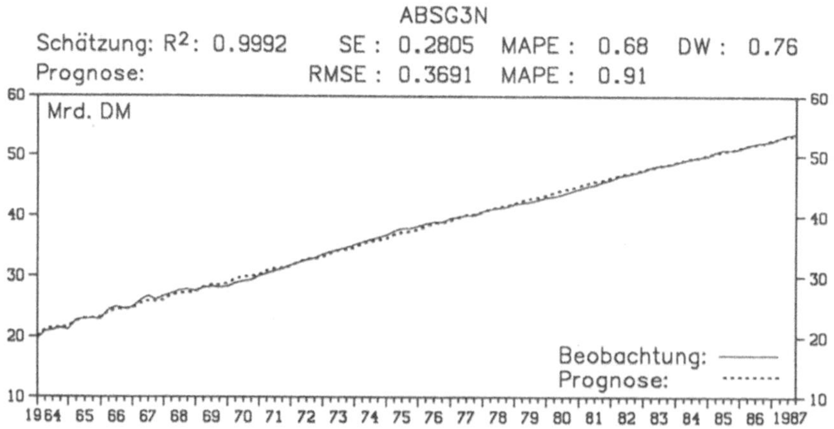

108–ABSU1N Abschreibungen der Unternehmen, nominal, Mrd. DM

$$ABSU1N_t = ABSU3N_t \cdot BSPG2N_t \; / \; 100$$

106 ABSU3N Abschreibungen der Unternehmen, real, Mrd. DM
22 BSPG2N Bruttosozialprodukt, Preisindex, 1980 = 100

ABSU1N geht ein in: 81–AUSS1N

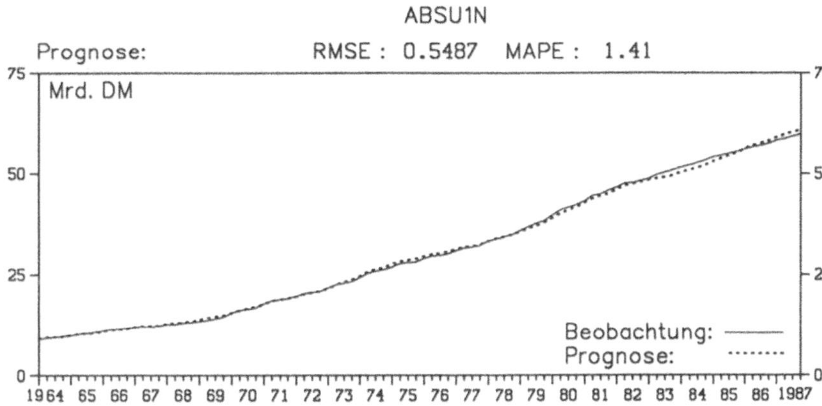

109–ABSG1N Abschreibungen gesamt, nominal, Mrd. DM

$$ABSG1N_t = ABSG3N_t \cdot BSPG2N_t \; / \; 100$$

107 ABSG3N Abschreibungen gesamt, real, Mrd. DM
22 BSPG2N Bruttosozialprodukt, Preisindex, 1980 = 100

ABSG1N geht ein in: 81–AUSS1N

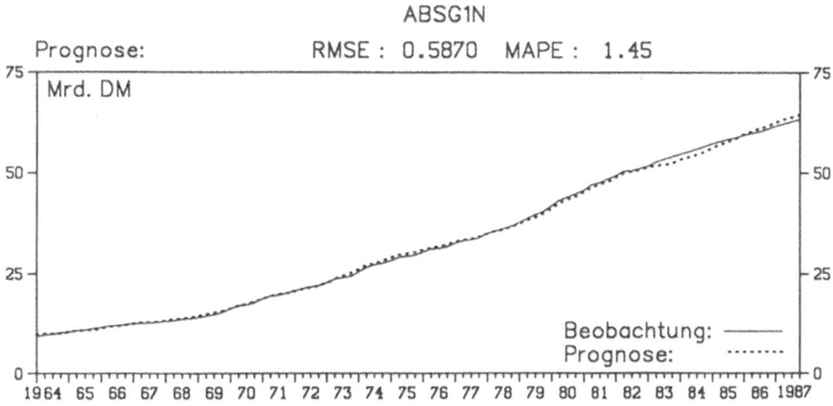

Kapitel 2 Simulationen mit dem Freiburger Modell

2.1 Aufbau und Aussage von Politiksimulationen

In diesem Kapitel werden die Ergebnisse einiger Simulationsstudien vorgestellt, die mit dem Freiburger Modell durchgeführt wurden. Mehr noch als eine Übersicht über die Modellgleichungen verdeutlichen Simulationen die Wirkungsweise und Interdependenzen eines Modells. Eine klassische Politiksimulation besteht aus folgenden Schritten:

1. Es wird eine dynamische ex–post– oder ex–ante–Prognose berechnet, die von den tatsächlichen Werten der exogenen Variablen bzw. von Schätzungen dieser Werte ausgeht und die Lösung für die endogenen Variablen ohne Berücksichtigung von Störeinflüssen fortschreibt. Die auf diese Weise erhaltenen Trajektorien der endogenen Variablen dienen als sogenannte Kontrollprognose. Die in Kapitel 1 dargestellten Prognosetrajektorien könnten somit als Kontrollprognosen für vergangenheitsbezogene Simulationen dienen.

2. Die Werte derjenigen exogenen Variablen, deren Einfluß untersucht werden soll, werden in gewünschtem Sinne verändert. Zum Beispiel könnten die staatlichen Bauinvestitionen um eine Mrd. DM pro Quartal erhöht werden (im Vergleich zu den Werten, mit denen die Kontrollprognose durchgeführt wurde) oder die Wachstumsrate der Zentralbankgeldmenge könnte um einen Prozentpunkt höher angesetzt werden.

3. Eine neue dynamische ex–post– oder ex–ante–Prognose (Simulationsprognose) wird durchgeführt. Aufgrund der in Schritt 2 geänderten Werte einiger exogener Variablen ergeben sich neue Lösungspfade für die endogenen Variablen. Die Differenz zwischen der Kontrollprognose und der Simulationsprognose stellt die Wirkung der Datenänderung dar.

Bei linearen Modellen können die Wirkungen exogener Datenänderungen unmittelbar aus der reduzierten bzw. aus der finalen Form des Modells berechnet werden. Da die meisten ökonometrischen Modelle – auch das Freiburger Modell – jedoch nichtlinear sind, ist es nicht möglich, diese Formen explizit zu berechnen, und die beschriebene Simulationstechnik ist erforderlich.

Simulationen mit ökonometrischen Modellen sind in den siebziger Jahren zum Gegenstand der sogenannten "Lucas–Kritik" (Lucas, R. E., 1976) geworden. Lucas hat darauf aufmerksam gemacht, daß die Wirtschaftssubjekte nicht beliebige wirtschaftspolitische Maßnahmen hinnehmen würden, ohne mit einer Verhaltensänderung zu reagieren. Ein Beispiel: Wird etwa ein erhöhtes Wachstum der Zentralbankgeldmenge als Übergang zu einer inflationistischen Politik seitens der Zentralbank angesehen, ändert sich das

Preissetzungsverhalten der Unternehmen; Lohnverhandlungen werden weniger erbittert geführt, da die Unternehmer davon ausgehen, höhere Löhne auf die Preise überwälzen zu können; private Anleger verlagern ihre Nachfrage in Sachwerte etc.. Wenn Reaktionen dieser Art tatsächlich zu erwarten sind, ändern sich die Parameter der Strukturgleichungen eines Modells und das vorher gültige Modell kann nicht mehr zur Beurteilung der simulierten Maßnahmen herangezogen werden.

Diese Kritik hat dazu geführt, daß Simulationen mit ökonometrischen Modellen heute sehr viel vorsichtiger beurteilt werden, als das früher der Fall war. Das von Lucas angesprochene Problem muß jedoch nicht in jeder Situation auftreten. Die Lucas–Kritik trifft nur dann zu, wenn eine wirtschaftspolitische Maßnahme von den Wirtschaftssubjekten nicht lediglich für sich betrachtet wird, sondern als Änderung der Regel aufgefaßt wird, nach der Wirtschaftspolitik festgelegt wird. Viele denkbare wirtschaftspolitische Maßnahmen müssen jedoch keineswegs als Regeländerungen aufgefaßt werden (vgl. Sims, C., 1980), sondern fallen in die Kategorie der "policy as usual". In diesen Fällen ist keine Änderung der Strukturgleichungen zu erwarten und Simulationsergebnisse können Anhaltspunkte für in der Realität zu erwartende Effekte liefern.

Im folgenden werden die Ergebnisse von Simulationen zu zwei Politikbereichen vorgestellt: die gesamtwirtschaftlichen Auswirkungen von Arbeitszeitverkürzungen – mit und ohne Lohnausgleich – sowie die Auswirkungen der Steuerreform, mit und ohne Schuldenneutralität. Beide Simulationen beginnen im Jahr 1989. Ihre Auswirkungen werden bis ins Jahr 1996 verfolgt. Kontrollprognose und Simulationsprognose sind also in beiden Fällen ex–ante–Prognosen. Hierdurch wird die Aussagekraft der Ergebnisse jedoch nicht eingeschränkt. Zur Beurteilung einer politischen Maßnahme ist i. d. R. allein die *Differenz* zwischen Kontroll– und Simulationsprognose maßgeblich, nicht das absolute Niveau der Trajektorien. Das Niveau würde lediglich dann eine Rolle spielen, wenn die in dem Modell enthaltenen Nichtlinearitäten sehr stark wären. Das Freiburger Modell verhält sich jedoch im Zusammenhang mit beiden Simulationen fast wie ein lineares Modell.

2. 2 Eine Simulationsstudie zur Arbeitszeitverkürzung

2. 2. 1 Vorbemerkungen

Arbeitszeitverkürzungen sind seit einigen Jahren eine wichtige tarifpolitische Forderung der Gewerkschaften. Angestrebt wird von ihnen ein mittelfristiger Übergang zur 35–Stunden–Woche. Zur ökonomischen Begründung dieser Forderung können vor allem zwei Argumente dienen: 1. Eine Verkürzung der Arbeitszeit bei gleichzeitigem Verzicht auf entsprechende Lohnzuwächse ist dann wohlfahrtspolitisch optimal, wenn der Grenznutzen der zusätzlichen Freizeit höher ist als der Grenznutzen der Güter, die mit dem zusätzlichen Lohn gekauft werden könnten. 2. Bei gegebenem Produktionsniveau erfordert eine Verkürzung der Arbeitszeit die Einstellung zusätzlicher Arbeitnehmer, um den Beschäftigungsausfall auszugleichen. Trifft dieses Argument zu, so ist Arbeitszeitverkürzung ein geeignetes Instrument, um Arbeitslosigkeit abzubauen. "Verteilung der vorhandenen Arbeit auf mehr Personen" heißt die zu diesem Argument gehörende Vorstellung.

Gegenwärtig ist es vor allem das zweite Argument, mit dem die Gewerkschaften ihre Forderung nach Arbeitszeitverkürzungen begründen. Entgegengehalten wird ihnen, besonders von Arbeitgeberseite, daß die Rechnung von der Umverteilung der Arbeit nicht aufgehe. Gegen einen vollständigen Ausgleich der Ausfallzeiten durch neue Arbeitnehmer sprechen vor allem folgende Gründe:

- viele Arbeiten sind nicht beliebig teilbar. So wird z. B. in Kleinbetrieben mit nur einem Buchhalter infolge einer Arbeitszeitverkürzung nicht ein zusätzlicher Buchhalter eingestellt werden.

- Die Qualifikationsstruktur der Arbeitslosen entspricht nicht der Struktur der Arbeitsnachfrage. Viele neu geschaffene Arbeitsplätze könnten gar nicht mit einem entsprechend qualifizierten Arbeitslosen besetzt werden.

- Viele Lohnnebenkosten könnten nicht proportional zur Arbeitszeit gesenkt werden. Die Gesamtbelastung der Betriebe mit Lohnkosten stiege somit, und eine Senkung der Arbeitsnachfrage wäre die Folge.

Das letzte Argument erhält zusätzliches Gewicht, wenn die Arbeitszeitverkürzung mit einem sogenannten "vollen Lohnausgleich" verbunden wird.

2. 2. 2 Aufbau der Simulation

In der öffentlichen Diskussion um die Arbeitszeit geht es in der Regel um die tariflich festgelegte Arbeitszeit. Unser Ziel war es, die Auswirkungen eines graduellen Übergangs von der 40–Stunden–Woche auf die 35–Stunden–Woche zu untersuchen. Die tarifliche Arbeitszeit ist im Freiburger Modell allerdings nicht enthalten. Im Modell enthalten ist lediglich die effektive tägliche Arbeitszeit, die sich durch Division der insgesamt pro Tag geleisteten Stunden durch die Anzahl der Beschäftigten ergibt. Infolge von Teilzeitarbeit, Krankenstand etc. liegt die effektive Arbeitszeit stets unter der tariflichen.

Eine Senkung der tariflichen Arbeitszeit von 40 auf 35 Wochenstunden entspricht einer

Senkung um 12,5%. Mit diesem Prozentsatz wurde in der Simulation die effektive Arbeitszeit gesenkt, um eine möglichst große Annäherung an tatsächlich diskutierte Forderungen zu erzielen. Die Arbeitszeitverkürzung wurde auf die Jahre 1989 bis 1992 verteilt, da es unrealistisch erschien, eine so drastische Maßnahme innerhalb eines Jahres durchzuführen. In der Simulation ohne Lohnausgleich blieb der tarifliche Stundenlohnindex konstant, in der Simulation mit vollem Lohnausgleich wurde er so erhöht, daß das Produkt aus täglicher Arbeitszeit und Stundenlohnsatz (das Tageseinkommen) konstant blieb. Tabelle 2.1 zeigt den Verlauf von Arbeitszeit und Tariflohnindex in der Kontrollprognose und in den beiden Simulationsprognosen. Aus den Quartalswerten wurden jährliche Durchschnitte errechnet.

Tabelle 2.1 Tägliche Arbeitszeit und Tariflohnindex in Kontrollprognose und Simulation (Jahresdurchschnitte)

Jahr	Arbeitszeit Kontrollprognose	Arbeitszeit Simulation	Tariflohn Kontrollprognose	Tariflohn* Simulation
1989	6,29	6,09	140,25	144,77
1990	6,27	5,88	145,86	155,58
1991	6,25	5,67	151,69	167,38
1992	6,24	5,46	157,76	180,29
1993	6,22	5,44	164,07	187,50
1994	6,20	5,42	170,63	195,00
1995	6,18	5,41	177,45	202,80
1996	6,16	5,39	184,55	210,92

* bei vollem Lohnausgleich

2. 2. 3 Ergebnisse

a) Arbeitszeitverkürzung ohne Lohnausgleich

Die effektive tägliche Arbeitszeit geht als exogene Variable direkt in die Arbeitsnachfragefunktion ein (Gleichung 1). Dort führt ihre Senkung zu einer Erhöhung der Nachfrage nach abhängig Beschäftigten und in der Folge zu einer Senkung der Arbeitslosigkeit (siehe Abb. 2.1 und 2.2). Die Beschäftigungszunahme liegt in den Jahren 1989–1992 zwischen 125 Tausend und rd. 300 Tausend Personen. Der Rückgang der Arbeitslosigkeit fällt mit maximal 182 Tausend Personen (1990) geringer aus, da gleichzeitig das Arbeitsangebot steigt. Allerdings reicht die Zahl der Neueinstellungen nicht aus, um den Rückgang der Arbeitszeit pro Beschäftigtem zu kompensieren. Die insgesamt geleistete Arbeitszeit sinkt somit. Als Folge sinken Produktion, Investition, Energie– und Rohstoffnachfrage (vgl. Abb. 2.3 u. 2.5).

Im Vergleich zur Kontrollprognose wechselt die Wirtschaft also auf einen niedrigeren Wachstumspfad, bei allerdings zunächst höherer Beschäftigtenzahl. Die durchschnittliche Wachstumsrate des Bruttosozialprodukts, die in der Kontrollprognose bei etwa 2,3% liegt, fällt in der Simulation deutlich ab und erreicht 1992 sogar den Wert Null (Abb. 2.4). Erst danach beginnt die Wachstumsrate wieder zu steigen. Das niedrigere Wachstum hat jedoch mittel- bis langfristig wiederum Rückwirkungen auf die Arbeitsnachfrage: Da die Arbeitsnachfrage unter anderem von der Höhe der Produktion abhängt, kommt es zu beschäftigungsvermindernden Effekten von dieser Seite. Diese Effekte kumulieren sich im Zeitablauf (u. a. auch infolge des im Vergleich zur Kontrollprognose niedrigeren Kapitalstocks), während die Beschäftigungszunahme infolge der Arbeitszeitverkürzung nach Beendigung der Anpassungsprozesse nicht weiter zunimmt. Schon im Jahr 1993 überwiegt der Beschäftigungsrückgang infolge der Wachstumsverluste die ursprüngliche Beschäftigungszunahme. Die Arbeitslosigkeit in der Simulationsprognose liegt dann über derjenigen in der Kontrollprognose. Die folgende Übersicht stellt diese Zusammenhänge vereinfacht dar.

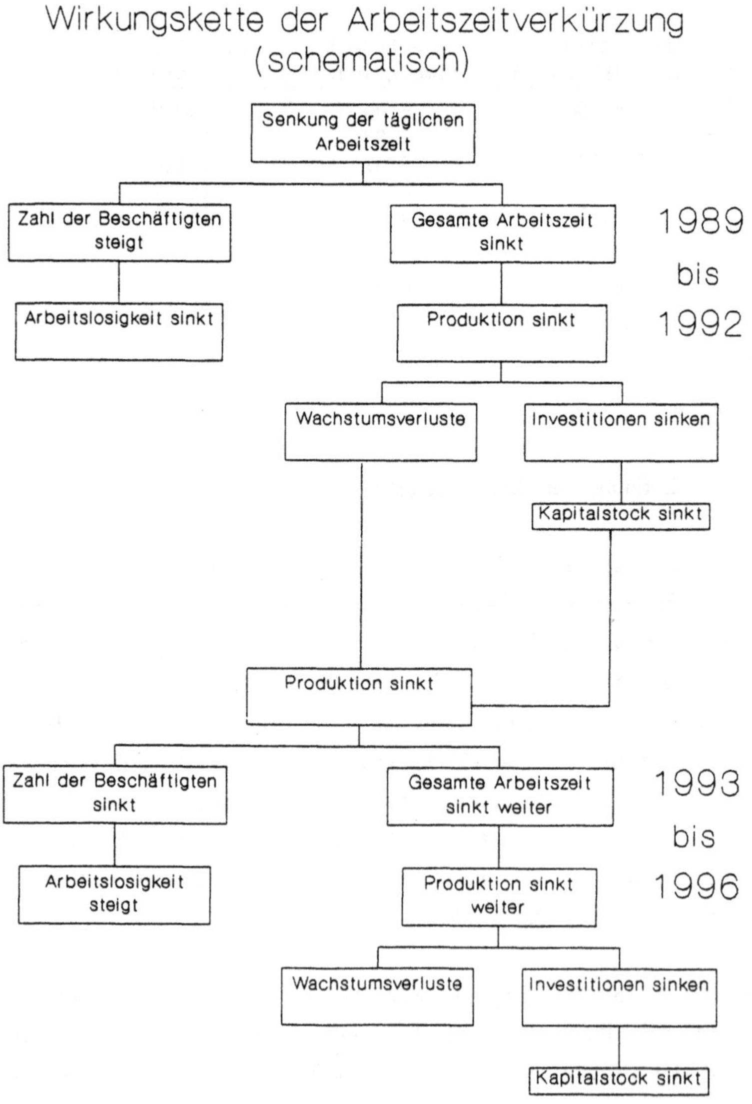

Auf der Verteilungsseite ergibt sich eine Umverteilung zugunsten der Gewinn– und Vermögenseinkommen (Abb. 2.6 und 2.7). Die Ursache hierfür ist darin zu sehen, daß bei insgesamt gesunkener Lohn– und Gehaltsumme und nahezu konstanter nominaler Gesamtnachfrage die Gewinneinkommen als Residualeinkommen zunehmen müssen.

b) Arbeitszeitverkürzung mit vollem Lohnausgleich

In der Tendenz entsprechen die Wirkungen einer Arbeitszeitverkürzung mit vollem Lohnausgleich den Wirkungen, die sich ohne Lohnausgleich ergeben. Unterschiede bestehen hauptsächlich im zeitlichen Verlauf und im quantitativen Ausmaß der Wirkungen. Infolge der höheren Löhne fällt die anfängliche Beschäftigungszunahme schwächer aus (Abb. 2.1), und die aus der Abnahme der Gesamtarbeitszeit resultierenden Wachstumsverluste sind größer (Abb. 2.3 und 2.4). Negative Beschäftigungseffekte per Saldo stellen sich daher schon früher und in größerem Umfang ein.

Ein Unterschied ist jedoch hervorzuheben: die Verteilungsrelation wird im Vergleich zur Kontrollprognose wesentlich weniger beeinflußt, Verteilungseffekte zu Lasten der Arbeitnehmer ergeben sich in erheblich geringerem Umfang (Abb. 2.6 und 2.7). Der Lohnausgleich erweist sich also als verteilungspolitisch wirksames Instrument, das allerdings zu Lasten von Produktion und Beschäftigung wirkt.

c) Graphische und tabellarische Darstellungen der Wirkungen

Die Abbildungen und Tabellen auf den folgenden Seiten zeigen graphisch und numerisch den Verlauf der Kontrollprognose und der zwei Simulationsprognosen sowie die Größe der Wirkungen für ausgewählte Modellvariablen. Dies sind die Zahl der abhängig Beschäftigten, die Zahl der Arbeitslosen, das reale Bruttosozialprodukt sowie seine Wachstumsrate, die realen Anlageinvestitionen, die Nettolohn- und -gehaltsumme und die Nettogewinne. Die Daten wurden dabei zu Jahreswerten aggregiert, um die Darstellung übersichtlich zu halten.

Abb. 2.1 Simulation 1: Arbeitszeitverkürzung ohne Lohnausgleich
Simulation 2: Arbeitszeitverkürzung mit Lohnausgleich

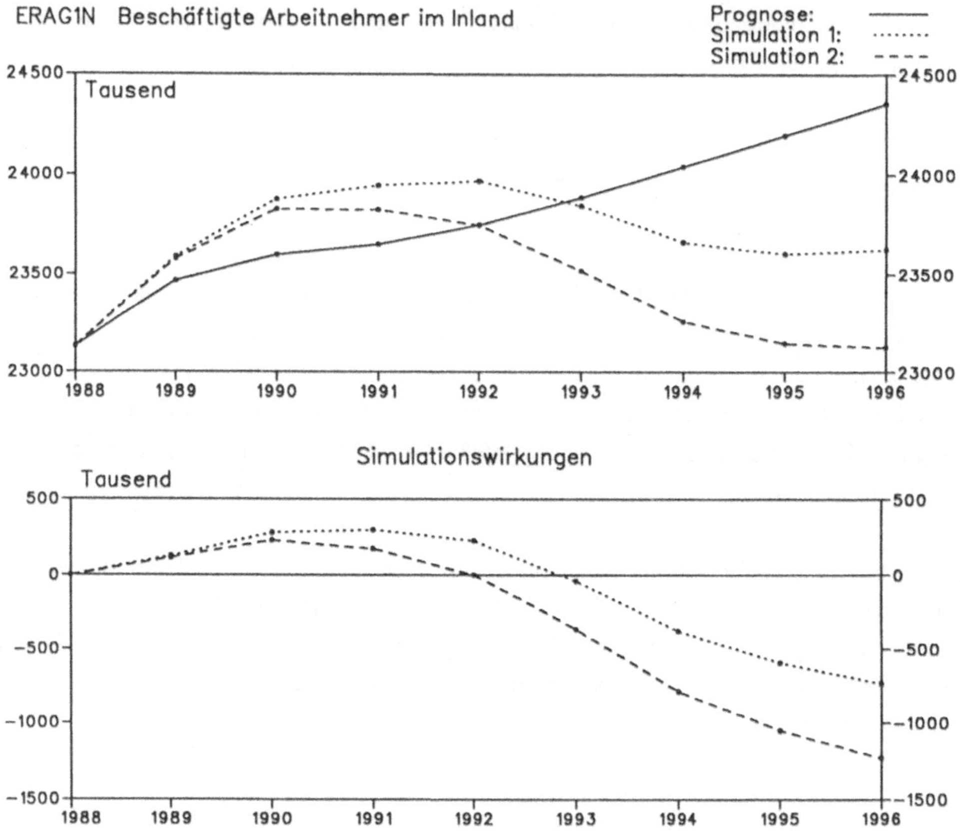

Jahr	Prognose ———	Simulation 1 ········	Simulation 2 – – – –	Wirkung 1 ········	Wirkung 2 – – – –
1989	23464	23588	23577	124.5	112.8
1990	23597	23874	23822	277.4	225.5
1991	23649	23944	23820	295.1	171.1
1992	23744	23967	23743	223.7	-0.800
1993	23885	23841	23516	-44.02	-368.6
1994	24040	23660	23258	-379.8	-782.5
1995	24197	23603	23145	-593.6	-1052
1996	24355	23625	23125	-729.4	-1229

Abb. 2.2 Simulation 1: Arbeitszeitverkürzung ohne Lohnausgleich
Simulation 2: Arbeitszeitverkürzung mit Lohnausgleich

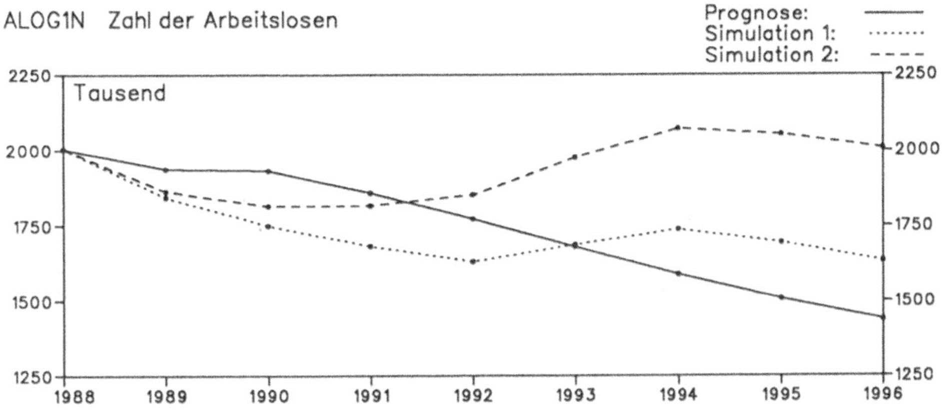

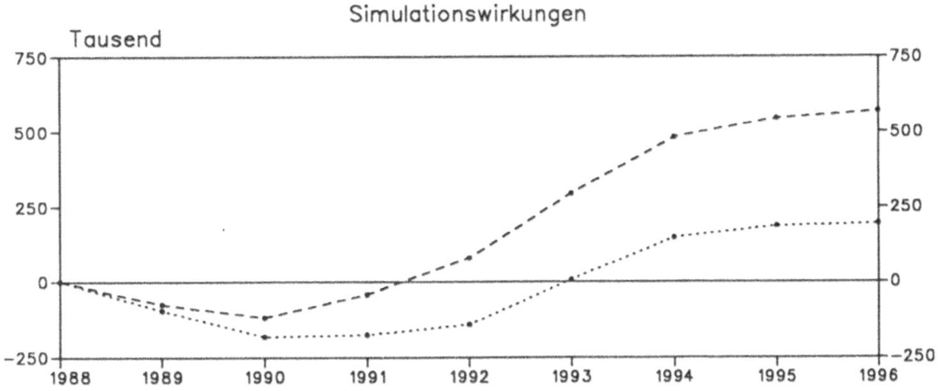

Jahr	Prognose ———	Simulation 1 ········	Simulation 2 - - - -	Wirkung 1 ········	Wirkung 2 - - - -
1989	1937.5	1843.2	1863.1	-94.31	-74.48
1990	1932.6	1750.4	1814.9	-182.3	-117.8
1991	1858.0	1682.5	1816.6	-175.6	-41.42
1992	1772.8	1631.5	1852.3	-141.3	79.53
1993	1680.3	1687.3	1975.7	6.942	295.4
1994	1589.1	1737.7	2071.4	148.6	482.3
1995	1507.6	1694.7	2053.1	187.1	545.5
1996	1438.9	1634.3	2008.5	195.4	569.6

Abb. 2.3 Simulation 1: Arbeitszeitverkürzung ohne Lohnausgleich
Simulation 2: Arbeitszeitverkürzung mit Lohnausgleich

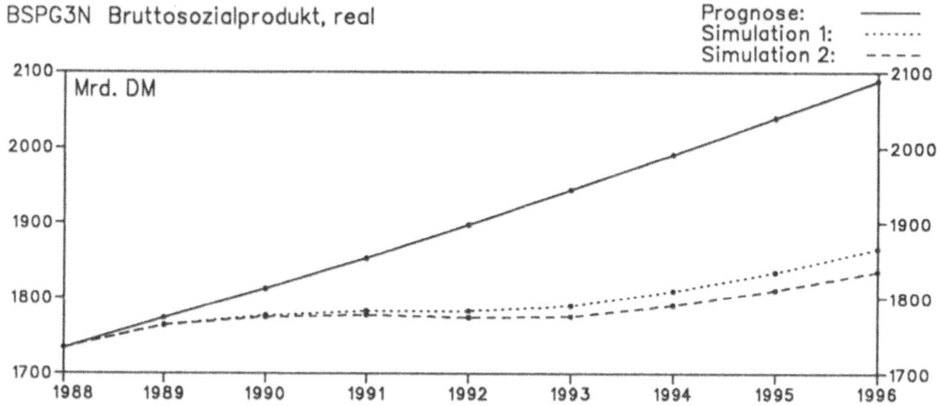

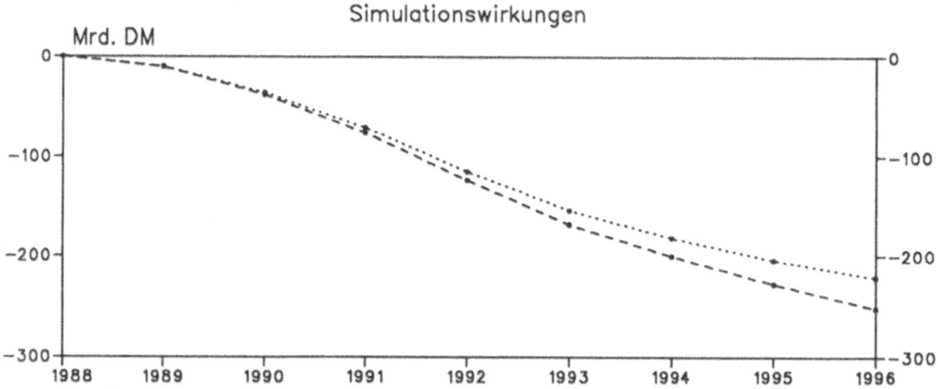

Jahr	Prognose ———	Simulation 1 ········	Simulation 2 - - - -	Wirkung 1 ········	Wirkung 2 - - - -
1989	1773.8	1764.2	1764.0	-9.598	-9.839
1990	1812.4	1776.9	1774.8	-35.52	-37.68
1991	1853.1	1782.7	1777.5	-70.40	-75.68
1992	1897.8	1783.0	1774.1	-114.8	-123.7
1993	1944.0	1789.8	1775.6	-154.1	-168.3
1994	1991.1	1809.4	1790.8	-181.7	-200.3
1995	2039.2	1834.8	1810.9	-204.4	-228.3
1996	2088.3	1866.4	1835.8	-221.9	-252.4

Abb. 2.4 Simulation 1: Arbeitszeitverkürzung ohne Lohnausgleich
Simulation 2: Arbeitszeitverkürzung mit Lohnausgleich

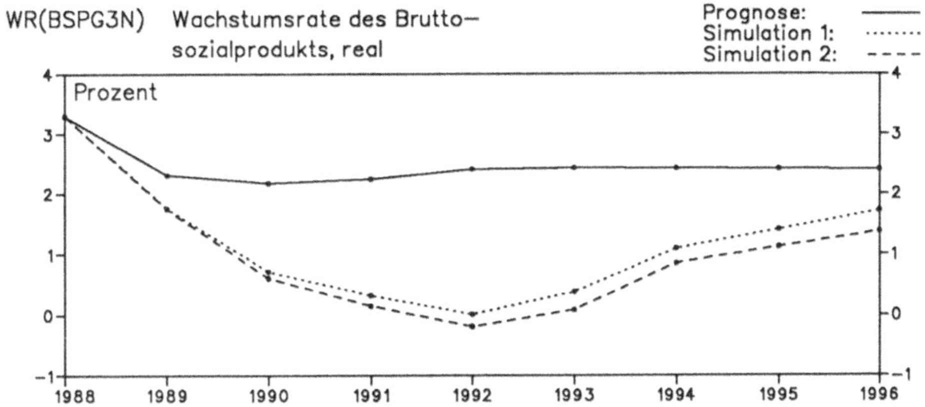

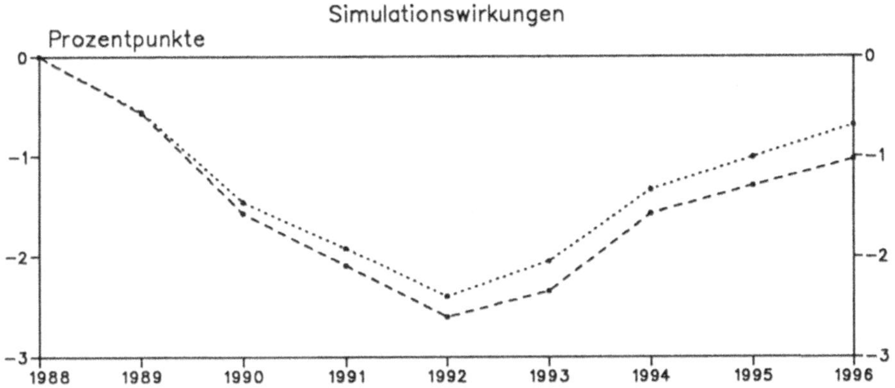

Jahr	Prognose ———	Simulation 1 ········	Simulation 2 - - - -	Wirkung 1 ········	Wirkung 2 - - - -
1989	2.3108	1.7572	1.7433	-0.554	-0.567
1990	2.1761	0.7189	0.6098	-1.457	-1.566
1991	2.2449	0.3269	0.1518	-1.918	-2.093
1992	2.4106	0.0130	-0.1887	-2.398	-2.599
1993	2.4323	0.3856	0.0870	-2.047	-2.345
1994	2.4249	1.0929	0.8548	-1.332	-1.570
1995	2.4150	1.4053	1.1220	-1.010	-1.293
1996	2.4066	1.7183	1.3750	-0.688	-1.032

Abb. 2.5 Simulation 1: Arbeitszeitverkürzung ohne Lohnausgleich
Simulation 2: Arbeitszeitverkürzung mit Lohnausgleich

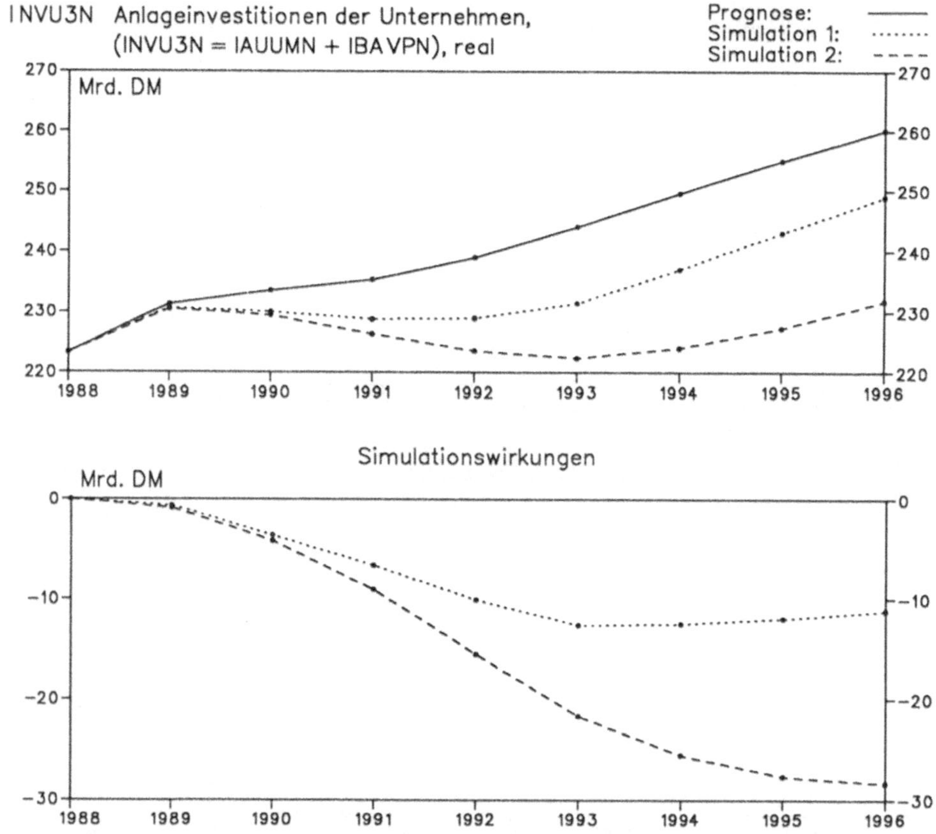

Jahr	Prognose ———	Simulation 1 ········	Simulation 2 - - - -	Wirkung 1 ········	Wirkung 2 - - - -
1989	231.34	230.72	230.49	-0.625	-0.855
1990	233.58	230.00	229.44	-3.582	-4.138
1991	235.40	228.79	226.33	-6.610	-9.068
1992	239.03	228.95	223.55	-10.08	-15.49
1993	244.03	231.43	222.36	-12.60	-21.68
1994	249.57	237.10	224.01	-12.46	-25.56
1995	255.00	243.04	227.32	-11.95	-27.68
1996	260.13	248.96	231.78	-11.18	-28.35

Abb. 2.6 Simulation 1: Arbeitszeitverkürzung ohne Lohnausgleich
Simulation 2: Arbeitszeitverkürzung mit Lohnausgleich

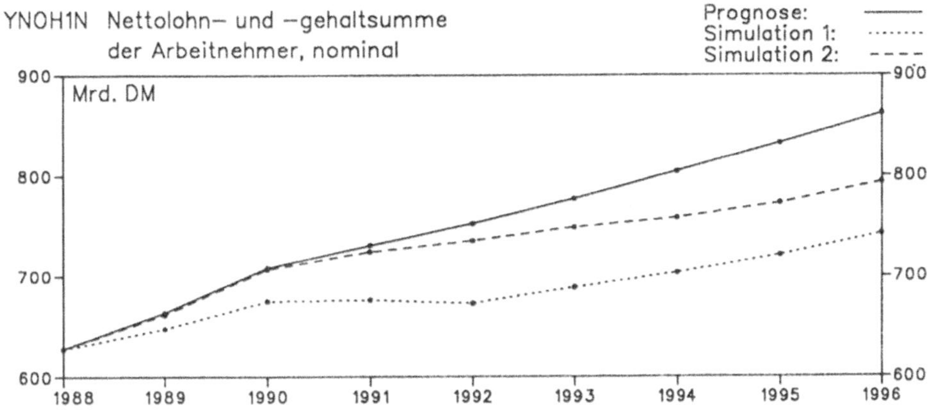

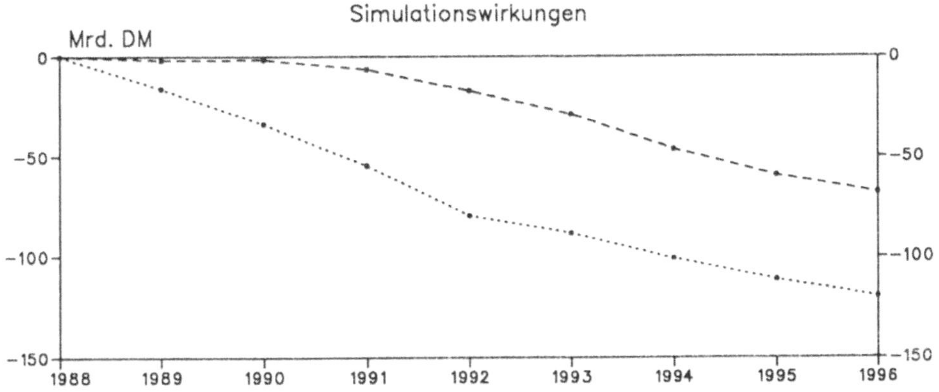

Jahr	Prognose ———	Simulation 1 ········	Simulation 2 - - - -	Wirkung 1 ········	Wirkung 2 - - - -
1989	663.30	647.36	661.51	-15.94	-1.789
1990	708.46	674.75	706.97	-33.70	-1.486
1991	730.55	676.02	724.17	-54.53	-6.375
1992	752.36	672.74	735.41	-79.62	-16.94
1993	777.39	689.04	748.68	-88.35	-28.71
1994	804.25	703.30	757.99	-101.0	-46.26
1995	832.39	720.89	772.99	-111.5	-59.40
1996	861.79	742.12	793.76	-119.7	-68.03

Abb. 2.7 Simulation 1: Arbeitszeitverkürzung ohne Lohnausgleich
Simulation 2: Arbeitszeitverkürzung mit Lohnausgleich

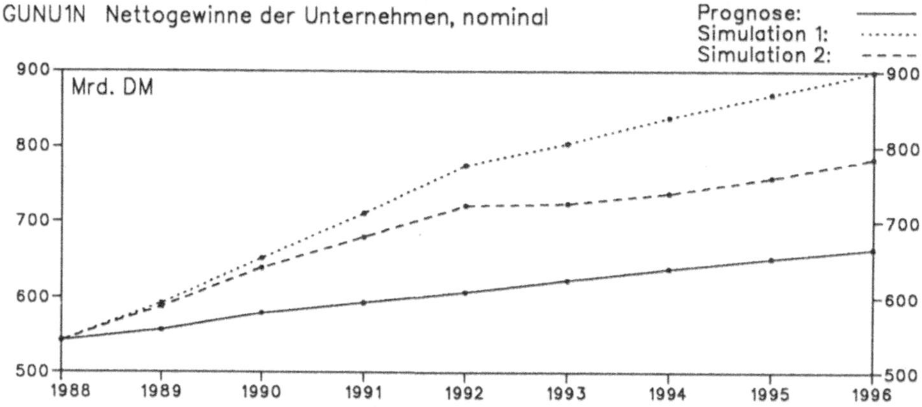

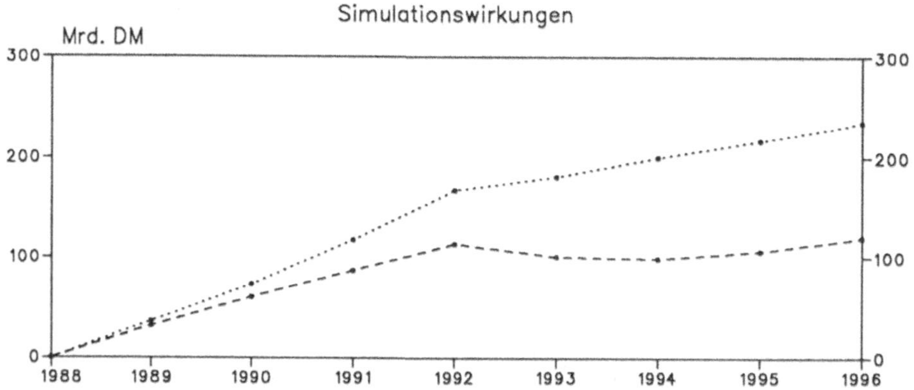

Jahr	Prognose ———	Simulation 1 ········	Simulation 2 – – – –	Wirkung 1 ········	Wirkung 2 – – – –
1989	556.60	592.70	588.11	36.10	31.51
1990	579.48	652.12	639.54	72.64	60.06
1991	593.46	710.90	679.94	117.4	86.49
1992	607.70	775.37	721.20	167.7	113.5
1993	623.24	804.28	723.98	181.0	100.7
1994	638.57	839.01	737.34	200.4	98.77
1995	652.22	869.38	758.49	217.2	106.3
1996	664.32	898.82	784.07	234.5	119.8

2.3 Eine Simulationsstudie zur Steuerreform

2.3.1 Vorbemerkungen

Die von der Bundesregierung im Jahr 1986 begonnene dreistufige Reform der Einkommenbesteuerung wird im Jahr 1990 durch eine grundlegende Neugestaltung der Steuertarifformeln beendet. Kern des Reformpakets im Jahr 1990 ist die Linearisierung der Steuerprogression in den Tarifformeln. Dieser gleichmäßig proportionale Anstieg der Grenzsteuerbelastung führt insbesondere zur Beseitigung des "Mittelstandsbauchs" (vgl. Abb. 2.8 und 2.9). Die Eingangs– bzw. Spitzensteuersätze werden zusätzlich von 22% auf 19% bzw. von 56% auf 53% ermäßigt, und der Körperschaftsteuersatz wird von 56% auf 50% gesenkt. Ein erheblicher Teil der Reform besteht aus weiteren Einzelmaßnahmen, z.B. der Erhöhung des Grundfreibetrags, familienpolitischen Maßnahmen, aber auch dem umfangreichen Abbau von Steuervergünstigungen und Sonderregelungen überwiegend im Bereich der Einkommensteuer.

Wesentliche Teile dieser Steuerreform wurden unter Berücksichtigung ihrer kassenmäßigen Wirkungen zur Durchführung der Simulationen in das Freiburger Modell eingebaut. Das Modell prognostiziert damit für das Jahr 1990 eine Einkommensteuerentlastung in Höhe von über 26 Mrd. DM; dieser Wert liegt im Bereich der erwarteten Steuersenkung. Außerdem wurden vom Staat Erhöhungen verschiedener indirekter Steuern mit Wirkung ab 1989 beschlossen. Diese steuerlichen Maßnahmen wurden im Modell dadurch berücksichtigt, daß die indirekten Steuern 1989 um 8.6 Mrd. DM, bis 1996 auf 12.5 Mrd. DM anwachsend, erhöht wurden.

Die Simulation der Steuerreform erfolgte in zwei Varianten. Bei der ersten Variante werden die steuerlichen Nettomindereinnahmen durch eine entsprechende zusätzliche staatliche Verschuldung ausgeglichen. Bei der zweiten Variante wird diese zusätzliche Verschuldung durch eine entsprechende Reduzierung der Ausgaben vermieden.

2.3.2 Aufbau der Simulation

In der Kontrollprognose wird auf die Durchführung der Steuerreform im Jahr 1990 verzichtet. Es behalten die Steuertarife auf dem Stand des Jahres 1988 Gültigkeit. Desgleichen werden auch die indirekten Steuern nicht erhöht.

In der ersten Simulation finden ab dem Jahr 1990 die gesetzlich beschlossenen neuen Einkommensteuertarife Anwendung. Diese Tarife gehen in die Schätzgleichungen für die Lohnsteuer der Arbeitnehmer (Gleichung 59–TLOH1N), für die Einkommensteuer insgesamt

Abb. 2.8

Einkommensteuertarife 1985, 1988 und 1990
Grenzsteuersätze: Belastung des Mehrverdienstes
Durchschnittsteuersätze: Belastung des Gesamtverdienstes

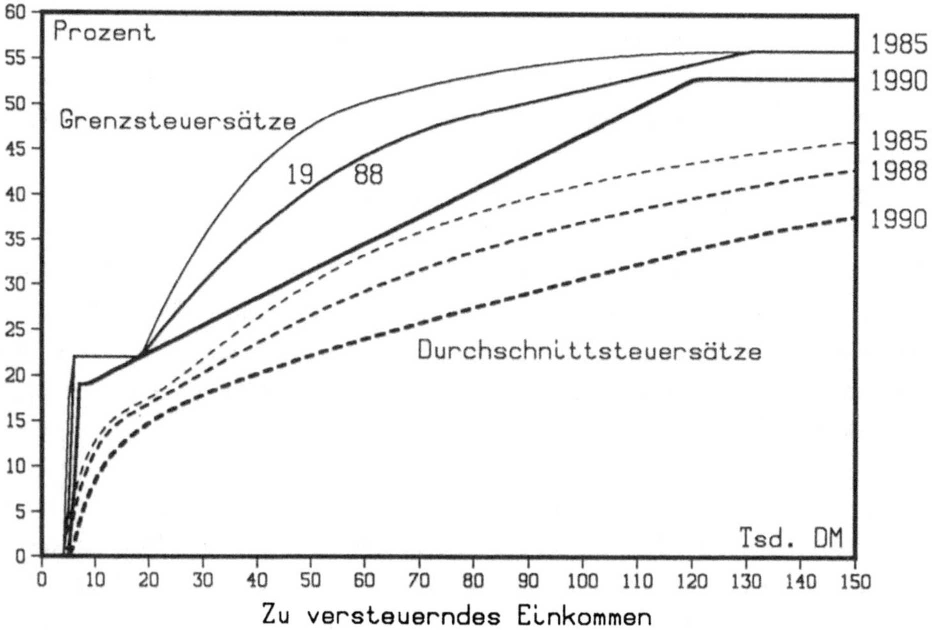

Abb. 2.9

Einkommensteuertarife 1985, 1988 und 1990
Einkommensteuerschuld gemäss Grundtarif

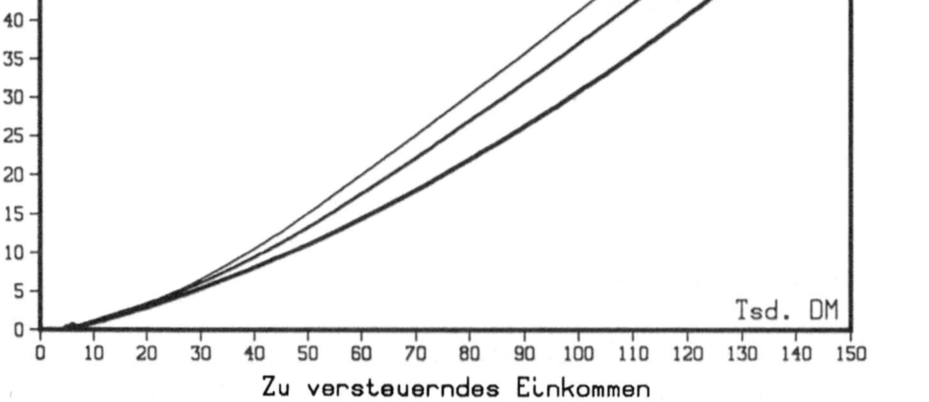

(Gleichung 62–TEGS1N) sowie in die Schätzgleichung für die Körperschaftsteuer (Gleichung 60–TKSS1N) ein.

Vorausschätzungen der Auswirkungen von fiskalischen Einzelmaßnahmen und Subventionsabbau sind außerordentlich schwierig (Schlick, M. 1988). Häufig reagieren Steuerpflichtige auf neuen oder erhöhten Abgabendruck durch Suche nach Gesetzeslücken und Vermeidungsmöglichkeiten sowie mit Widerständen bis hin zur Schwarzarbeit und Steuerhinterziehung (vgl. Köhler, H. 1988 sowie Feit, A. 1987). Ein aktuelles Beispiel ergibt sich im Bereich der einkommensteuerlichen Erfassung von Kapitaleinkünften und hier insbesondere im Zusammenhang mit der sogenannten Quellensteuer, die inzwischen wieder abgeschafft wurde. Auf die exakte simulatorische Berücksichtigung der rd. 60 Einzelmaßnahmen (vgl. Presse– und Informationsamt der Bundesregierung 1989), welche die Tarifreform im gesamten Bereich der direkten Steuern, teilweise auch der Gewerbesteuern, begleiten, wurde daher verzichtet. Sie wurden vielmehr über zeitvariable Absolutglieder in den betreffenden Gleichungen approximiert.

Zusätzlich werden, wie oben bereits erwähnt, die indirekten Steuern (Gleichung 57–TINS1N) ab dem Jahr 1989 um 8.6 Mrd. DM, anwachsend bis auf 12.5 Mrd. DM im Jahr 1996, erhöht. Das Wachstum der im Modell enthaltenen exogenen Zentralbankgeldmenge (XZBG4N) wurde gegenüber der Kontrollprognose im Jahr 1989 um 0.7 Prozentpunkte erhöht, um dem durch die Erhöhung der indirekten Steuern gestiegenen Geldbedarf in Form einer höheren Geldmenge M1 (Gleichung 43–XGM14N) zu entsprechen.

Die Abbildungen 2.10 und 2.11 zur gesamten Einkommensteuer (TEGS1N) sowie zur indirekten Steuer (TINS1N) stellen bis 1996 die zu Jahresdaten aggregierten steuerlichen Auswirkungen der Steuermaßnahmen dar. Durch Preis–, Progressions–, Wachstums– und weitere modellinterdependente Effekte erhöht sich die Einkommensteuerentlastung von 26 Mrd. DM im Jahr 1990 auf etwa 31 Mrd. DM im Jahr 1996. Dieses insgesamt geringe Wachstum resultiert aus der Tatsache, daß einerseits die Steuertarifsenkungen kassenmäßig recht schnell wirksam werden, andererseits die verschiedenen Maßnahmen zum Abbau von Steuersubventionen und Sonderregelungen sich kassenmäßig erst im Verlauf einiger Jahre voll auswirken. Z.B. beträgt das vorgesehene Abbauvolumen im Entstehungsjahr 1990 über 18 Mrd. DM, tatsächlich werden 1990 voraussichtlich nur 6.9 Mrd. DM (ohne "Quellensteuer") realisiert (vgl. Presse– und Informationsamt der Bundesregierung 1989).

Die steuerlichen Nettomindereinnahmen, die sich aufgrund der Steuerreform und der Erhöhung indirekter Steuern ergeben und im Jahr 1990 ca. 16 Mrd. DM sowie im Jahr 1996 ca. 19 Mrd. DM betragen, werden in der ersten Simulation durch erhöhte Schuldenaufnahme der Gebietskörperschaften (Gleichung 91–NVGS1N) ausgeglichen.

Abb. 2.10 Simulation 1: Steuerreform, schuldenfinanziert
Simulation 2: Steuerreform, schuldenneutral

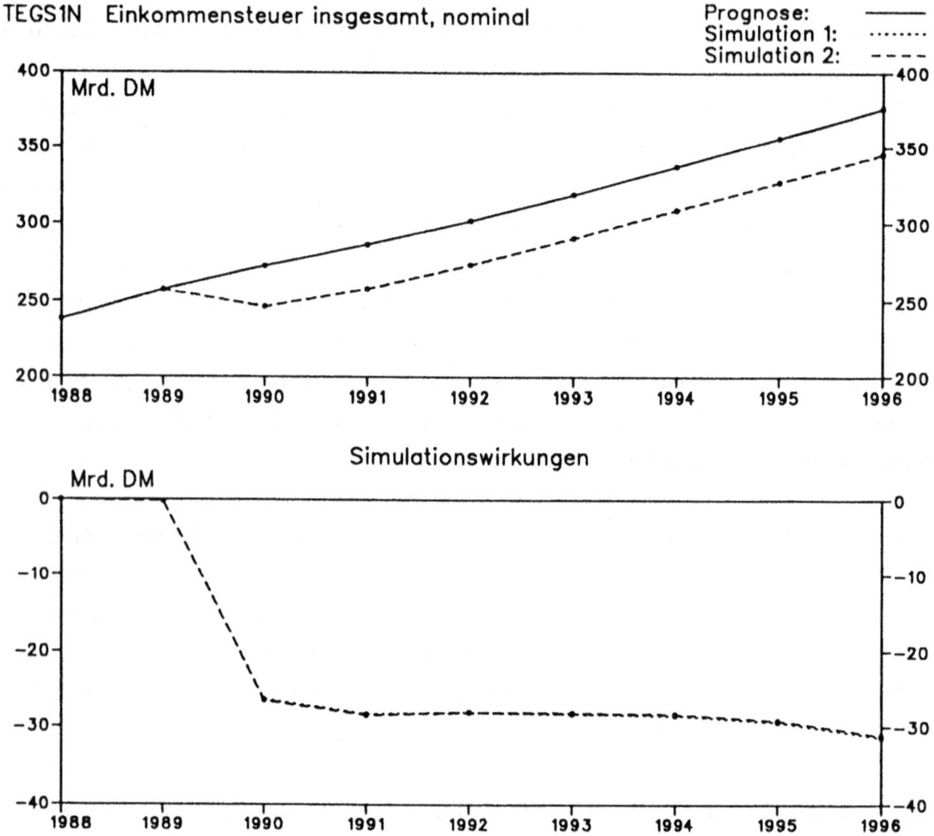

Jahr	Prognose ———	Simulation 1 ········	Simulation 2 - - - -	Wirkung 1 ········	Wirkung 2 - - - -
1989	257.61	257.41	257.41	-0.203	-0.203
1990	272.88	246.66	246.49	-26.22	-26.39
1991	286.51	258.16	258.04	-28.34	-28.47
1992	301.94	273.86	273.88	-28.08	-28.06
1993	319.07	290.81	290.92	-28.26	-28.15
1994	337.33	308.88	309.03	-28.45	-28.30
1995	356.45	327.08	327.27	-29.38	-29.18
1996	376.46	345.09	345.32	-31.37	-31.14

Abb. 2.11 Simulation 1: Steuerreform, schuldenfinanziert
Simulation 2: Steuerreform, schuldenneutral

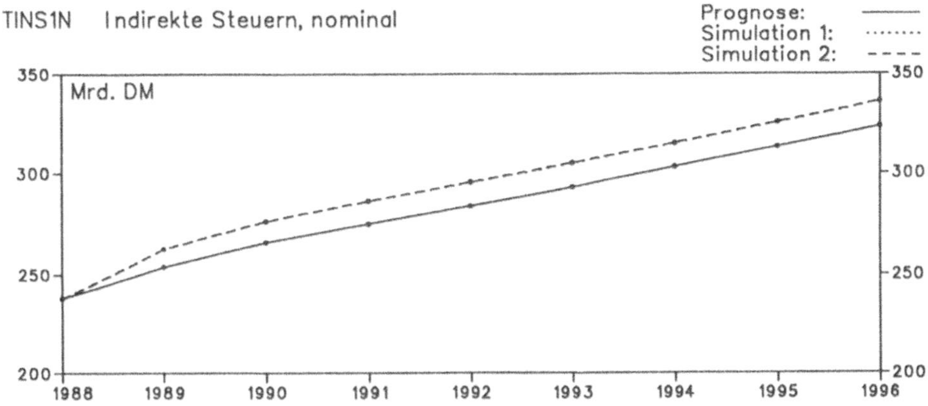

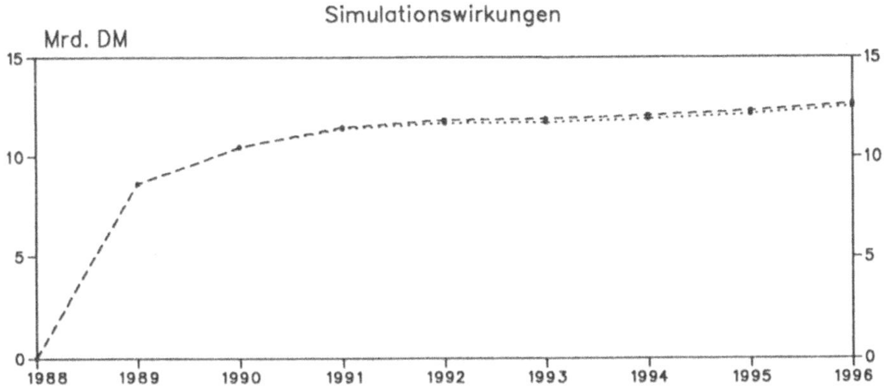

Jahr	Prognose ———	Simulation 1 ········	Simulation 2 - - - -	Wirkung 1 ········	Wirkung 2 - - - -
1989	253.78	262.42	262.42	8.634	8.634
1990	265.67	276.14	276.12	10.47	10.45
1991	274.87	286.25	286.33	11.38	11.46
1992	283.70	295.37	295.54	11.67	11.84
1993	293.08	304.80	305.00	11.72	11.92
1994	302.97	314.87	315.06	11.90	12.08
1995	313.11	325.26	325.43	12.15	12.31
1996	323.39	335.91	336.05	12.52	12.66

Abb. 2.12

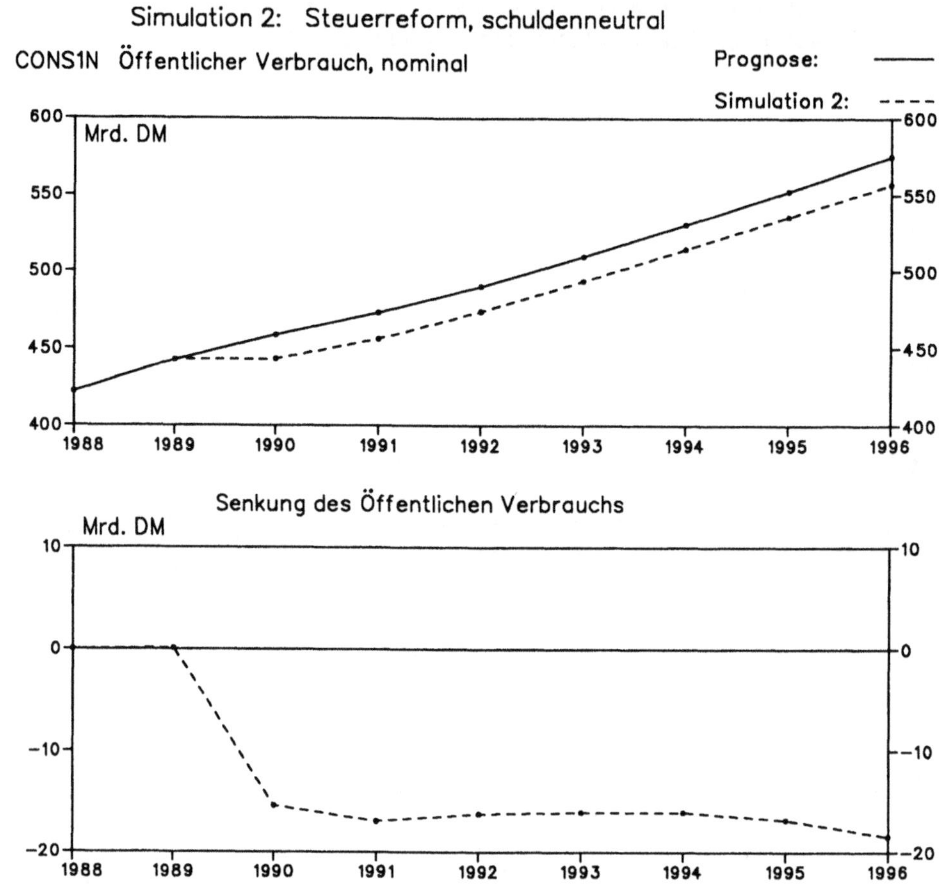

Jahr	Prognose	Simulation 2	Wirkung 2
1989	442.73	442.86	0.127
1990	458.64	443.23	-15.41
1991	473.05	456.10	-16.95
1992	490.09	473.86	-16.23
1993	509.62	493.54	-16.07
1994	530.63	514.55	-16.08
1995	552.45	535.63	-16.81
1996	575.09	556.62	-18.47

In der zweiten Simulation finden die gleichen steuerlichen Maßnahmen wie in der ersten Simulation statt, jedoch wird ab 1990 durch eine zusätzliche Kontrolle der Staatsausgaben im Bereich des staatlichen Konsums (Gleichungen 15–CONSDN und 33–CONS1N) sichergestellt, daß das durch die Steuerreform verursachte Einnahmendefizit nicht durch eine höhere staatliche Neuverschuldung (Gleichung 91–NVGS1N) finanziert wird. Die erforderliche Senkung des Staatskonsums liegt bei ca. 3.3 Prozent. Die Abbildung 2.12 für den nominalen Staatskonsum (CONS1N) zeigt den Umfang der Staatskonsumreduzierung zur Vermeidung höherer Schulden in Jahresdaten auf. Im Jahr 1990 ist demnach der Staatsverbrauch um 15.4 Mrd. DM zu senken, im Jahr 1996 beträgt diese Einsparung 18.5 Mrd. DM.

Ergänzend sei festgehalten, daß das Modell ein makroökonomisches Modell ist und somit auf die Untersuchung makroökonomischer Auswirkungen abzielt, so daß Aussagen über dynamische Wirkungen der Steuerreform auf die personelle Einkommensverteilung nicht möglich sind. Auch etwaige Auswirkungen auf Arbeitsangebot und gesamtwirtschaftliche Produktion infolge gesteigerter Leistungsanreize lassen sich im Rahmen dieser Untersuchung nicht ermitteln (vgl. hierzu Rose, M., 1988).

2.3.3 Ergebnisse

a) Steuerreform, schuldenfinanziert

Der Anteil der Lohnsteuer der Arbeitnehmer an der gesamten Einkommensteuer beträgt derzeit etwa 70 Prozent. Entsprechend wirkt sich ein erheblicher Teil der Senkung der Einkommensteuertarife im Bereich der Lohnsteuer (TLOH1N) aus. Die Nettolohn– und –gehaltsumme der Arbeitnehmer (YNOH1N) erhöht sich im Jahr 1990 um ca. 21 Mrd. DM und im Jahr 1996 um ca. 23 Mrd. DM (vgl. Abb. 2.13). Dies entspricht einer prozentualen Steigerung von ca. 3% gegenüber der Kontrollprognose. Das Wachstum der Nettogewinne (GUNU1N) hält sich anfangs (1990) in einem begrenzten Rahmen von 2.4 Mrd. DM (0.4%), steigert sich jedoch bis zum Jahr 1996 auf 14.6 Mrd. DM (2.2%) (vgl. Abb. 2.14). Das Wachstum der Gewinne ergibt sich überwiegend aufgrund des Einbezugs der gesamten nichtstaatlichen Vermögenseinkommen in diese Variable. Die höhere staatliche Neuverschuldung NVGS1N führt zu entsprechend höheren Zinszahlungen (Gleichung 89–EYZS1N) an die Besitzer von Schuldbriefen. Verstärkt wird dieser Effekt noch durch das aufgrund der zusätzlichen Staatsverschuldung höhere Zinsniveau, das um bis zu 0.44 Prozentpunkte (1996) ansteigt (vgl. Abb. 2.17). Die im Vergleich zu den Arbeitnehmereinkommen geringere Anfangsentlastung ergibt sich aus der bereits 1989 wirksamen Erhöhung der indirekten Steuern.

Spürbare Auswirkungen auf den Arbeitsmarkt, die Investitionstätigkeit sowie das reale

Bruttosozialprodukt sind aus der Steuerreform nicht abzuleiten (vgl. Abb. 2.15, 2.16, 2.18 2.19, 2.20).

b) Steuerreform, schuldenneutral

Eine schuldenneutrale Steuerreform führt bei den Arbeitnehmernettoeinkommen (YNOH1N) zu annähernd den gleichen Erhöhungen wie bei einer schuldenfinanzierten Reform (vgl. Abb. 2.13). Das Zinsniveau (IUML4N) liegt um bis zu ca. 0.44 Prozentpunkte (1996) niedriger als in der ersten Simulation (vgl. Abb. 2.17). Dementsprechend steigen die Nettoeinkommen aus Unternehmertätigkeit und Vermögen (GUNU1N) lediglich um bis zu 1.6 Mrd. DM im Jahr 1996 (vgl. Abb. 2.14).

Bei dieser Variante ergeben sich positive, allerdings sehr kleine Effekte auf dem Arbeitsmarkt (Abb. 2.15 und 2.16) sowie beim Bruttosozialprodukt (Abb. 2.19).

Die relative Steuerbelastung der Einkommen steigt in beiden Simulationsvarianten an, so daß etwa im Jahr 1995 eine erneute Tarifkorrektur erforderlich werden kann.

c) Graphische und tabellarische Darstellungen der Wirkungen

Die Abbildungen und Tabellen auf den folgenden Seiten zeigen graphisch und numerisch den Verlauf der Kontrollprognose und der zwei Simulationsprognosen sowie die Größe der Wirkungen für ausgewählte Modellvariablen. Dies sind die Nettolohn– und -gehaltsumme (YNOH1N), die Nettogewinne der Unternehmen (GUNU1N), die Zahl der abhängig Beschäftigten (ERAG1N) und die Zahl der Arbeitslosen (ALOG1N), die durchschnittliche Umlaufsrendite festverzinslicher Wertpapiere (IUML4N), die realen Anlageinvestitionen INVU3N, das reale Bruttosozialprodukt (BSPG3N) und seine Wachstumsrate (WR(BSPG3N)). Die Auswirkungen der Steuermaßnahmen auf die Einkommensteuer insgesamt (TEGS1N) sowie die indirekten Steuern (TINS1N) sind bereits im vorhergehenden Abschnitt zum Aufbau der Simulationen graphisch abgebildet.

Abb. 2.13 Simulation 1: Steuerreform, schuldenfinanziert
Simulation 2: Steuerreform, schuldenneutral

YNOH1N Nettolohn- und -gehaltsumme der Arbeitnehmer, nominal

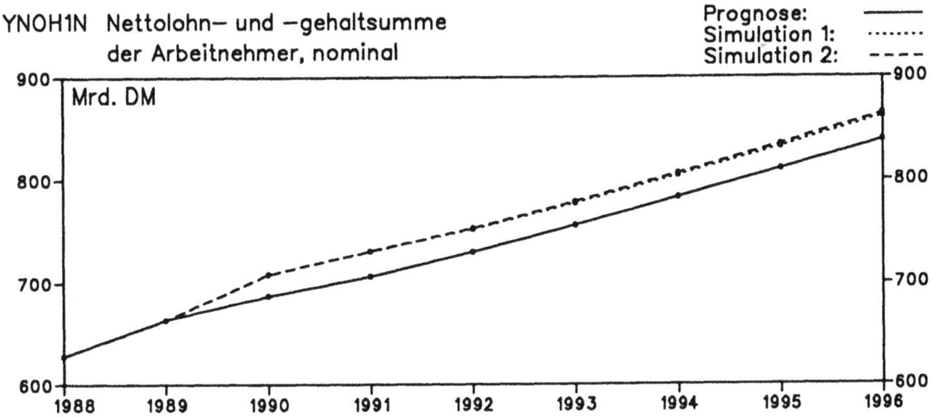

Simulationswirkungen

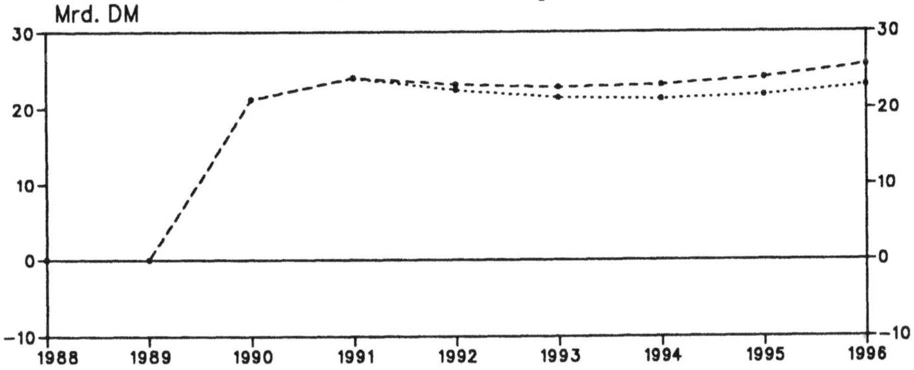

Jahr	Prognose ———	Simulation 1 ········	Simulation 2 - - - -	Wirkung 1 ········	Wirkung 2 - - - -
1989	663.31	663.30	663.30	-0.013	-0.013
1990	687.18	708.46	708.39	21.27	21.20
1991	706.54	730.55	730.60	24.00	24.05
1992	729.91	752.36	753.07	22.45	23.16
1993	755.94	777.39	778.75	21.45	22.81
1994	783.00	804.25	806.10	21.25	23.10
1995	810.63	832.39	834.66	21.76	24.03
1996	838.80	861.79	864.48	22.99	25.67

Abb. 2.14 Simulation 1: Steuerreform, schuldenfinanziert
Simulation 2: Steuerreform, schuldenneutral

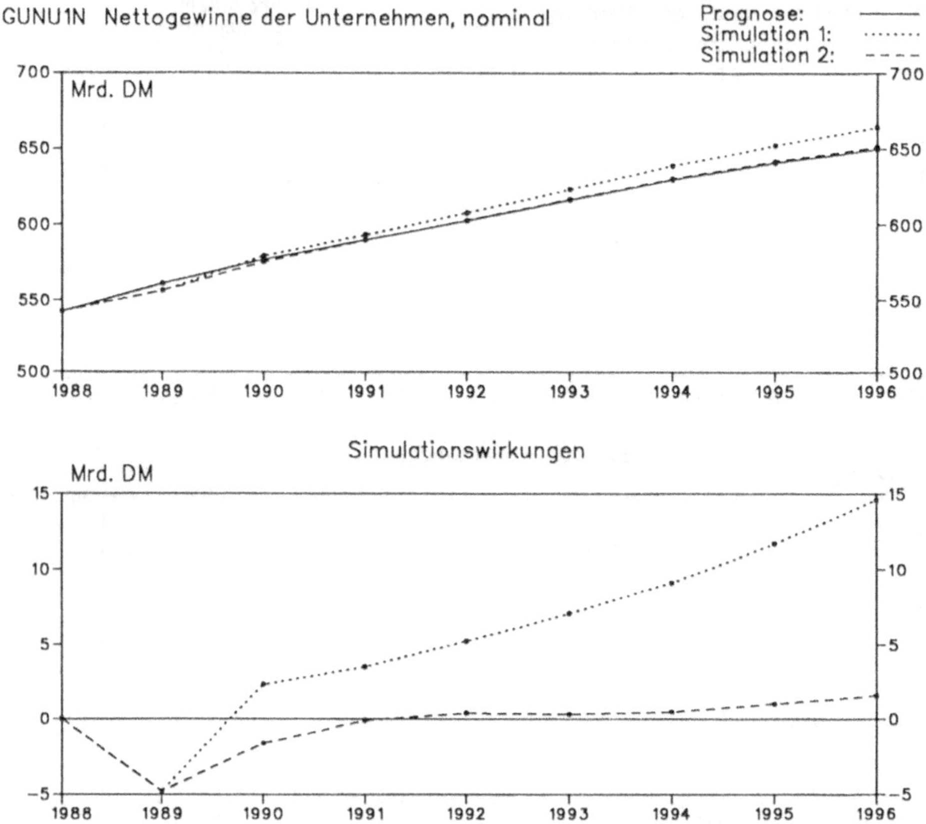

Jahr	Prognose	Simulation 1	Simulation 2	Wirkung 1	Wirkung 2
1989	561.40	556.60	556.60	-4.804	-4.803
1990	577.10	579.48	575.47	2.382	-1.628
1991	589.90	593.46	589.80	3.556	-0.099
1992	602.46	607.70	602.87	5.232	0.404
1993	616.19	623.24	616.52	7.055	0.331
1994	629.48	638.57	629.98	9.084	0.493
1995	640.51	652.22	641.56	11.70	1.047
1996	649.72	664.32	651.34	14.60	1.621

Abb. 2.15 Simulation 1: Steuerreform, schuldenfinanziert
Simulation 2: Steuerreform, schuldenneutral

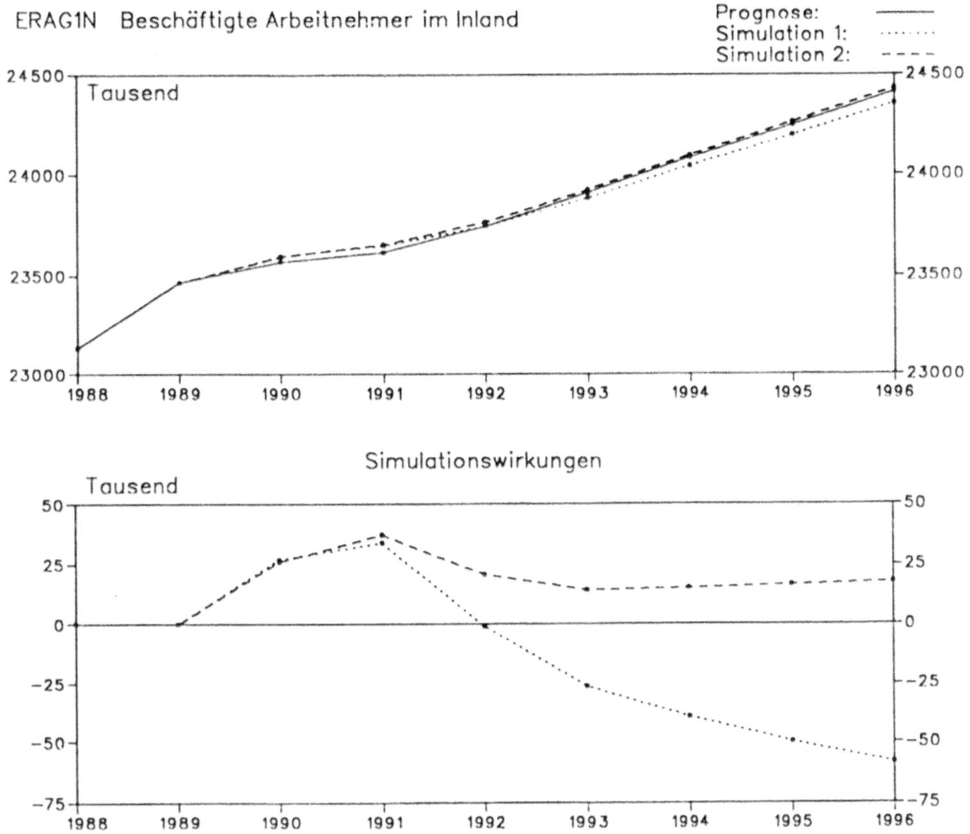

Jahr	Prognose ———	Simulation 1	Simulation 2 ----	Wirkung 1	Wirkung 2 ----
1989	23464	23464	23464	0.004	-0.009
1990	23570	23597	23596	27.05	26.00
1991	23615	23649	23652	33.83	37.10
1992	23745	23744	23765	-1.110	20.64
1993	23911	23885	23925	-26.24	14.18
1994	24080	24040	24095	-39.63	14.97
1995	24247	24197	24263	-49.84	16.40
1996	24413	24355	24431	-58.54	17.67

Abb. 2.16 Simulation 1: Steuerreform, schuldenfinanziert
Simulation 2: Steuerreform, schuldenneutral

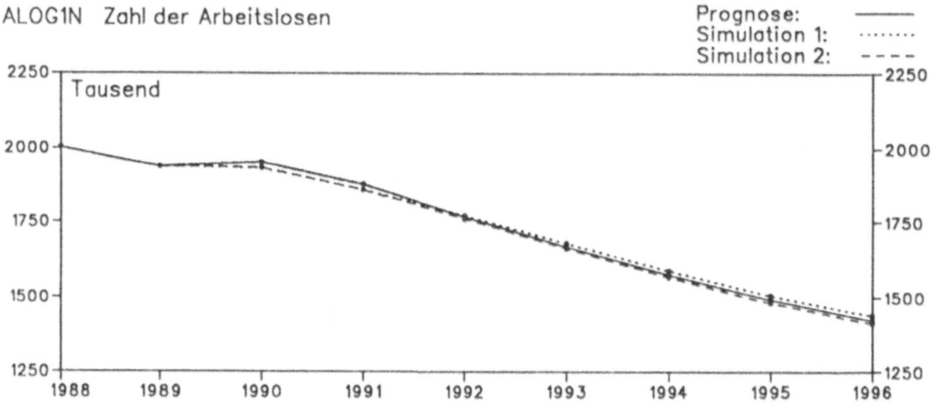

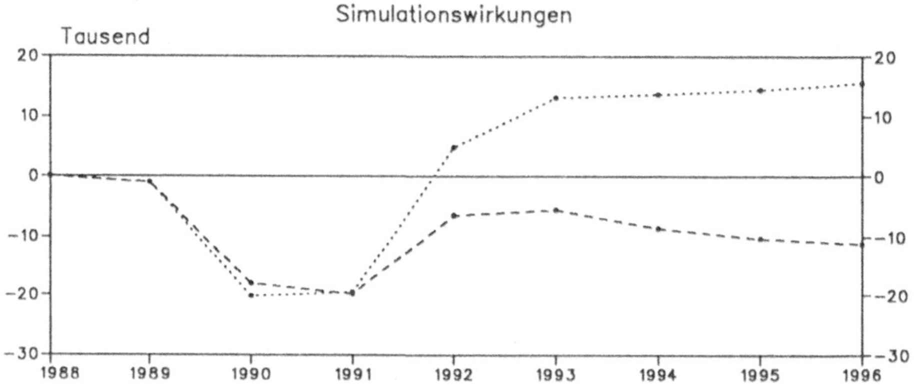

Jahr	Prognose ———	Simulation 1 ········	Simulation 2 - - - -	Wirkung 1 ········	Wirkung 2 - - - -
1989	1938.6	1937.5	1937.6	-1.007	-1.002
1990	1952.8	1932.6	1934.8	-20.19	-18.07
1991	1877.6	1858.0	1857.8	-19.55	-19.80
1992	1768.0	1772.8	1761.5	4.803	-6.452
1993	1667.2	1680.3	1661.6	13.15	-5.583
1994	1575.4	1589.1	1566.9	13.70	-8.546
1995	1493.1	1507.6	1482.9	14.47	-10.26
1996	1423.3	1438.9	1412.1	15.59	-11.18

Abb. 2.17 Simulation 1: Steuerreform, schuldenfinanziert
Simulation 2: Steuerreform, schuldenneutral

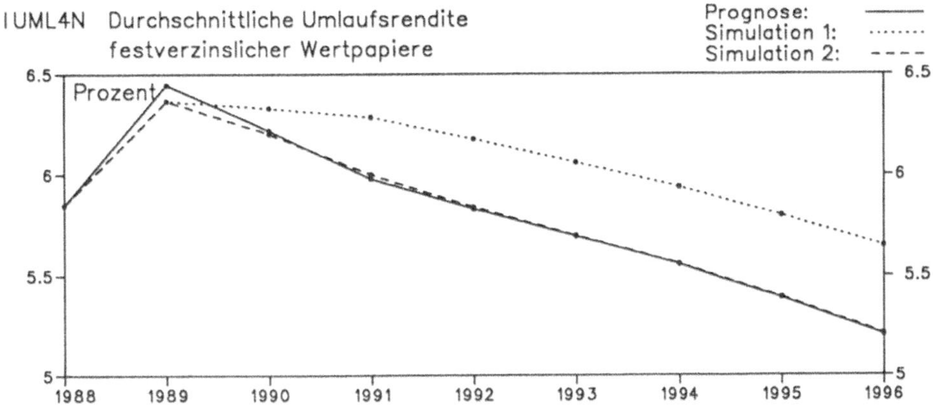

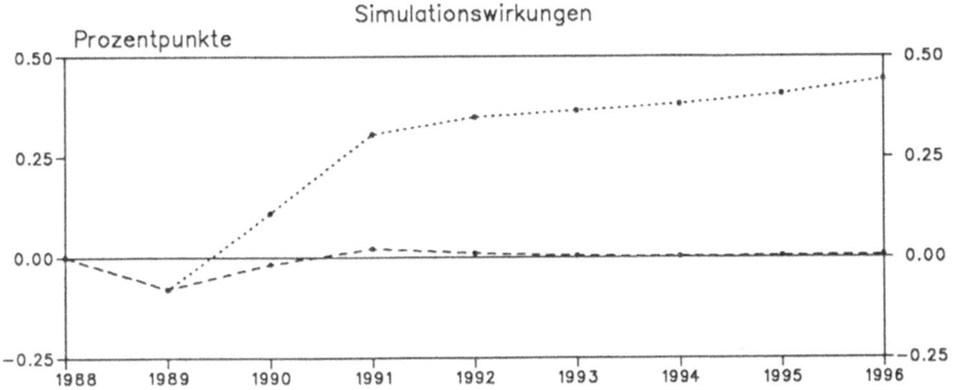

Jahr	Prognose ———	Simulation 1 ········	Simulation 2 – – – –	Wirkung 1 ········	Wirkung 2 – – – –
1989	6.4448	6.3647	6.3647	-0.080	-0.080
1990	6.2201	6.3297	6.2025	0.110	-0.018
1991	5.9793	6.2856	6.0003	0.306	0.021
1992	5.8270	6.1770	5.8370	0.350	0.010
1993	5.6923	6.0585	5.6960	0.366	0.004
1994	5.5546	5.9372	5.5567	0.383	0.002
1995	5.3872	5.7951	5.3910	0.408	0.004
1996	5.2026	5.6458	5.2078	0.443	0.005

Abb. 2.18 Simulation 1: Steuerreform, schuldenfinanziert
Simulation 2: Steuerreform, schuldenneutral

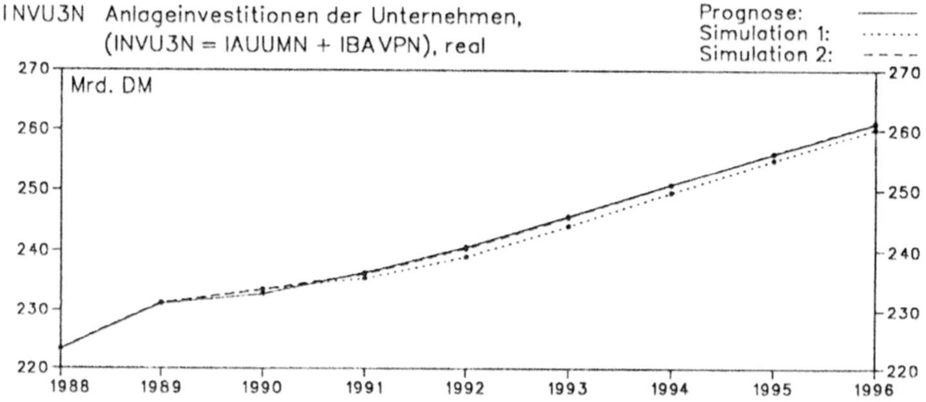

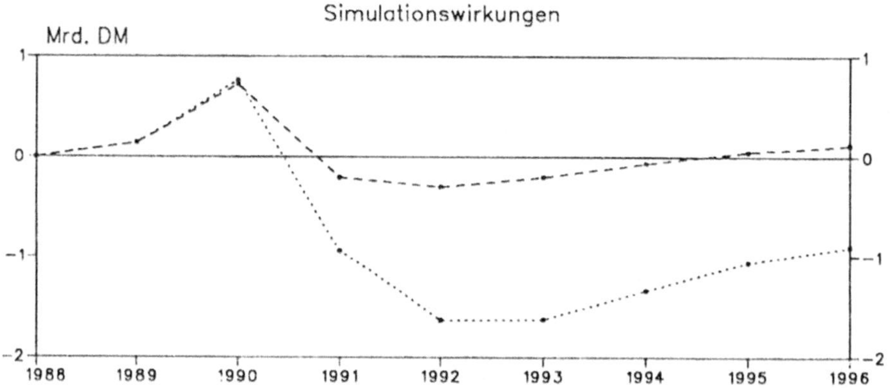

Jahr	Prognose ———	Simulation 1 ········	Simulation 2 - - - -	Wirkung 1 ········	Wirkung 2 - - - -
1989	231.20	231.34	231.34	0.144	0.144
1990	232.82	233.58	233.54	0.762	0.721
1991	236.34	235.40	236.13	-0.942	-0.204
1992	240.67	239.03	240.37	-1.639	-0.300
1993	245.66	244.03	245.46	-1.632	-0.201
1994	250.92	249.57	250.85	-1.351	-0.065
1995	256.06	255.00	256.11	-1.063	0.052
1996	261.03	260.13	261.15	-0.902	0.119

Abb. 2.19 Simulation 1: Steuerreform, schuldenfinanziert
Simulation 2: Steuerreform, schuldenneutral

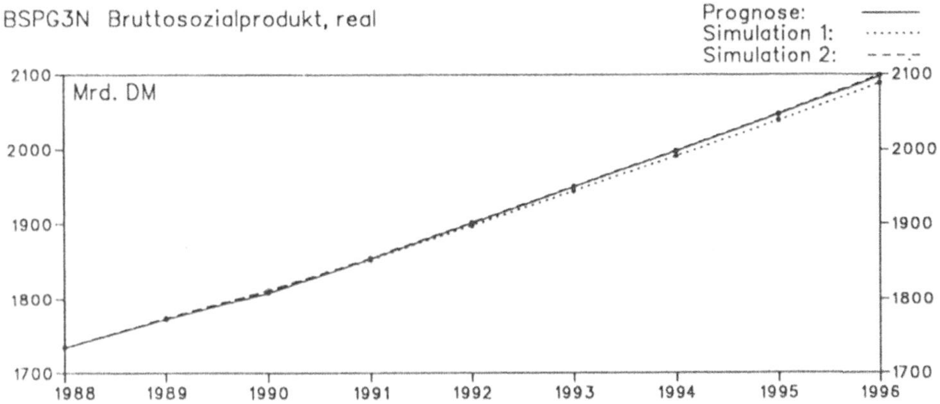

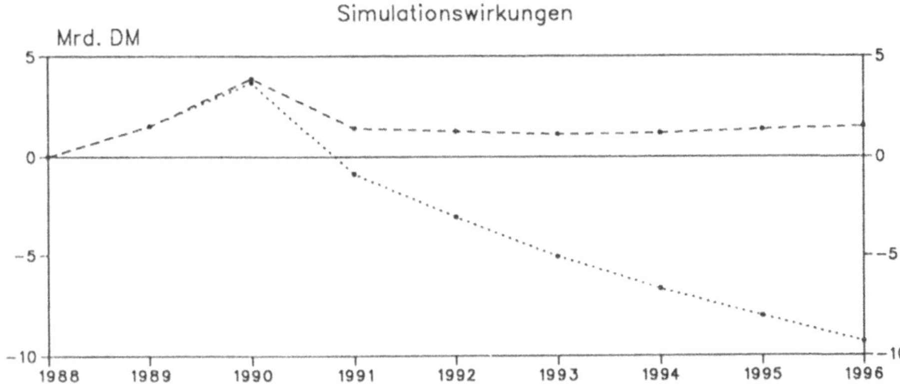

Jahr	Prognose ———	Simulation 1 ········	Simulation 2 - - - -	Wirkung 1 ········	Wirkung 2 - - - -
1989	1772.3	1773.8	1773.8	1.548	1.548
1990	1808.8	1812.4	1812.6	3.665	3.871
1991	1854.0	1853.1	1855.4	-0.854	1.452
1992	1900.8	1897.8	1902.1	-3.037	1.283
1993	1949.0	1944.0	1950.2	-5.058	1.149
1994	1997.8	1991.1	1999.0	-6.715	1.208
1995	2047.2	2039.2	2048.6	-8.054	1.387
1996	2097.6	2088.3	2099.1	-9.324	1.544

Abb. 2.20 Simulation 1: Steuerreform, schuldenfinanziert
Simulation 2: Steuerreform, schuldenneutral

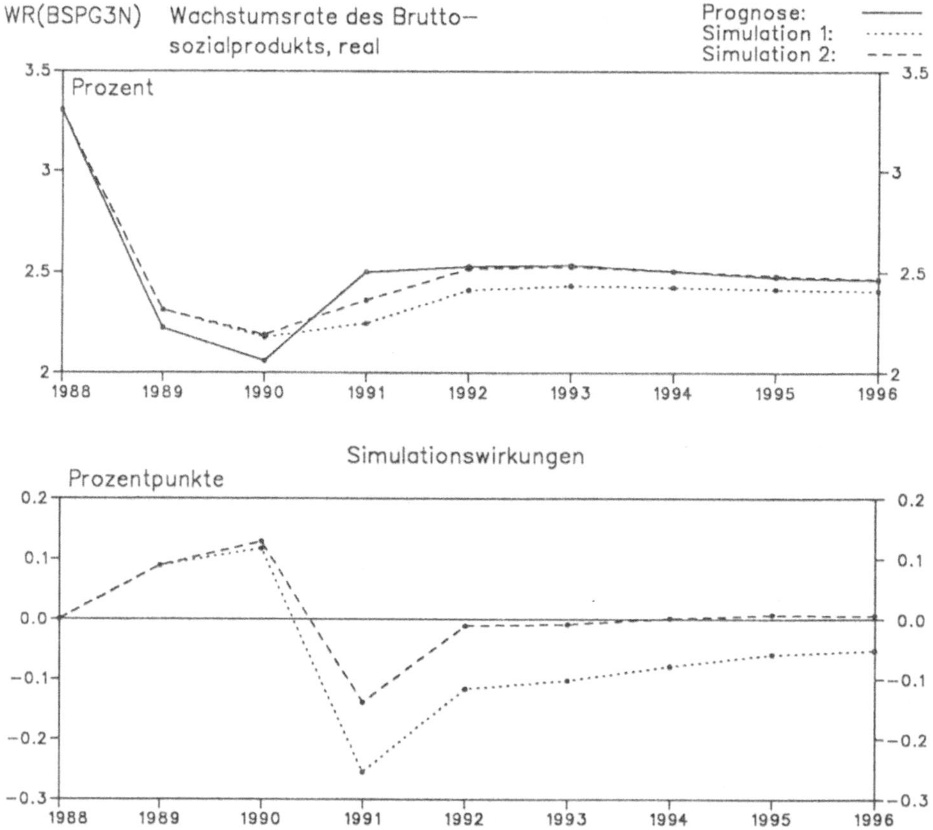

Jahr	Prognose ———	Simulation 1 ········	Simulation 2 – – – –	Wirkung 1 ········	Wirkung 2 – – – –
1989	2.2215	2.3108	2.3108	0.089	0.089
1990	2.0586	2.1761	2.1878	0.118	0.129
1991	2.4993	2.2449	2.3605	-0.254	-0.139
1992	2.5272	2.4106	2.5162	-0.117	-0.011
1993	2.5347	2.4323	2.5260	-0.102	-0.009
1994	2.5036	2.4249	2.5052	-0.079	0.002
1995	2.4739	2.4150	2.4814	-0.059	0.007
1996	2.4592	2.4066	2.4651	-0.053	0.006

Kapitel 3 Zur Schätzung des Modells

3.1 Systematisch in der Zeit variierende stochastische Parameter und ihre Schätzung

3.1.1 Vorbemerkungen

Beabsichtigt man, ein ökonometrisches Modell auf der Grundlage eines größeren Zeitspektrums zu schätzen, so wird man – wie bereits betont – nicht davon ausgehen können, daß die Modellparameter über eine solche Zeitspanne hinweg konstant sind. Zumindest wird ein Teil der Parameter während des Zeitverlaufs gewissen Änderungen unterworfen sein. Dies läßt sich an einem einfachen Beispiel veranschaulichen. Angenommen, in einer Gleichung fungiert eine stationäre Variable (z.B. die Wachstumsrate einer Größe) additiv als erklärende Variable einer trendbehafteten endogenen Größe. Dann nimmt bei festem Koeffizienten und Vorliegen eines steigenden Trends der Einfluß der stationären Größe im Zeitverlauf relativ ab, was theoretisch sicherlich nicht immer begründet ist. Ein allgemeinerer und damit flexiblerer Parameteransatz läßt sich hier dadurch einführen, daß man den Koeffizienten der stationären Variable in Abhängigkeit des Zeittrends oder einer trendbehafteten ökonomisch begründeten Größe formuliert. Dieser Ansatz berücksichtigt alternativ einen im Zeitverlauf relativ abnehmenden, zunehmenden oder gleichbleibenden Einfluß.

Große Schätzzeiträume umfassen – wie es auch beim Freiburger Modell der Fall ist – mehrere Konjunkturzyklen. Insofern liegt auch genügend konjunkturcharakteristische Information vor, um bestimmte konjunkturbedingte Änderungen der Verhaltensparameter zu untersuchen. Hierzu ein Beispiel. Der Auftragseingang aus dem Inland im Verarbeitenden Gewerbe wird u. a. naturgemäß durch die ökonomischen Aktivitäten Ausrüstungsinvestitionen und Konsum bestimmt. Allerdings werden die Unternehmen während schlechterer Konjunkturlagen bei einem Ansteigen dieser Größen in ihren Bestellungen vorsichtiger reagieren als in guten Konjunktursituationen. Diese konjunkturell bedingte Reaktionsänderung kann durch einen variablen Parameter erfaßt werden, indem der Koeffizient der Ausrüstungsinvestitionen bzw. des Konsums jeweils von einem geeigneten Konjunkturindikator (z.B. der Wachstumsrate der Ausrüstungsinvestitionen bzw. des Konsums) abhängig gemacht wird (vgl. Gleichung 40 in Abschnitt 1.3.4).

Variable Parameter können – sofern ökonomisch begründbar – auch nutzbringend anstelle eines additiven Regressors eingesetzt werden. Hierzu eines von vielen denkbaren Beispielen. Wie die Theorie lehrt, steigt der Anreiz zur Konsumenthaltung, d.h. zum Sparen, je höher die Belohnung dafür, d.h. je höher der Zinssatz ist. Üblicherweise wird diese Reaktionsweise in der Konsumfunktion durch Aufnahme des Zinssatzes als zusätzlichen Regressor zu erfassen versucht. Zu bedenken und zu prüfen ist, ob diese Reaktionsweise über eine Variation der marginalen Konsumquote verläuft, die über eine Abhängigkeit dieser Quote vom Zinssatz zu modellieren ist (vgl. Gleichung 14 in Abschnitt 1.2.2 a)).

Wenn Parameter über Gleichungen variabel gestaltet werden, so wird man nicht davon ausgehen können, daß die systematisch variierenden Bestimmungskomponenten der Parameter diese genau determinieren. Analog zu den ökonometrischen Strukturgleichungen wird man auch hier zusätzlich einen überlagernden Zufallseinfluß konzedieren müssen, dem bei der Schätzung variabler Parameter eine besondere Bedeutung zukommt.

3.1.2 Schätzung variabler Parameter

Zur Darstellung der Schätzung variabler Parameter sei von dem folgenden allgemeinen Einzelgleichungsmodell ausgegangen (vgl. auch Hildreth, C. und Houck, J. P., 1968 sowie Raj, B. und Ullah, A., 1981):

(3.1.2.1) $$y_t = x_{\alpha t}\alpha_t + x_{\beta t}\beta + u_t , \qquad t = 1,2, ..., T.$$

$x_{\alpha t}$ bzw. $x_{\beta t}$ sind Zeilenvektoren mit K_α bzw. K_β Regressoren:

$$x_{\alpha t} = (x_{1\alpha t}, x_{2\alpha t}, ..., x_{K_\alpha \alpha t}), \qquad x_{\beta t} = (x_{1\beta t}, x_{2\beta t}, ..., x_{K_\beta \beta t}) ,$$

wobei $K_\alpha + K_\beta = K$. α_t und β sind die zugehörigen Parameterspaltenvektoren und u_t ist das Störglied. β ist ein fester Parametervektor, dessen erstes Element β_1 das Absolutglied sei. Dementsprechend ist die erste Variable in $x_{\beta t}$, also $x_{1\beta t} = 1$ für alle t. α_t ist ein Parametervektor, der wie folgt gebildet wird:

(3.1.2.2) $$\alpha_t = Z_t\gamma + \epsilon_t ,$$

wobei Z_t die Matrix der systematischen Bestimmungsvariablen der variablen Parameter α_t ist:

$$Z_t = \begin{bmatrix} z_{11t} \cdots z_{1n_1t} & 0 \ldots\ldots 0 & \ldots\ldots & 0 \ldots\ldots 0 \\ 0 \ldots\ldots 0 & z_{21t} \cdots z_{2n_2t} & \ldots\ldots & 0 \ldots\ldots 0 \\ \vdots \qquad \vdots & \vdots \qquad \vdots & \ddots & \vdots \qquad \vdots \\ 0 \ldots\ldots 0 & 0 \ldots\ldots 0 & \ldots\ldots & z_{K_\alpha 1t} \cdots z_{K_\alpha n_{K_\alpha} t} \end{bmatrix} .$$

γ ist ein Spaltenvektor mit $\sum_{i=1}^{K_\alpha} n_i$ festen Parametern:

$$\gamma = (\gamma_{11},...,\gamma_{1n_1}; \gamma_{21}, ..., \gamma_{2n_2}; ...; \gamma_{K_\alpha 1}, ..., \gamma_{K_\alpha n_{K_\alpha}})',$$

und ϵ_t ist ein Spaltenvektor mit K_α Zufallsvariablen.

Dem Modell liegen folgende Annahmen zugrunde:

a) $x_{\alpha t}$, $x_{\beta t}$ und Z_t seien nichtstochastisch

b) $E(u_t) = 0$, $E(\epsilon_t) = 0$

c) $E(u_t u_{t'}) = \begin{cases} \sigma_u^2 & \text{für } t = t', 0 \leq \sigma_u^2 < \infty \\ 0 & \text{für } t \neq t' \end{cases}$

d) $\Sigma_\epsilon := E(\epsilon_t \epsilon_t') = \text{diag}(\sigma_1^2, \sigma_2^2, ..., \sigma_{K_\alpha}^2)$, $\quad 0 \leq \sigma_i^2 < \infty$, $\quad i = 1, 2, ..., K_\alpha$

e) $E(\epsilon_t \epsilon_{t'}') = 0$ für $t \neq t'$

f) $E(u_t \epsilon_{t'}) = 0$ für alle t, t'

g) mindestens ein Element aus $\sigma^2 = (\sigma_u^2, \sigma_1^2, ..., \sigma_{K_\alpha}^2)$ ist größer als Null

Durch Einsetzen von (3.1.2.2) in (3.1.2.1) ergibt sich

(3.1.2.3) $$y_t = x_{\alpha t} Z_t \gamma + x_{\beta t} \beta + v_t, \qquad t = 1, 2, ..., T$$

mit $$v_t = u_t + x_{\alpha t} \epsilon_t.$$

Definiert man

$$y = \begin{bmatrix} y_1 \\ \vdots \\ y_T \end{bmatrix}, \quad X = \begin{bmatrix} x_{\alpha 1} Z_1 & \vdots & x_{\beta 1} \\ \vdots & & \vdots \\ x_{\alpha T} Z_T & \vdots & x_{\beta T} \end{bmatrix}, \quad \delta = \begin{bmatrix} \gamma \\ \beta \end{bmatrix}, \quad v = \begin{bmatrix} v_1 \\ \vdots \\ v_T \end{bmatrix},$$ so läßt sich

(3.1.2.3) in der Form

(3.1.2.4) $$y = X\delta + v$$

schreiben. Aufgrund der getroffenen Annahmen gilt

(3.1.2.4a) $$E(v) = 0 \quad \text{und}$$

(3.1.2.4b) $$\Sigma_v := E(vv') = \text{diag}(\sigma_u^2 + x_{\alpha 1}\Sigma_\epsilon x'_{\alpha 1}, \ldots, \sigma_u^2 + x_{\alpha T}\Sigma_\epsilon x'_{\alpha T}).$$

Wie sich anhand des Ausdrucks für die Varianz-Kovarianz-Matrix Σ_v des Störvektors v zeigt, sind die Störvariablen v_t (t = 1, 2, ..., T) in der Regel heteroskedastisch. Wäre Σ_v bekannt, so ergäbe sich hierbei mit der GLS-Schätzung

(3.1.2.5) $$\hat{\hat{\delta}} = (X'\Sigma_v^{-1}X)^{-1}X'\Sigma_v^{-1}y$$

eine adäquate Schätzung für den unbekannten Parametervektor δ in (3.1.2.4) mit der Varianz-Kovarianzmatrix $\Sigma_{\hat{\hat{\delta}}} = (X'\Sigma_v^{-1}X)^{-1}$.

$\hat{\hat{\delta}}$ ist unter den getroffenen Annahmen bekanntlich ein blue. Da aber normalerweise Σ_v unbekannt ist, ist diese Schätzung nicht operational. Operationale Schätzer ergeben sich dadurch, daß man in (3.1.2.5) geeignete Schätzungen für Σ_v einsetzt. Die so gewonnenen Parameterschätzungen besitzen allerdings nicht mehr die blue–Eigenschaft; ein Problemkreis, auf den hier nicht näher eingegangen werden soll. In der Regel sind diese operationalen Schätzer mindestens konsistent.

Das einfachste Verfahren, das in diesem Zusammenhang in der Literatur (Hildreth, C. und Houck, J.P., 1968 sowie Raj, B. und Ullah, A., 1981, S. 74ff.) vorgeschlagen wird, knüpft an die Kleinste–Quadrate–Residuen $\hat{v}$ an, die sich bei Anwendung der OLS–Methode auf die Gleichung (3.1.2.4) ergeben und die sich wie folgt ausdrücken lassen:

$$\hat{v} = (I - X(X'X)^{-1}X')v = Mv$$

mit dem typischen Element

$$\hat{v}_t = \sum_{t'} m_{t,t'} v_{t'} = \sum_{t'} m_{t,t'}(u_{t'} + x_{\alpha t'} \epsilon_{t'}), \qquad t' = 1, 2, ..., T.$$

Aufgrund der oben getroffenen Annahmen gilt:

$$E(\hat{v}_t) = 0,$$

$$E(\hat{v}_t^2) = \sigma_u^2 \sum_{t'} m_{t,t'}^2 + \sum_i \sigma_i^2 \sum_{t'} m_{t,t'}^2 x_{i,t'}^2 ; \qquad i = 1, 2, ..., K_\alpha.$$

Letztere Gleichung stellt die zur strukturellen Beziehung

(3.1.2.6) $$\hat{v}_t^2 = \sigma_u^2 \sum_{t'} m_{t,t'}^2 + \sum_i \sigma_i^2 \sum_{t'} m_{t,t'}^2 x_{i,t'}^2 + w_t$$

gehörende Regressionshyperebene dar, wobei w_t eine Störvariable mit $E(w_t) = 0$ ist. Durch Anwendung des OLS–Prinzips auf Gleichung (3.1.2.6) lassen sich Kleinste-Quadrate-Schätzwerte $\hat{\sigma}_u^2$, $\hat{\sigma}_i^2$ ($i = 1, 2, ..., K_\alpha$) für die unbekannten Varianzen σ_u^2, σ_i^2 gewinnen. Setzt man diese Schätzwerte in (3.1.2.5) ein, so ergeben sich schließlich berechenbare Schätzwerte für δ.

Die eben dargestellte OLS-Schätzung der Varianzen ist ein spezieller Schätzer in einer Klasse von Schätzern, die in diesem Zusammenhang entwickelt wurde (Raj, B. et al., 1980, S.288). Sämtliche Schätzer dieser Klasse haben allerdings den Nachteil, daß sie auch zu negativen Schätzwerten der Varianzen führen können, was nicht selten der Fall ist (Hild, C., 1977, S.41f). Die einfachste, allerdings unbefriedigende Lösung dieses Problems besteht darin, daß man die negativen Schätzwerte gleich Null setzt (Hildreth, C. und Houck, J. P., 1968) oder ihre Absolutbeträge für die weitere Schätzung verwendet (Subrahmanya, M. T., 1970). Beide Vorgehensweisen resultieren in einer Fehlspezifikation des Varianzmodells für v_t. Zwei weitere Möglichkeiten zur Vermeidung negativer Varianzschätzwerte bestehen in einer auf nichtnegative Varianzschätzwerte restringierten Kleinste-Quadrate-Schätzung von (3.1.2.6) (Hildreth, C. und Houck, J. P., 1968, Freimann, K. D., 1988) oder in einer ebenso restringierten ML-Schätzung (Rubin, H., 1950 sowie Raj, B. und Ullah, A., 1981, S.82ff.). Zur Schätzung des Freiburger Modells wurde der letztere Weg eingeschlagen, wobei für die Lösung des mit der ML-Schätzung verbundenen nichtlinearen Schätzproblems ein iterativer Algorithmus entwickelt und verwendet wurde, der im folgenden näher dargestellt wird.

Zusätzlich zu den getroffenen Voraussetzungen a) – g) sei davon ausgegangen, daß die Störvariablen u_t, ϵ_{it}, $i = 1, 2, ..., K_\alpha$, jeweils einer Normalverteilung folgen. In diesem Fall läßt sich dann zur Gleichung (3.1.2.4) die folgende logarithmierte Likelihoodfunktion aufstellen:

(3.1.2.7) $$\ln L(\delta, \Sigma_v | y, X) = \text{const} - \tfrac{1}{2}\ln(\det \Sigma_v) - \tfrac{1}{2}(y - X\delta)'\Sigma_v^{-1}(y - X\delta)\,,$$

wobei die Kovarianzmatrix Σ_v in (3.1.2.4b) definiert ist und hier nochmals ausführlicher niedergeschrieben sei:

(3.1.2.8) $$\Sigma_v = \text{diag}(\sigma_u^2 + \sum_{i=1}^{K_\alpha} \sigma_i^2 x_{i,1}^2, \ldots, \sigma_u^2 + \sum_{i=1}^{K_\alpha} \sigma_i^2 x_{i,T}^2).$$

Definiere

(3.1.2.9) $$\sigma_v^2 := \frac{1}{T}\,\text{Spur}(\Sigma_v) = \frac{1}{T}\Big(\sum_{t=1}^{T}(\sigma_u^2 + \sum_{i=1}^{K_\alpha} \sigma_i^2 x_{i,t}^2)\Big)$$

$$= \sigma_u^2 + \sum_{i=1}^{K_\alpha} \sigma_i^2 \Big(\frac{1}{T}\sum_{t=1}^{T} x_{i,t}^2\Big) = \sigma_u^2 + \sum_{i=1}^{K_\alpha} \sigma_i^2 \overline{x_i^2}$$

sowie

(3.1.2.10) $$s_u^2 := \frac{\sigma_u^2}{\sigma_v^2}\,, \qquad s_i^2 := \frac{\sigma_i^2}{\sigma_v^2}\,, \qquad i = 1,\ldots,K_\alpha\,,$$

$$s^2 := (s_u^2, s_1^2, \ldots, s_{K_\alpha}^2).$$

Daraus ergibt sich

(3.1.2.11) $$\Sigma_v = \sigma_v^2\, \text{diag}(s_u^2 + \sum_{i=1}^{K_\alpha} s_i^2 x_{i,1}^2, \ldots, s_u^2 + \sum_{i=1}^{K_\alpha} s_i^2 x_{i,T}^2)$$

$$= \sigma_v^2 \cdot \Omega(s^2)\,,$$

wobei

(3.1.2.12) $$\text{Spur}(\Omega(s^2)) = T\,,$$

$\Omega(s^2)$ positiv definit gemäß Annahmen c), d), g).

Durch Einsetzen von (3.1.2.11) in (3.1.2.7) ergibt sich

(3.1.2.13) $$\ln L(\delta, \sigma_v^2, s^2 | y, X) = \text{const} - T/2 \ln\sigma_v^2 - 1/2 \ln \det\Omega(s^2) - \frac{1}{2\sigma_v^2}(y - X\delta)'\Omega(s^2)^{-1}(y - X\delta) .$$

Die Maximierung der Likelihoodfunktion zur Bestimmung der ML-Schätzungen für die unbekannten Parameter unter der Nebenbedingung nichtnegativer Varianzenschätzwerte erfordert jedoch die Lösung eines restringierten nichtlinearen Schätzproblems. Hierzu ist es zweckmäßig, eine schrittweise Maximierung durchzuführen. Dadurch ergeben sich zunächst die bedingten Schätzungen

(3.1.2.14) $$\tilde{\delta}(s^2) = (X'\Omega(s^2)^{-1}X)^{-1}X'\Omega(s^2)^{-1}y ,$$

und

(3.1.2.15) $$\tilde{\sigma}_v^2(s^2) = \frac{1}{T}[y - X\tilde{\delta}(s^2)]'\Omega(s^2)^{-1}[y - X\tilde{\delta}(s^2)] .$$

Einsetzen von (3.1.2.14) und (3.1.2.15) in (3.1.2.13) führt zu der konzentrierten logarithmierten Likelihoodfunktion

(3.1.2.16) $$\ln L^*(s^2 | y, X) = \text{const}^* - T/2 \ln\tilde{\sigma}_v^2(s^2) - 1/2 \ln \det\Omega(s^2),$$

die nur noch von s^2 abhängt. Damit ist das nichtlineare Schätzproblem auf die Teilparametermenge s^2 reduziert. Das Problem besteht darin, diejenige Wertemenge $\tilde{s}^2$ unter der Nebenbedingung $s^2 > 0$ zu finden, bei der (3.1.2.16) das absolute Maximum annimmt.

Einsetzen der gefundenen ML-Schätzwerte $\tilde{s}^2$ in (3.1.2.14) und (3.1.2.15) ergibt die ML-Schätzwerte $\tilde{\sigma}_v^2$ und $\tilde{\delta}$, und mit Hilfe von $\tilde{s}^2$ und $\tilde{\sigma}_v^2$ folgen aus (3.1.2.10) die ML-Schätzwerte

(3.1.2.17) $$\tilde{\sigma}_u^2 = \tilde{\sigma}_v^2 \tilde{s}_u^2 , \qquad \tilde{\sigma}_i^2 = \tilde{\sigma}_v^2 \tilde{s}_i^2 , \qquad i = 1, \ldots, K_\alpha.$$

Zur Lösung des vorangehend beschriebenen Maximierungsproblems wurde der im folgenden dargestellte Iterationsalgorithmus entwickelt. Ausgangspunkt hierfür ist die Bedingung (3.1.2.12). Damit diese Bedingung erfüllt ist, muß gelten:

(3.1.2.18) $$s_u^2 \in [\,0,1\,] , \qquad s_i^2 \in [\,0, \frac{1}{x_i^2}\,] , \qquad i = 1,\ldots K_\alpha$$

sowie

$$(3.1.2.19) \qquad \sum_{t=1}^{T} \left(s_u^2 + \sum_{i=1}^{K_\alpha} s_i^2 x_{i,t}^2 \right) = T.$$

Als zulässiger Produktraum S^Z wird definiert:

$$(3.1.2.20) \qquad S^Z := \{ s^2 \in S \mid \mathrm{Spur}\,(\,\Omega(s^2)) = T \},$$

wobei

$$(3.1.2.21) \qquad S = [\,0, 1\,] \times [\,0, \frac{1}{\overline{x_1^2}}\,] \times \ldots \times [\,0, \frac{1}{\overline{x_{K_\alpha}^2}}\,] \subset \mathbb{R}^{K_\alpha+1}$$

Zu jedem $s^{2\prime} \in S$ existiert ein $s^2 \in S^Z$, indem man setzt:

$$(3.1.2.22) \qquad s^2 := \frac{T}{\mathrm{Spur}(\Omega(s^{2\prime}))}\, s^{2\prime}\,.$$

Zu jedem $s^2 \in S^Z$ existiert wiederum ein $\sigma^2 = (\,\sigma_u^2, \sigma_1^2, \ldots, \sigma_{K_\alpha}^2\,)$ mit

$$(3.1.2.23) \qquad \sigma_u^2 \in [\,0, \sigma_v^2\,], \qquad \sigma_i^2 \in [\,0, \sigma_v^2 \frac{1}{\overline{x_i^2}}\,], \qquad i = 1, \ldots, K_\alpha,$$

$$\mathrm{Spur}\,(\Sigma_v(\sigma^2)) = \sigma_v^2\, T,$$

indem man (3.1.2.10) nach σ^2 auflöst:

$$(3.1.2.24) \qquad \sigma_u^2 = s_u^2\, \sigma_v^2\,, \qquad \sigma_i^2 = s_i^2\, \sigma_v^2\,, \qquad i = 1, \ldots, K_\alpha.$$

Zur Bestimmung der gewünschten ML-Schätzwerte für die unbekannten Varianzen σ^2 genügt es also, in dem a priori bekannten Raum S^Z nach einem maximierenden Wert zu suchen. Eine Schätzung für den Parameter σ_v^2 ergibt sich eindeutig in (3.1.2.15) nach Bestimmung der gemäß (3.1.2.14) nur von $s^2 \in S^Z$, nicht jedoch von σ_v^2 abhängigen Parameter δ. Aufgrund der damit vorliegenden Abgrenzung des Parameterraumes läßt sich die restringierte Maximierung der konzentrierten Likelihoodfunktion (3.1.2.16) durch ein geeignetes numerisches Verfahren lösen.

In Anbetracht der im Freiburger Modell auftretenden kleinen Werte K_α in den betreffenden Gleichungen wurde als Maximierungsalgorithmus ein Gitterverfahren gewählt, das im folgenden für den einfachsten Fall $K_\alpha = 1$ kurz skizziert wird: Für $K_\alpha = 1$ ist $S = [0, 1] \times [0, \frac{1}{\overline{x^2}}]$. Wähle nun zwei Werte $z_1, z_2 \in \mathbb{N}$ und bilde aus S eine gitterartige Zerlegung G_1 durch $z_1 \cdot z_2$ zum zweidimensionalen Intervall $[0, \frac{1}{z_1}] \times [0, \frac{1}{z_2} \cdot \frac{1}{\overline{x^2}}]$ kongruente Intervalle. In den $(z_1+1)\cdot(z_2+1)$ Knotenpunkten des Gitters G_1 werden die Funktionswerte der Funktion (3.1.2.16) berechnet. Um denjenigen Knotenpunkt $s^{2^{(1)}}$, bei dem (3.1.2.16) den größten Wert annimmt, wird erneut ein Gitter G_2 aus $z_1 \cdot z_2$ zum Intervall $[0, \frac{2}{z_1^2}] \times [0, \frac{2}{z_2^2} \cdot \frac{1}{\overline{x^2}}]$ kongruenten Intervallen gebildet. Dieses Gitter G_2 besitzt im allgemeinen die gleiche Fläche wie 4 Einzelintervalle des Gitters G_1. Man berechnet zu den $(z_1+1)\cdot(z_2+1)$ Knotenpunkten dieses Gitters G_2 erneut den optimalen Punkt $s^{2^{(2)}}$ und setzt dieses Verfahren iterativ fort, bis die Likelihoodfunktion (3.1.2.16) keine relevanten Änderungen mehr aufweist (vgl. die folgende Abbildung).

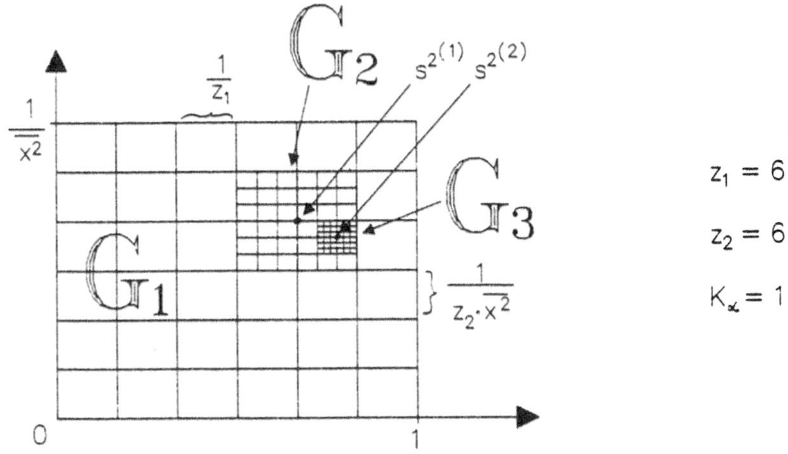

Bei $K_\alpha = 1$, $z_1 = 10$, $z_2 = 10$ besteht das Gitter G_1 aus maximal $(z_1+1) \cdot (z_2+1) = 121$ Knotenpunkten, deren Zahl durch Redundanzbeseitigung noch verringert werden kann. Nach zwei bis drei Iterationen mit verfeinerten Gittern ändert sich die Likelihoodfunktion i.d.R. nicht mehr, so daß sowohl auf Großrechenanlagen wie auf Personal–Computern nach wenigen Sekunden CPU–Zeit das Ergebnis feststeht. Zahlreiche eigene Untersuchungen weisen darauf hin, daß diese flächendeckende Abtastung des Parameterraumes zum globalen Optimum führt. Anstatt zur Verfeinerung der Gitter können Knotenpunkte mit günstigen Funktionswerten auch als geeignete Startwerte für Gradientenverfahren dienen. Diese Lösungsmethode wurde ebenfalls eingesetzt und ist für Werte $K_\alpha \geq 4$ zu empfehlen.

Insbesondere durch Bestimmung des zulässigen Parameterraumes S^z werden die z.B. von Hildreth, C. und Houck, J. P. (1968), Froehlich, B. R. (1973) und Hild, C. (1977) aufgeführten Probleme bei der Maximierung der konzentrierten Likelihoodfunktion weitgehend gelöst.

3.2 Zweiphasige Schätzung der Strukturparameter

3. 2. 1 Saisonbereinigte versus nichtsaisonbereinigte Schätzung

Wie bei den meisten Konjunkturmodellen bilden Vierteljahresdaten die Datenbasis des Freiburger Modells. Häufig sind die Quartalsreihen mit nichtstationären Saisonentwicklungen behaftet, die sich bei einem Zeitraum von über 10 Jahren signifikant bemerkbar machen. Amplitude und Varianz dieser Saisonkomponenten übertreffen oftmals jene der konjunkturellen Komponenten. Dies gilt insbesondere für das Freiburger Modell mit einem Schätzzeitraum von 24 Jahren. In der Regressionstheorie wird jedoch im allgemeinen nicht zwischen einzelnen Zeitreihenkomponenten unterschieden. So besteht die Möglichkeit, daß geschätzte Regressionsparameter saisonale anstelle konjunktureller Komponenten anpassen (vgl. Gollnick, H., 1961 und die dort angegebene Literatur); für ein Konjunkturmodell sicher eine unerwünschte Eigenschaft. Darüber hinaus kann eine Fehlspezifikation der Saison die Interpretation von Autokorrelationstests wegen verzerrter Ergebnisse stark behindern. Die nachfolgenden Ausführungen veranschaulichen den kritischen Zusammenhang.

Sei $X = (x_1, ..., x_T)'$ eine ökonomische Quartalszeitreihe mit der klassischen Komponentenzerlegung

(3.2.1.1) $$X = T_X \oplus K_X \oplus S_X \oplus I_X = G_X \oplus S_X \oplus I_X ,$$

wobei

$T_X = (t_1, ..., t_T)'$:	Trendkomponente von X
$K_X = (k_1, ..., k_T)'$:	Konjunkturkomponente von X
$S_X = (s_1, ..., s_T)'$:	Saisonkomponente von X
$I_X = (i_1, ..., i_T)'$:	Irreguläre oder unsystematische Komponente von X
$\oplus$:	additive oder multiplikative Verknüpfung
$G_X = T_X \oplus K_X$:	Glatte Komponente von X.

Sei Y eine weitere Quartalsreihe mit entsprechender Zerlegung. Im folgenden seien zur Vereinfachung T_X, T_Y, I_X und I_Y als Null angenommen, so daß $G_X = K_X$ und $G_Y = K_Y$. Bei nicht verschwindenden T_X, T_Y, I_X und I_Y sind entsprechende Verallgemeinerungen möglich.

Wird ein linearer Zusammenhang zwischen X und Y vermutet, so läßt sich dieser in einer linearen Einfachregression

(3.2.1.2) $$y_t = \alpha + \beta x_t + u_t, \qquad t = 1, ..., T$$

mit

(3.2.1.3) $$\hat{\beta} = \frac{cov(Y, X)}{var(X)} = \frac{cov(G_Y + S_Y,\ G_X + S_X)}{var(X)}$$

$$= \frac{cov(G_Y, G_X)}{var(X)} + \frac{cov(S_Y, S_X)}{var(X)} + \frac{cov(G_Y, S_X) + cov(S_Y, G_X)}{var(X)}$$

erfassen, wobei cov(·) die Stichprobenkovarianz und var(·) die Stichprobenvarianz bezeichnen. Führt man statt (3.2.1.2) die Einfachregressionen zwischen den glatten bzw. saisonalen Komponenten von X und Y durch, so ergeben sich:

(3.2.1.4) $$g_{y,t} = \alpha_g + \beta_g g_{x,t} + u_{g,t}$$

mit

(3.2.1.5) $$\hat{\beta}_g = \frac{cov(G_Y, G_X)}{var(G_X)}$$

sowie

(3.2.1.6) $$s_{y,t} = \alpha_s + \beta_s s_{x,t} + u_{s,t}$$

mit

(3.2.1.7) $$\hat{\beta}_s = \frac{cov(S_Y, S_X)}{var(S_X)}$$

oder

(3.2.1.8) $$s_{y,t} = \alpha_s + \beta_s s_{x,t} + \sum_{i=1}^{3} \gamma_{s,i} Q_{i,t} + u_{s,t}.$$

Da $\hat{\beta}_g$ den längerfristigen Zusammenhang zwischen X und Y erfaßt, während $\hat{\beta}_s$ durch institutionelle, klimatische oder kalenderbedingte Faktoren bestimmt wird, weichen diese Schätzwerte im allgemeinen voneinander ab. Bei Aufnahme von Saisondummies $Q_{i,t}$ wie in (3.1.2.8) erfaßt der Kleinste–Quadrate–Schätzwert für β_s den nichtkonstanten Teil der Saison.

Der Modellbauer, der sich speziell für längerfristige Zusammenhänge, d.h. für den Wert des Koeffizienten β_g interessiert, erhält jedoch bei Durchführung der Regression (3.2.1.2) lediglich den um den Kovarianzbeitrag $cov(S_Y, S_X)$ verzerrten Schätzwert $\hat{\beta}$ gemäß Formel (3.2.1.3); dabei wird die naheliegende Annahme unterstellt, daß $cov(S_Y, G_X)$ und $cov(G_Y, S_X)$ sehr klein sind. Da sich lange Quartalszeitreihen häufig durch eine ausgeprägte nichtkonstante und nichtstationäre Saisonkomponente auszeichnen, leistet die Kovarianz $cov(S_Y, S_X)$ einen nicht unerheblichen Beitrag zur Berechnung von $\hat{\beta}$. Dabei ist einerseits zu berücksichtigen, daß eine deutliche Korrelation der Saisonkomponenten auch dann noch erhalten bleibt, wenn wie in (3.2.1.8) Saisondummys aufgenommen werden. Andererseits stimmen $\hat{\beta}_g$ und $\hat{\beta}$ nur überein, wenn die Regressionsergebnisse für die Einzelkomponenten in (3.2.1.4) und (3.2.1.6) mit dem Ergebnis der Gesamtregression übereinstimmen, d.h. wenn gilt:

$$\hat{\alpha} = \hat{\alpha}_g + \hat{\alpha}_s$$

(3.2.1.9)
$$\hat{\beta} x_t = \hat{\beta} (g_{x,t} + s_{x,t}) = \hat{\beta}_g g_{x,t} + \hat{\beta}_s s_{x,t}$$

$$\hat{u}_t = \hat{u}_{g,t} + \hat{u}_{s,t} ,$$

insbesondere:

(3.2.1.10)
$$\hat{\beta} = \hat{\beta}_g = \hat{\beta}_s$$

d.h. die Einzelkomponenten G_X, G_Y bzw. S_X, S_Y verhalten sich zueinander wie X zu Y insgesamt.

Sofern $cov(S_Y,S_X)$ relativ groß oder gar größer als $cov(G_Y,G_X)$ ist (vgl 3.2.1.3), was durch große Varianzen $var(S_Y)$ und $var(S_X)$ begünstigt werden kann, spiegelt der Schätzwert $\hat{\beta}$ eher saisonale Korrelationen anstelle der gesuchten längerfristigen Zusammenhänge wieder. Bei Vorliegen von konstanten oder nahezu konstanten Saisonkomponenten S_Y und S_X existiert durch zusätzliche Aufnahme von Saisondummys in die Regressionsgleichung (3.2.1.2) kein saisonales Spezifikationsproblem. In diesem Fall führen Regressionen mit saisonbehafteten Daten zu den gleichen Ergebnissen wie mit saisonbereinigten Daten (Johnston, J., 1984, S. 238).

Gleichung (3.2.1.10) ist häufig nicht erfüllt. Eine Lösungsmöglichkeit besteht darin, von vornherein den Regressionsansatz mit den glatten Komponenten (3.2.1.4) mit (3.2.1.5) zu berechnen, anstelle des Ansatzes mit den Ursprungszeitreihen (3.2.1.2) mit (3.2.1.3). Sofern die Trendkomponenten T_Y, T_X und die Irregulären Komponenten I_Y, I_X nicht verschwinden, sind anstelle der Glatten Komponenten in (3.2.1.4) die saisonbereinigten Komponenten $(Y - S_Y)$ und $(X - S_X)$ vorzuziehen. Die Entscheidung für den saisonbereinigten Ansatz setzt jedoch ein geeignetes Verfahren voraus, um die Saisonkomponenten von den Ursprungsreihen zu trennen.

Ein weiteres Problem für die Regression mit saisonbehafteten Daten tritt bei der Bestimmung von Lagparametern auf, wie nachfolgend kurz angedeutet wird. Der optimale Lag λ sowie der optimale Lagverteilungsparameter(–vektor) λ' seien definiert durch:

(3.2.1.11 a) $$| r(y_t , x_{t-\lambda}) | \geq | r(y_t , x_{t-\tau}) |, \quad \lambda, \tau \in \Omega \; ;$$

(3.2.1.11 b) $$| r(y_t , \text{Lagverteilung}(x_t , \lambda')) | \geq | r(y_t , \text{Lagverteilung}(x_t , \tau')) |, \quad \lambda', \tau' \in \Omega'.$$

Dabei ist:

$t = 1, ..., T$

r = Korrelationskoeffizient

Ω bzw. Ω' = ökonomisch zulässiger Wertebereich für λ, τ bzw. λ' τ'.

Entsprechend seien für die Glatten Komponenten G_Y, G_X bzw. für die Saisonkomponenten S_Y, S_X die Parameter λ_g, λ_s bzw. λ_g', λ_s' definiert.

Der Parameter λ bzw. λ' wird bei saisonbehafteten Daten häufig nicht den Wert λ_g bzw. λ_g' annehmen, bei dem die Glatten Komponenten G_Y, G_X den größten Korrelationskoeffizienten aufweisen, sondern verzerrt sein in Richtung des Wertes λ_s bzw. λ_s', bei dem der Korrelationskoeffizient der Saisonkomponenten maximal ist. Die Ursache in der fehlenden Übereinstimmung der Parameter kann z.B. darin liegen, daß längerfristige, konjunkturelle Phasenverschiebungen zwischen G_Y und G_X von institutionellen, saisonalen Lagbeziehungen zwischen S_Y und S_X überlagert werden. Andererseits kann bei der Verwendung von Saisondummies und einer Lagverteilung über X das Problem auftreten, daß diese die Größe X nur glättet (von der Saison bereinigt) und damit Lags vortäuscht, die in Wirklichkeit nicht vorhanden sind.

Aufgrund der vorstehenden Betrachtungen wurden die Strukturparameter des Freiburger Modells auf der Grundlage von saisonbereinigten Zeitreihen geschätzt. Dabei wurde zur Saisonbereinigung das CENSUS-X11-Verfahren gewählt. Forderungen an eine optimale Erfassung der Saisonkomponente werden durch dieses Verfahren nicht vollständig erfüllt. So wird das CENSUS-X11-Verfahren der Invarianz der Jahressummen, der Summenerhaltung, der Orthogonalität von Saison– und Glatter Komponente, sowie der Idempotenz nicht notwendigerweise vollkommen gerecht (Schäffer, K. A., 1970, S.142 ff.; Fase, M. u. a., 1973). Wie noch zu zeigen sein wird, wurde der Gefahr einer Verfälschung des Datensatzes im Hinblick auf definitorische Verknüpfungen weitgehend Rechnung getragen. Eigene Untersuchungen zeigen, daß das CENSUS-X11-Verfahren kein reiner Tiefpaßfilter ist, der alle hochfrequenten Komponenten in ein niedrigeres Frequenzband verschiebt. Es werden vielmehr weitgehend die saisonalen Variationen eliminiert, d.h. solche Schwankungen mit einer Periodizität im Bereich von der Nyquistfrequenz bis zu einem Jahr (siehe auch Lauenstein, H., 1969, S. 125). Durch die in der CENSUS-X11-Prozedur enthaltenen Extremwertbereinigungen werden Slutzky-Yule-Effekte abgemildert (Slutzky, E., 1937, Weinhold, G., 1964, S. 119). Auch wenn das CENSUS-X11-Verfahren von der Transferfunktion eines idealen Saisonbereinigungsfilters (Stier, W., 1980, S. 22, S. 51 ff. und Schmidt, R., 1984, S. 1, S. 60, S. 111) deutlich entfernt ist, sind systematische Verzerrungen doch so gering (Granger, C. W. J., Newbold, P., 1977, S. 68), daß eine gravierende nachteilige Beeinflussung der Regressionsergebnisse nicht zu erwarten ist bzw. in eigenen empirischen Testregressionen nicht auftrat (siehe auch Lauenstein, H., 1969, S. 112 ff.). In einer Simulationsstudie von Wallis, K., (1974) zeigten sich die CENSUS-X11 – bereinigten Daten in einigen Regressionsexperimenten den Originaldaten überlegen. Das CENSUS-X11-Verfahren ist sicher das am weitesten verbreitete Saisonbereinigungsverfahren, steht in mehreren Softwarepaketen zur eigenen Anwendung zur Verfügung und schneidet vor allem in empirischen Vergleichen häufig gut ab (Creutz, G., 1979; Fase, M., 1973; Karr, W., 1973, S. 178 ff.; Leiner, B., 1982, S. 59; Schäffer, K. A., 1976, S. 103). Darüber hinaus erfordert es bei Datenaktualisierungen nur geringfügige Korrekturen am aktuellen Rand (Hujer, R., Cremer, R., 1978, S. 62).

Die Verwendung alternativer Verfahren zum CENSUS-X11-Verfahren wäre ebenfalls möglich gewesen, z.B. die Verwendung von Splinefunktionen (Friedrich, D., 1984) oder Verfahren zur Realisierung einer "idealen" Transferfunktion (Stier, W., 1980, S. 51 ff.). Auf eine simultane Schätzung mit saisonabhängigen Koeffizienten (Hylleberg, S., 1986, S. 120 ff.), mit umfangreichen nichtstationären Saisonfiguren oder mit einer Komponentenzerlegung innerhalb des Regressionsansatzes (Gollnick, H., 1982) wurde wegen der mit der hohen Zahl von Koeffizienten verbundenen Probleme, aber auch wegen des damit verbundenen hohen Konstruktionsaufwandes verzichtet. Aus ökonomischen Gründen wurde ebenfalls von separierten Regressionen zwischen den glatten Komponenten und zwischen den Saisonkomponenten und einer anschließenden Addition beider Regressionen zu einem Gesamtansatz (Gollnick, H., 1961) abgesehen.

Aufgrund der vorangehenden Überlegungen wurden zunächst in einem ersten Schritt die Strukturparameter der Modellgleichungen aufgrund saisonbereinigter Daten geschätzt. In einem zweiten Schritt wurde dann die Schätzung der Saisoneinflüsse ermittelt. Dieses zweiphasige Schätzprozedere und insbesondere die Verknüpfung beider Schätzungen werden im folgenden Abschnitt näher dargestellt.

3.2.2 Die Verknüpfung der saisonbereinigten Strukturparameterschätzung mit der Saisonschätzung

Die Datengrundlage des Modells bilden Zeitreihen in Vierteljahresperiodizität aus Datenbeständen des DIW, des Statistischen Bundesamts und der Deutschen Bundesbank sowie aus eigenen Berechnungen. Die Datenbank enthält die modellendogenen und modellexogenen Variablen des Modells zunächst in ihrer saisonbehafteten Ursprungsform für den Zeitraum I. Quartal 1960 – IV. Quartal 1987.

Nachfolgend finden die Abkürzungen mS := "mit Saison" und oS := "ohne Saison" bzw. "saisonbereinigt" Verwendung.

Durch Anwendung des CENSUS-X11-Verfahrens im Rahmen des Programm-Systems IAS (Interaktives Simulationssystem des Instituts für Höhere Studien, Wien) auf die einzelnen Zeitreihen ergibt sich ein saisonbereinigter Datensatz. Definitionsgleichungen werden dabei neu berechnet, d.h. wenn z.B. gilt:

(3.2.2.1) $$X_3^{mS} = X_1^{mS} \oplus X_2^{mS},$$

wobei : $X_1^{mS}, X_2^{mS}, X_3^{mS}$ Zeitreihen mit Saison (Ursprungsreihen)

$X_i^{mS} = (x_{i,1},\dots,x_{i,T})'$, $i = 1, 2, 3,$

$\oplus$ = vektorarithmetische Verknüpfung,

so wird nach Anwendung des CENSUS-X11-Verfahrens auf X_1^{mS} und X_2^{mS} die Reihe X_3^{mS} nicht dem CENSUS-X11-Verfahren unterworfen, sondern X_3^{oS} wird berechnet durch:

(3.2.2.2) $$X_3^{oS} := X_1^{oS} \oplus X_2^{oS}.$$

Dabei ist: $X_i^{oS} :=$ CENSUS-X11(X_i^{mS}), $i = 1, 2$.

Unter Verwendung des saisonbereinigten Datensatzes werden die Strukturparameter der

Modellgleichungen mit der OLS- bzw. (bei Auftreten variabler Parameter) mit der ML-Methode geschätzt. Die typische geschätzte Gleichung lautet hierbei:

$$y_t^{oS} = \sum_{i=1}^{K} \hat{\beta}_i^{oS} x_{i,t}^{oS} + \hat{u}_t^{oS}, \qquad t = 1, \ldots, T. \tag{3.2.2.3}$$

Dabei bedeuten:

y_t^{oS} = saisonbereinigte Werte der zu erklärenden Variablen

$x_{i,t}^{oS}$ = saisonbereinigte Werte der erklärenden Variablen

$\hat{\beta}_i^{oS}$ = OLS – bzw. ML – Parameterschätzwerte

$\hat{u}_t^{oS}$ = OLS – bzw. ML – Schätzresiduen.

Die mit Hilfe von saisonbereinigten Daten geschätzten Parameter $\hat{\beta}_i^{oS}$ werden festgehalten, und die saisonbereinigten erklärenden Variablen X_i^{oS} sowie die saisonbereinigte zu erklärende Variable Y^{oS} werden durch die entsprechenden saisonbehafteten Variablen X_i^{mS} und Y^{mS} ersetzt:

$$y_t^{mS} = \sum_{i=1}^{K} \hat{\beta}_i^{oS} x_{i,t}^{mS} + \hat{u}_t^{mS}. \tag{3.2.2.4}$$

Anstelle der OLS- bzw. ML-Schätzresiduen $\hat{u}_t^{oS}$ der saisonbereinigten Schätzung ergeben sich durch die Formel (3.2.2.4) Approximationsfehler $\hat{u}_t^{mS}$, die in der Regel saisonbehaftet sind (Restsaison). Bei den verwendeten isoelastischen Funktionen und Fehlerkorrekturansätzen stellen die $\hat{u}_t^{mS}$ die Restwerte aus den (3.2.2.4) entsprechenden nichtlinearen Niveauansätzen dar. Die Saisonstruktur von $\hat{u}_t^{mS}$ wird mit der OLS-Methode durch folgenden nichtstochastischen variablen Parameteransatz erfaßt:

$$\begin{aligned} \hat{u}_t^{mS} &= \sum_{i=1}^{4} \hat{\gamma}_{i,t} Q_{i,t} + \hat{u}_t, \\ \hat{\gamma}_{i,t} &= \hat{s}_{i,0} + \sum_{j=1}^{K_s} \hat{s}_{i,j} z_{j,t-4}^{mS}. \end{aligned} \tag{3.2.2.5}$$

Dabei bedeuten:

$Q_{i,t}$ = Saisondummy für Quartal i

$\hat{\gamma}_{i,t}$ = geschätzte zeitvariable Koeffizienten für nichtkonstante Saison

$\hat{s}_{i,0}$ = OLS – Parameterschätzwerte für konstante Saison

$\hat{s}_{i,j}$ = OLS – Parameterschätzwerte für nichtkonstante Saison

$\hat{u}_t$ = OLS – Schätzresiduen

$Z_j = (z_{j,1} ..., z_{j,T})' \in \{ Y^{mS}, X_1^{mS}, X_2^{mS}, ..., X_K^{mS} \}$.

Bei der Erstellung des Modells wurde für K_s überwiegend der Wert 1 gewählt. Die endgültige Schätzung des saisonbehafteten Ansatzes ergibt sich somit als:

(3.2.2.6)
$$y_t^{mS} = \sum_{i=1}^{K} \hat{\beta}_i^{oS} x_{i,t}^{mS} + \sum_{i=1}^{4} \hat{\gamma}_{i,t} Q_{i,t} + \hat{u}_t ,$$

wobei die $\hat{\beta}_i^{oS}$ aufgrund saisonbereinigter Daten, die zeitvariablen Saisonkoeffizienten $\hat{\gamma}_{i,t}$ mit saisonbehafteten Daten berechnet wurden. Die Ergebnisse der Restsaisonschätzungen finden sich im Anhang A.

Die Zusammenfassung der N Einzelgleichungen vom Typ (3.2.2.6) führte im vorliegenden Fall zu einem dynamischen interdependenten Modell. Die Modellstruktur hat aufgrund ihrer Bestimmung mit saisonbereinigten Daten über einen mehrere Konjunkturzyklen umfassenden Zeitraum mittelfristigen Charakter. Durch die Verwendung von saisonbehafteten Daten und die Erfassung der Saison im Modell besitzt dieses bei Analysen, Simulationen wie Prognosen auch Aussagekraft über kurzfristige Datenrealisationen.

Ein zweites Modellsystem ergibt sich über die in (3.2.2.3) geschätzten Gleichungen unter Verwendung des saisonbereinigten Datensatzes. Dieses Modell stellt sowohl von der Bestimmung seiner Struktur als auch vom Datensatz her ein saisonbereinigtes Modell dar.

Anhang A Ergebnisse der Restsaisonschätzungen

Die Schätzungen für die Restsaisonkomponenten wurden gemäß der in Abschnitt 3.2.2 erläuterten Methode durchgeführt. Anstelle der dort verwendeten Bezeichnungen $Q_{1,t},\ldots,$ $Q_{4,t}$ für die Saisondummyvariablen findet sich hier die kurze Schreibweise Q1,...,Q4. Zur Ermittlung der Restsaison der Gleichungen 4, 6 und 13, die als Fehlerkorrekturmodell in Form logarithmischer Differenzen geschätzt wurden, wurden diese Gleichungen zunächst in Niveaugrößenansätze rücktransformiert. Anschließend erfolgte dann aufgrund dieser Ansätze die Schätzung der Restsaisonkomponenten nach dem oben beschriebenen Verfahren. Bei den isoelastischen Funktionen wurden die saisonbehafteten Reste aus diesen nichtlinearen Ansätzen bestimmt und danach die Restsaisonkomponenten geschätzt.

Bei drei Gleichungen ergab sich keine Restsaison aufgrund institutioneller (Gleichungen 75, 76) oder datenkonstruktiver (Gleichung 8) Besonderheiten.

$$
\begin{aligned}
1\text{–RS(ERAG1N)}_t = & (\ 57.835 - 0.994\ \text{BSPG3N}_{t-1,t-8})\ \text{Q1}\\
& + (\ 599.708 - 0.640\ \text{BSPG3N}_{t-1,t-8})\ \text{Q2}\\
& + (-313.664 + 0.977\ \text{BSPG3N}_{t-1,t-8})\ \text{Q3}\\
& + (-338.141 + 0.606\ \text{BSPG3N}_{t-1,t-8})\ \text{Q4}
\end{aligned}
$$

$$
\begin{aligned}
2\text{–RS(ERBG1N)}_t = & (\ 98.248 - 0.144\ \text{BSPG3N}_{t-1,t-8})\ \text{Q1}\\
& + (\ 7.459 - 0.075\ \text{BSPG3N}_{t-1,t-8})\ \text{Q2}\\
& + (-165.579 + 0.314\ \text{BSPG3N}_{t-1,t-8})\ \text{Q3}\\
& + (\ 152.422 - 0.377\ \text{BSPG3N}_{t-1,t-8})\ \text{Q4}
\end{aligned}
$$

$$
\begin{aligned}
4\text{–RS(IAUUMN)}_t = & (\ 0.024 - 0.024\ \text{IAUUMN}_{t-4})\ \text{Q1}\\
& + (\ 0.648 - 0.022\ \text{IAUUMN}_{t-4})\ \text{Q2}\\
& + (-0.555 + 0.009\ \text{IAUUMN}_{t-4})\ \text{Q3}\\
& + (-0.286 + 0.044\ \text{IAUUMN}_{t-4})\ \text{Q4}
\end{aligned}
$$

$$
\begin{aligned}
6\text{–RS(IBAVPN)}_t = & (-0.401 - 0.023\ \text{IBAVPN}_{t-4})\ \text{Q1}\\
& + (-1.918 + 0.165\ \text{IBAVPN}_{t-4})\ \text{Q2}\\
& + (-1.288 + 0.141\ \text{IBAVPN}_{t-4})\ \text{Q3}\\
& + (-0.828 + 0.033\ \text{IBAVPN}_{t-4})\ \text{Q4}
\end{aligned}
$$

$$
\begin{aligned}
7\text{–RS(IBAWQN)}_t = & (-7.215 + 0.007\ \text{BSPG3N}_{t-1,t-8})\ \text{Q1}\\
& + (\ 2.401 + 0.002\ \text{BSPG3N}_{t-1,t-8})\ \text{Q2}\\
& + (\ 1.499 - 0.001\ \text{BSPG3N}_{t-1,t-8})\ \text{Q3}\\
& + (\ 3.375 - 0.009\ \text{BSPG3N}_{t-1,t-8})\ \text{Q4}
\end{aligned}
$$

8–RS(ABGA3N)$_t$ Keine Restsaison

$$
\begin{aligned}
10\text{–RS(ENER3N)}_t = & (124.950 - 0.144 \text{ BSPG3N}_{t-1,t-8}) \text{ Q1} \\
& + (10.064 + 0.048 \text{ BSPG3N}_{t-1,t-8}) \text{ Q2} \\
& + (-155.215 + 0.368 \text{ BSPG3N}_{t-1,t-8}) \text{ Q3} \\
& + (2.435 - 0.215 \text{ BSPG3N}_{t-1,t-8}) \text{ Q4}
\end{aligned}
$$

$$
\begin{aligned}
11\text{–RS(RIMGVN)}_t = & (0.079 - 0.023 \text{ RIMGVN}_{t-4}) \text{ Q1} \\
& + (-0.086 + 0.054 \text{ RIMGVN}_{t-4}) \text{ Q2} \\
& + (0.359 - 0.140 \text{ RIMGVN}_{t-4}) \text{ Q3} \\
& + (-0.119 + 0.060 \text{ RIMGVN}_{t-4}) \text{ Q4}
\end{aligned}
$$

$$
\begin{aligned}
13\text{–RS(BSPG3N)}_t = & (4.544 - 0.083 \text{ BSPG3N}_{t-4}) \text{ Q1} \\
& + (5.395 + 0.001 \text{ BSPG3N}_{t-4}) \text{ Q2} \\
& + (17.709 - 0.034 \text{ BSPG3N}_{t-4}) \text{ Q3} \\
& + (-18.715 + 0.083 \text{ BSPG3N}_{t-4}) \text{ Q4}
\end{aligned}
$$

$$
\begin{aligned}
14\text{–RS(CONHCN)}_t = & (-9.179 - 0.015 \text{ CONHCN}_{t-4}) \text{ Q1} \\
& + (2.481 - 0.006 \text{ CONHCN}_{t-4}) \text{ Q2} \\
& + (-1.128 + 0.015 \text{ CONHCN}_{t-4}) \text{ Q3} \\
& + (7.085 + 0.008 \text{ CONHCN}_{t-4}) \text{ Q4}
\end{aligned}
$$

$$
\begin{aligned}
15\text{–RS(CONSDN)}_t = & (-5.221 + 0.042 \text{ CONSDN}_{t-4}) \text{ Q1} \\
& + (-0.881 - 0.007 \text{ CONSDN}_{t-4}) \text{ Q2} \\
& + (1.055 - 0.054 \text{ CONSDN}_{t-4}) \text{ Q3} \\
& + (5.140 + 0.015 \text{ CONSDN}_{t-4}) \text{ Q4}
\end{aligned}
$$

$$
16\text{–RS(IMWGUN)}_t = 1.360 \text{ Q1} + 1.104 \text{ Q2} - 2.932 \text{ Q3} + 0.513 \text{ Q4}
$$

$$
\begin{aligned}
17\text{–RS(IMDGSN)}_t = & (-2.560 + 0.049 \text{ IMDGSN}_{t-4}) \text{ Q1} \\
& + (0.927 - 0.025 \text{ IMDGSN}_{t-4}) \text{ Q2} \\
& + (-0.305 + 0.198 \text{ IMDGSN}_{t-4}) \text{ Q3} \\
& + (2.417 + 0.300 \text{ IMDGSN}_{t-4}) \text{ Q4}
\end{aligned}
$$

$$
\begin{aligned}
18\text{–RS(EXPGFN)}_t = & (-3.222 - 0.015 \text{ EXPGFN}_{t-4}) \text{ Q1} \\
& + (1.712 - 0.018 \text{ EXPGFN}_{t-4}) \text{ Q2} \\
& + (-0.045 - 0.003 \text{ EXPGFN}_{t-4}) \text{ Q3} \\
& + (0.685 + 0.044 \text{ EXPGFN}_{t-4}) \text{ Q4}
\end{aligned}
$$

$$21\text{–RS(BSPG1N)}_t = (-2.065 - 0.041\ \text{BSPG1N}_{t-4})\ Q1 + (0.464 - 0.013\ \text{BSPG1N}_{t-4})\ Q2 + (5.534 + 0.007\ \text{BSPG1N}_{t-4})\ Q3 + (-1.275 + 0.031\ \text{BSPG1N}_{t-4})\ Q4$$

$$23\text{–RS(CONO2N)}_t = (0.322 - 0.013\ \text{CONO2N}_{t-4})\ Q1 + (-0.119 + 0.017\ \text{CONO2N}_{t-4})\ Q2 + (-0.111 + 0.002\ \text{CONO2N}_{t-4})\ Q3 + (0.214 - 0.011\ \text{CONO2N}_{t-4})\ Q4$$

$$25\text{–RS(CONS2N)}_t = (3.528 - 0.099\ \text{CONS2N}_{t-4})\ Q1 + (1.701 - 0.019\ \text{CONS2N}_{t-4})\ Q2 + (1.432 - 0.011\ \text{CONS2N}_{t-4})\ Q3 + (-6.038 + 0.108\ \text{CONS2N}_{t-4})\ Q4$$

$$26\text{–RS(IAUU2N)}_t = (1.375 - 0.008\ \text{IAUU2N}_{t-4})\ Q1 + (-1.251 + 0.015\ \text{IAUU2N}_{t-4})\ Q2 + (-0.382 - 0.001\ \text{IAUU2N}_{t-4})\ Q3 + (0.151 - 0.004\ \text{IAUU2N}_{t-4})\ Q4$$

$$27\text{–RS(IAUS2N)}_t = (0.003 + 0.017\ \text{IAUS2N}_{t-4})\ Q1 + (-0.705 + 0.008\ \text{IAUS2N}_{t-4})\ Q2 + (0.041 - 0.007\ \text{IAUS2N}_{t-4})\ Q3 + (0.392 - 0.015\ \text{IAUS2N}_{t-4})\ Q4$$

$$28\text{–RS(IBAV2N)}_t = (0.650 + 0.013\ \text{IBAV2N}_{t-4})\ Q1 + (-0.833 + 0.009\ \text{IBAV2N}_{t-4})\ Q2 + (-0.018 - 0.008\ \text{IBAV2N}_{t-4})\ Q3 + (0.128 - 0.013\ \text{IBAV2N}_{t-4})\ Q4$$

$$29\text{–RS(IBAW2N)}_t = 1.389\ Q1 + 0.184\ Q2 - 0.494\ Q3 - 1.092\ Q4$$

$$30\text{–RS(IBAS2N)}_t = (-1.516 + 0.027\ \text{IBAS2N}_{t-4})\ Q1 + (1.882 - 0.020\ \text{IBAS2N}_{t-4})\ Q2 + (-0.472 + 0.005\ \text{IBAS2N}_{t-4})\ Q3 + (0.111 - 0.013\ \text{IBAS2N}_{t-4})\ Q4$$

$$31\text{–RS(EXPG2N)}_t = -0.307\ Q1 + 0.166\ Q2 + 0.176\ Q3 - 0.038\ Q4$$

$$40\text{–RS(AEGI1N)}_t = (-2.274 + 0.054\ \text{AEGI1N}_{t-4})\ \text{Q1} + (1.385 + 0.010\ \text{AEGI1N}_{t-4})\ \text{Q2} + (-1.278 - 0.007\ \text{AEGI1N}_{t-4})\ \text{Q3} + (1.747 - 0.053\ \text{AEGI1N}_{t-4})\ \text{Q4}$$

$$43\text{–RS(XGM14N)}_t = (-0.752 - 0.041\ \text{XGM14N}_{t-4})\ \text{Q1} + (1.134 + 0.001\ \text{XGM14N}_{t-4})\ \text{Q2} + (1.599 - 0.012\ \text{XGM14N}_{t-4})\ \text{Q3} + (-1.545 + 0.048\ \text{XGM14N}_{t-4})\ \text{Q4}$$

$$44\text{–RS(IDRM4N)}_t = -2.018\ \text{Q1} + 0.394\ \text{Q2} + 0.134\ \text{Q3} + 1.576\ \text{Q4}$$

$$45\text{–RS(IUML4N)}_t = -0.096\ \text{Q1} + 0.145\ \text{Q2} + 0.161\ \text{Q3} - 0.252\ \text{Q4}$$

$$52\text{–RS(EOZH1N)}_t = (-3.154 - 0.049\ \text{EOZH1N}_{t-4})\ \text{Q1} + (-2.751 - 0.031\ \text{EOZH1N}_{t-4})\ \text{Q2} + (2.387 - 0.148\ \text{EOZH1N}_{t-4})\ \text{Q3} + (3.649 + 0.180\ \text{EOZH1N}_{t-4})\ \text{Q4}$$

$$59\text{–RS(TLOH1N)}_t = (-0.516 - 0.032\ \text{TLOH1N}_{t-4})\ \text{Q1} + (-1.282 + 0.052\ \text{TLOH1N}_{t-4})\ \text{Q2} + (0.782 - 0.024\ \text{TLOH1N}_{t-4})\ \text{Q3} + (0.841 + 0.003\ \text{TLOH1N}_{t-4})\ \text{Q4}$$

$$60\text{–RS(TKSS1N)}_t = (0.436 - 0.138\ \text{TKSS1N}_{t-4})\ \text{Q1} + (-0.364 + 0.132\ \text{TKSS1N}_{t-4})\ \text{Q2} + (-0.338 - 0.008\ \text{TKSS1N}_{t-4})\ \text{Q3} + (-0.122 + 0.107\ \text{TKSS1N}_{t-4})\ \text{Q4}$$

$$61\text{–RS(TKES1N)}_t = (0.104 - 0.0008\ \text{BSPG1N}_{t-1,t-8})\ \text{Q1} + (0.074 - 0.0001\ \text{BSPG1N}_{t-1,t-8})\ \text{Q2} + (-0.134 + 0.0023\ \text{BSPG1N}_{t-1,t-8})\ \text{Q3} + (0.010 - 0.0017\ \text{BSPG1N}_{t-1,t-8})\ \text{Q4}$$

$$62\text{–RS(TEGS1N)}_t = -0.086\ \text{Q1} - 0.997\ \text{Q2} + 0.472\ \text{Q3} + 0.435\ \text{Q4}$$

$$64\text{–RS(TGWS1N)}_t = -0.118\ \text{Q1} + 0.012\ \text{Q2} + 0.002\ \text{Q3} + 0.109\ \text{Q4}$$

$$65\text{–}RS(TVMS1N)_t = (-0.025 - 0.043\ TVMS1N_{t-4})\ Q1 + (0.033 - 0.045\ TVMS1N_{t-4})\ Q2 + (0.059 - 0.056\ TVMS1N_{t-4})\ Q3 + (-0.018 + 0.082\ TVMS1N_{t-4})\ Q4$$

$$66\text{–}RS(TLPS1N)_t = (-0.042 - 0.286\ TLPS1N_{t-4})\ Q1 + (-0.017 + 0.003\ TLPS1N_{t-4})\ Q2 + (0.029 - 0.045\ TLPS1N_{t-4})\ Q3 + (0.012 + 0.230\ TLPS1N_{t-4})\ Q4$$

$$67\text{–}RS(TSDS1N)_t = 0.197\ Q1 + 0.168\ Q2 - 0.138\ Q3 - 0.227\ Q4$$

$$68\text{–}RS(TUMG1N)_t = (0.235 + 0.088\ TUMG1N_{t-4})\ Q1 + (0.068 - 0.037\ TUMG1N_{t-4})\ Q2 + (0.434 - 0.071\ TUMG1N_{t-4})\ Q3 + (0.034 - 0.046\ TUMG1N_{t-4})\ Q4$$

$$69\text{–}RS(TPRO1N)_t = (1.069 - 0.016\ BSPG1N_{t-1,t-8})\ Q1 + (-0.535 + 0.006\ BSPG1N_{t-1,t-8})\ Q2 + (0.045 + 0.001\ BSPG1N_{t-1,t-8})\ Q3 + (-0.490 + 0.007\ BSPG1N_{t-1,t-8})\ Q4$$

$$70\text{–}RS(TSIS1N)_t = (0.413 - 0.192\ TSIS1N_{t-4})\ Q1 + (-0.194 + 0.046\ TSIS1N_{t-4})\ Q2 + (-0.187 + 0.063\ TSIS1N_{t-4})\ Q3 + (-0.143 + 0.094\ TSIS1N_{t-4})\ Q4$$

$$72\text{–}RS(SATG1N)_t = (0.445 - 0.027\ SATG1N_{t-4})\ Q1 + (-0.155 + 0.018\ SATG1N_{t-4})\ Q2 + (0.044 + 0.011\ SATG1N_{t-4})\ Q3 + (-0.534 + 0.010\ SATG1N_{t-4})\ Q4$$

$$73\text{–}RS(SUOG1N)_t = (0.575 + 0.005\ SUOG1N_{t-4})\ Q1 + (-0.212 + 0.008\ SUOG1N_{t-4})\ Q2 + (0.084 - 0.002\ SUOG1N_{t-4})\ Q3 + (-0.459 - 0.010\ SUOG1N_{t-4})\ Q4$$

$$74\text{–}RS(SSOG1N)_t = (-0.316 + 0.186\ SSOG1N_{t-4})\ Q1 + (-0.089 - 0.137\ SSOG1N_{t-4})\ Q2 + (-0.016 - 0.171\ SSOG1N_{t-4})\ Q3 + (+0.413 + 0.039\ SSOG1N_{t-4})\ Q4$$

$75\text{–}RS(AVBH1N)_t$ Keine Restsaison

$76\text{–}RS(SBGH1N)_t$ Keine Restsaison

$$77\text{–}RS(EYVS1N)_t = (-0.253 + 0.000\ QBBGW_t)\ Q1 + (-0.095 + 0.533\ QBBGW_t)\ Q2 + (-0.615 + 0.255\ QBBGW_t)\ Q3 + (-0.434 + 0.000\ QBBGW_t)\ Q4$$

$$78\text{–}RS(USPS1N)_t = (-0.022 - 0.161\ USPS1N_{t-4})\ Q1 + (\ 0.013 + 0.049\ USPS1N_{t-4})\ Q2 + (\ 0.028 - 0.006\ USPS1N_{t-4})\ Q3 + (-0.021 + 0.097\ USPS1N_{t-4})\ Q4$$

$$79\text{–}RS(UOTS1N)_t = (\ 0.028 - 0.074\ UOTS1N_{t-4})\ Q1 + (-0.108 + 0.178\ UOTS1N_{t-4})\ Q2 + (\ 0.020 - 0.121\ UOTS1N_{t-4})\ Q3 + (\ 0.061 + 0.006\ UOTS1N_{t-4})\ Q4$$

$$80\text{–}RS(VEMS1N)_t = (\ 0.177 - 0.527\ VEMS1N_{t-4})\ Q1 + (-0.057 + 0.056\ VEMS1N_{t-4})\ Q2 + (-0.089 + 0.141\ VEMS1N_{t-4})\ Q3 + (\ 0.011 + 0.199\ VEMS1N_{t-4})\ Q4$$

$$83\text{–}RS(UVSH1N)_t = (-0.341 + 0.101\ UVSH1N_{t-4})\ Q1 + (-0.994 + 0.009\ UVSH1N_{t-4})\ Q2 + (\ 0.016 - 0.016\ UVSH1N_{t-4})\ Q3 + (\ 0.120 - 0.120\ UVSH1N_{t-4})\ Q4$$

$$84\text{–}RS(USSU1N)_t = (\ 0.158 - 0.086\ USSU1N_{t-4})\ Q1 + (-0.022 - 0.037\ USSU1N_{t-4})\ Q2 + (-0.328 - 0.006\ USSU1N_{t-4})\ Q3 + (\ 0.012 + 0.127\ USSU1N_{t-4})\ Q4$$

$$85\text{–}RS(USOU1N)_t = (\ 0.049 - 0.057\ USOU1N_{t-4})\ Q1 + (\ 0.010 - 0.075\ USOU1N_{t-4})\ Q2 + (-0.036 - 0.024\ USOU1N_{t-4})\ Q3 + (-0.096 + 0.244\ USOU1N_{t-4})\ Q4$$

$$86\text{–}RS(UOST1N)_t = (-0.001 + 0.128\ UOST1N_{t-4})\ Q1 + (-0.123 + 0.059\ UOST1N_{t-4})\ Q2 + (-0.022 - 0.080\ UOST1N_{t-4})\ Q3 + (\ 0.015 - 0.078\ UOST1N_{t-4})\ Q4$$

$$87\text{–}RS(ULDH1N)_t = -0.580\ Q1 + 0.172\ Q2 - 0.078\ Q3 + 0.332\ Q4$$

$$88\text{–}RS(VGLS1N)_t = (\ 0.543 - 0.011\ BSPG1N_{t-1,t-8})\ Q1 + (\ 0.165 + 0.003\ BSPG1N_{t-1,t-8})\ Q2 + (\ 0.156 - 0.001\ BSPG1N_{t-1,t-8})\ Q3 + (-0.744 + 0.008\ BSPG1N_{t-1,t-8})\ Q4$$

$$89\text{–}RS(EYZS1N)_t = (-0.572 + 0.299\ EYZS1N_{t-4})\ Q1 + (\ 0.058 - 0.023\ EYZS1N_{t-4})\ Q2 + (-0.190 - 0.121\ EYZS1N_{t-4})\ Q3 + (\ 0.095 - 0.064\ EYZS1N_{t-4})\ Q4$$

$$91\text{–}RS(NVGS1N)_t = (\ 0.351 - 0.009\ BSPG1N_{t-1,t-8})\ Q1 + (\ 2.481 - 0.022\ BSPG1N_{t-1,t-8})\ Q2 + (-0.991 + 0.010\ BSPG1N_{t-1,t-8})\ Q3 + (-2.445 + 0.022\ BSPG1N_{t-1,t-8})\ Q4$$

$$93\text{–}RS(ARBG1N)_t = (-194.153 + 0.498\ BSPG3N_{t-4})\ Q1 + (\ 552.333 - 1.971\ BSPG3N_{t-4})\ Q2 + (-100.533 + 0.612\ BSPG3N_{t-4})\ Q3 + (-229.260 + 0.685\ BSPG3N_{t-4})\ Q4$$

$$95\text{–}RS(LSBG1N)_t = (\ 0.155 - 0.074\ LSBG1N_{t-4})\ Q1 + (\ 0.238 - 0.074\ LSBG1N_{t-4})\ Q2 + (-0.007 - 0.039\ LSBG1N_{t-4})\ Q3 + (-0.316 + 0.087\ LSBG1N_{t-4})\ Q4$$

$$
\begin{aligned}
106\text{–RS(ABSU3N)}_t = {} & (-0.758 + 0.019\ \text{ABSU3N}_{t-4})\ \text{Q1} \\
& + (\ 0.393 - 0.008\ \text{ABSU3N}_{t-4})\ \text{Q2} \\
& + (\ 0.503 - 0.011\ \text{ABSU3N}_{t-4})\ \text{Q3} \\
& + (-0.154 + 0.002\ \text{ABSU3N}_{t-4})\ \text{Q4}
\end{aligned}
$$

$$
\begin{aligned}
107\text{–RS(ABSG3N)}_t = {} & (-0.617 + 0.014\ \text{ABSG3N}_{t-4})\ \text{Q1} \\
& + (\ 0.297 - 0.005\ \text{ABSG3N}_{t-4})\ \text{Q2} \\
& + (\ 0.408 - 0.007\ \text{ABSG3N}_{t-4})\ \text{Q3} \\
& + (-0.133 + 0.002\ \text{ABSG3N}_{t-4})\ \text{Q4}
\end{aligned}
$$

Anhang B Variablenverzeichnis

Erläuterung: Die Buchstaben in der ersten Spalte haben folgende Bedeutung:

S: Die Variable ist endogen und wird in einer Strukturgleichung erklärt
D: Die Variable ist endogen und wird in einer Definitionsgleichung erklärt
X: Die Variable ist exogen

S	8	ABGA3N	Abgänge vom Kapitalstock, real, Mrd. DM
D	101	ABGW1N	Gegenwartswert steuerlicher Abschreibungen, Prozent
D	100	ABSD1N	Gegenwartswert optimaler degressiv–linearer Abschr., Prozent
D	109	ABSG1N	Abschreibungen gesamt, nominal, Mrd. DM
S	107	ABSG3N	Abschreibungen gesamt, real, Mrd. DM
D	99	ABSL1N	Gegenwartswert bei linearer Abschreibung, Prozent
D	108	ABSU1N	Abschreibungen der Unternehmen, nominal, Mrd. DM
S	106	ABSU3N	Abschreibungen der Unternehmen, real, Mrd. DM
X		AEGA1N	Index des Auftragseingangs aus dem Ausland im Verarbeitenden Gewerbe, nominal, 1980 = 100
D	41	AEGG1N	Index des Auftragseingangs im Verarbeitenden Gewerbe gesamt, nominal, 1980 = 100
D	42	AEGG3N	Index des Auftragseingangs im Verarbeitenden Gewerbe, insgesamt, real, (Deflator: BSPG2N)
S	40	AEGI1N	Index des Auftragseingangs aus dem Inland im Verarbeitenden Gewerbe, nominal, 1980 = 100
D	94	ALOG1N	Zahl der Arbeitslosen, Tausend
S	93	ARBG1N	Arbeitsangebot (ERAG1N + ALOG1N), Tausend
D	81	AUSS1N	Gesamte Ausgaben des Staates, nominal, Mrd. DM
S	75	AVBH1N	Beitragssatz zur Arbeitslosenversicherung, Prozent
X		BEEW1N	Bevölkerung im Alter von 15–65 Jahren, Millionen
S	21	BSPG1N	Bruttosozialprodukt, nominal, Mrd. DM
D	22	BSPG2N	Bruttosozialprodukt, Preisindex, 1980 = 100
S	12	BSPG3N	Bruttosozialprodukt, real, (Deflator: BSPG2N), Mrd. DM
D	32	CONH1N	Privater Verbrauch, nominal, Mrd. DM
D	24	CONH2N	Privater Verbrauch, Preisindex, 1980 = 100
S	14	CONHCN	Privater Verbrauch, real, (Deflator: CONH2N), Mrd. DM
S	23	CONO2N	Konsumgüterpreisindex ohne effektive Mehrwertsteuer
D	33	CONS1N	Öffentlicher Verbrauch, nominal, Mrd. DM
S	25	CONS2N	Öffentlicher Verbrauch, Preisindex, 1980 = 100
S	15	CONSDN	Öffentlicher Verbrauch, real, (Deflator: CONS2N), Mrd. DM

X		DEKU4N	Devisenkurs des US–Dollar, DM/Dollar
X		DIEQ3N	Verhältnis Bruttowertschöpfung Dienstleistungsunternehmen zu Bruttowertschöpfung aller Unternehmen
D	54	EINS1N	Gesamte Einnahmen des Staates, nominal, Mrd. DM
X		ENER2N	Energie, Brenn– und Treibstoffe, Preisindex, 1980 = 100
S	10	ENER3N	Endenergieverbrauch der Unternehmen, Petajoule
S	52	EOZH1N	Entnommene Nettogewinne der Unternehmen, nominal, Mrd. DM
S	1	ERAG1N	Beschäftigte Arbeitnehmer im Inland, Tausend
S	2	ERBG1N	Bezahlte Arbeitsstunden der abhängig Erwerbstätigen, Mio. Std.
X		ERHG1N	Tägliche Arbeitszeit in Stunden
X		ERZG1N	Bezahlte Arbeitstage pro Quartal
D	39	EXPG1N	Export, nominal, Mrd. DM
S	31	EXPG2N	Export, Preisindex, 1980 = 100
S	18	EXPGFN	Export, real, (Deflator: EXPG2N), Mrd. DM
S	77	EYVS1N	Vermögenseinkommen des Staates, nominal, Mrd. DM
S	89	EYZS1N	Zinszahlungen des Staates (Saldo), nominal, Mrd. DM
D	90	FSDS1N	Finanzierungssaldo des Staates, nominal, Mrd. DM
D	50	GUBU1N	Bruttogewinne der Unternehmen ohne Erwerbseinkünfte des Staates, nominal, Mrd. DM
D	51	GUNU1N	Nettogewinne der Unternehmen, nominal, Mrd. DM
D	35	IAUS1N	Bruttoausrüstungsinvestitionen des Staates, nominal, Mrd. DM
S	27	IAUS2N	Bruttoausrüstungsinvestitionen des Staates, Preisindex, 1980 = 100
X		IAUSLN	Bruttoausrüstungsinvestitionen des Staates, real, (Deflator: IAUS2N), Mrd. DM
D	34	IAUU1N	Bruttoausrüstungsinvestitionen der Unternehmen, nominal, Mrd. DM
S	26	IAUU2N	Bruttoausrüstungsinvestitionen der Unternehmen, Preisindex, 1980=100
S	3	IAUUMN	Bruttoausrüstungsinvestitionen der Unternehmen, real, (Deflator: IAUU2N), Mrd. DM
D	38	IBAS1N	Bruttobauinvestitionen des Staates, nominal, Mrd. DM
S	30	IBAS2N	Bruttobauinvestitionen des Staates, Preisindex, 1980 = 100
X		IBASON	Bruttobauinvestitionen des Staates, real, (Deflator: IBAS2N), Mrd. DM
D	36	IBAV1N	Bruttowirtschaftsbauinvestitionen der Unternehmen, nominal, Mrd. DM
S	28	IBAV2N	Bruttowirtschaftsbauinvestitionen der Untern., Preisindex, 1980 = 100
S			IBAVPN Bruttowirtschaftsbauinvestitionen der Unternehmen, real, (Deflator: IBAV2N), Mrd. DM
D	37	IBAW1N	Bruttowohnbauinvestitionen, nominal, Mrd. DM
S	29	IBAW2N	Bruttowohnbauinvestitionen, Preisindex, 1980 = 100
S	7	IBAWQN	Bruttowohnbauinvestitionen, real, (Deflator: IBAW2N), Mrd. DM
X		IDIS4N	Diskontsatz der Bundesbank, Prozent
S	44	IDRM4N	Geldmarktsatz (Frankfurt) für Dreimonatsgeld, Prozent

S	17	IMDGSN	Import von Dienstleistungen, real, Mrd. DM
X		IMPG2N	Import, Preisindex, 1980 = 100
X		IMWG2N	Import von Waren, Preisindex, 1980 = 100
S	16	IMWGUN	Import von Waren, real, (Deflator: IMWG2N), Mrd. DM
D	105	INREMN	Rendite der Ausrüstungsinvestitionen, real
S	45	IUML4N	Durchschnittliche Umlaufsrendite der festverzinslichen Wertpapiere, Prozent
D	20	IVOU3N	Vorratsveränderung der Unternehmen, real, (Deflator: BSPG2N), Mrd.DM
D	102	KAKO1N	Index der Nutzungskosten des Kapitals, nominal
D	103	KAKO3N	Index der Nutzungskosten des Kapitals, real, (Deflator: BSPG2N)
D	9	KAPG3N	Kapitalstock in Preisen von 1980, Mrd. DM
D	104	KAPK1N	Index der Kapitalkosten für Wohnungsbauten, nominal
S	95	LSBG1N	Bruttostundenlohnsatz, nominal, DM/Stunde
D	96	LSBG3N	Bruttostundenlohnsatz, real, (Deflator: BSPG2N), DM/Stunde
D	97	LSTG1N	Lohnstückkosten, nominal, (YABH1N / BSPG3N)
X		LTSG1N	Index des Tariflohn– und –gehaltniveaus der Gesamtwirtschaft auf Stundenbasis, 1980 = 100
X		MONG1N	Montanumlage, nominal, Saldo, Mrd. DM
S	91	NVGS1N	Nettoneuverschuldung der Gebietskörperschaften, nominal, Mrd. DM
D	98	PROG3N	Arbeitsproduktivität, Tausend DM/Arbeitnehmer
X		Q7076	Shiftvariable für TEGS1N, 1970Q1 – 1976Q2 = 1, sonst = 0
X		Q824	Shiftvariable Regierungswechsel, ab 1982Q4 = 1, sonst = 0
X		QABGA	Rate des physischen Verschleißes des Ausrüstungskapitals
X		QBBGW	Bundesbankgewinne
X		QDABS	Höchstsatz für degressive Abschreibung
X		QDAB1	Shiftvariable für Aussetzung der degressiven Abschreibung 1970Q1–1970Q2 = 0, 1973Q2–1973Q4 = 0, sonst = 1
X		QESTS	Einkommensteuertarif Spitzensteuersatz
X		QGWHS	Gewogener Durchschnittshebesatz der Gewerbesteuer, Prozent
X		QGWS1	Shiftvariable Absolutglied der Gewerbest., 1960Q1–1972Q3=1, sonst=0
X		QGWS2	Shiftvariable Absolutglied der Gewerbest., 1972Q4–1982Q4=1, sonst=0
X		QGWS3	Shiftvariable Absolutglied der Gewerbest., 1981Q1–1987Q4=1, sonst=0
X		QIBAW	Shiftvariable Witterung für IBAWQN, 1970Q1 und 1985Q1 = 1, sonst=0
X		QIDRM	Shiftvariable für IDRM4N, 1973Q2–1973Q4 = 1, sonst = 0
X		QIST	Investitionsteuer– bzw. Investitionzulagensatz
X		QIUML	Shiftvariable für IUML4N, 1974Q2 = 1, sonst = 0
X		QKSTN	Körperschaftsteuersatz, bis 1976Q4 = 51%, ab 1977Q1 = 56%
X		QKVBT	Durchschnittlicher Beitragssatz zur Krankenversicherung, Prozent
X		QLK	Shiftvariable Konjunkturzuschlag zur Lohnsteuer

			1970Q3 – 1972Q4 ungleich 0, sonst 0
X		QMWST	Umsatzsteuersatz bzw. Mehrwertsteuersatz, Prozent
X		QRVBT	Beitragssatz zur Rentenversicherung, Prozent
X		QSABS	Sonderabschreibungssatz
X		QSIS	Shiftvariable für TSIS1N, 1968Q2 = 4, 1968Q3 = 3, 1968Q4 = 2, 1969Q1 = 1, sonst = 0
X		QST74	Shiftvariable Strukturbruch, ab 1974Q1 = 1, zuvor = 0
X		QST75	Shiftvariable Strukturbruch, ab 1975Q1 = 1, zuvor = 0
X		QTGW1	Shiftvariable für TGWS1N, 1969Q4 = 1, sonst = 0
X		QTOPT	Optimaler Übergangszeitpunkt zur linearen Abschreibung, Jahre
X		QWBAU	Shiftvariable für Wohnbau, 1971Q2 – 1974Q2 ungleich 0, sonst = 0; Wohnbauförderung: Steuermaßnahmen, erhöhte Abschreibungsmöglichkeiten, Gewinnerwartungen
X		QWGR	Shiftvariable für Sozialversicherungsreform: Weihnachtsgeld abgabepflichtig, ab 1984 jedes 4. Quartal = 1, sonst = 0
S	11	RIMGVN	Importe von Rohstoffen ohne mineralische Brennstoffe und Nahrungsmittel, real, Mrd. DM
S	72	SATG1N	Tatsächliche Sozialbeiträge vom Einkommen der Arbeitnehmer, insgesamt, nominal, Mrd. DM
S	76	SBGH1N	Beitragsbemessungsgrenze zur Rentenversicherung, Tausend DM
S	74	SSOG1N	Sonstige Sozialbeiträge, nominal, Mrd. DM
S	73	SUOG1N	Sozialbeiträge der Arbeitgeber zu den Einkommen der Arbeitnehmer, nominal, Mrd. DM
D	71	SVGS1N	Sozialbeiträge der Privaten Haushalte und Unternehmen an den Staat insgesamt, nominal, Mrd. DM
D	56	TDIS1N	Direkte Steuern der Privaten Haushalte und Unternehmen an den Staat, nominal, Mrd. DM
S	62	TEGS1N	Einkommensteuer insgesamt ohne Lohnsteuer auf Pensionen, nominal, Mrd. DM
D	63	TEVS1N	Veranlagte Einkommensteuer, nominal, Mrd. DM
D	55	TGES1N	Steueraufkommen insgesamt, nominal, Mrd. DM
D	58	TGUS1N	Gesamte Gewinnsteuern der Unternehmen, nominal, Mrd. DM
S	64	TGWS1N	Gewerbesteuer, Ertrag und Kapital, nominal, Mrd. DM
D	57	TINS1N	Indirekte Steuern, nominal, Mrd. DM
S	61	TKES1N	Kapitalertragsteuer, nominal, Mrd. DM
S	60	TKSS1N	Körperschaftsteuer, nominal, Mrd. DM
S	59	TLOH1N	Lohnsteuer der Arbeitnehmer, nominal, Mrd. DM
S	66	TLPS1N	Lohnsteuer auf Pensionen, nominal, Mrd. DM
D	19	TOTG3N	Terms of Trade (EXPG2N/IMPG2N)
S	69	TPRO1N	Verbrauchsteuern und Produktionsteuern ohne Umsatzsteuern und

			ohne Gewerbesteuern, nominal, Mrd. DM
X		TRD	Linearer Trend, 1960Q1 = 1
S	67	TSDS1N	Sonstige direkte Steuern, nominal, Mrd. DM
		TSGU1N	Gesamter Gewinnsteuersatz (TGUS1N/GUBU1N)
S	70	TSIS1N	Sonstige indirekte Steuern und Abgaben, nominal, Mrd. DM
X		TSUS1N	Sonstige Unternehmensteuern, nominal, Mrd. DM
S	68	TUMG1N	Umsatzsteuer, nominal, Mrd. DM
S	65	TVMS1N	Vermögensteuer, nominal, Mrd. DM
D	82	UGLS1N	Geleistete laufende Übertragungen des Staates nominal, Mrd. DM
S	87	ULDH1N	Soziale Leistungen des Staates an die Privaten Haushalte abzüglich des Saldos der laufenden Übertragungen an die Privaten Haushalte, nominal, Mrd. DM
S	86	UOST1N	Laufende Übertragungen des Staates an die Übrige Welt, nominal, Mrd. DM
S	79	UOTS1N	Laufende Übertragungen der Übrigen Welt an den Staat, nominal, Mrd. DM
S	85	USOU1N	Sonstige laufende Übertragungen des Staates an die Unternehmen, nominal, Mrd. DM
S	78	USPS1N	Sonstige laufende Übertragungen der Privaten Haushalte und Unternehmen an den Staat, nominal, Mrd. DM
S	84	USSU1N	Subventionen des Staates an die Unternehmen, nominal, Mrd. DM
S	83	UVSH1N	Soziale Leistungen des Staates an die Privaten Haushalte, nominal, Mrd. DM
D	92	VEGS1N	Gesamte Verschuldung der Gebietskörperschaften, nominal, Mrd. DM
S	80	VEMS1N	Empfangene Vermögensübertragungen des Staates, nominal, Mrd. DM
S	88	VGLS1N	Geleistete Vermögensübertragungen des Staates, nominal, Mrd. DM
S	43	XGM14N	Geldmenge M1, nominal, Mrd. DM
X		XRSA4N	Reservesatz für Sichtverbindlichkeiten gegenüber Gebietsansässigen, Klasse 1, Bankplatz, Prozent
X		XZBG4N	Zentralbankgeldmenge, nominal, Mrd. DM
D	47	YABH1N	Bruttoeinkommen aus unselbständiger Arbeit, nominal, Mrd. DM
D	46	YBOH1N	Bruttolohn- und -gehaltsumme der Arbeitnehmer, nominal, Mrd. DM
D	49	YBOU1N	Bruttoeinkommen aus Unternehmertätigkeit und Vermögen, nominal, Mrd. DM
D	48	YNOH1N	Nettolohn- und -gehaltsumme der Arbeitnehmer, nominal, Mrd. DM
D	53	YVGH1N	Verfügbares Einkommen der Privaten Haushalte, nominal, Mrd DM

Anhang C Plots ausgewählter exogener Variablen des Modells

AEGA1N Auftragseingang aus dem Ausland

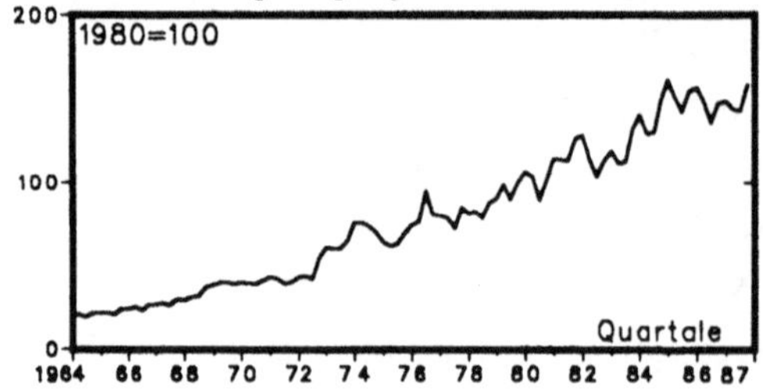

BEEW1N Bevölkerung zwischen 15 und 65 Jahren

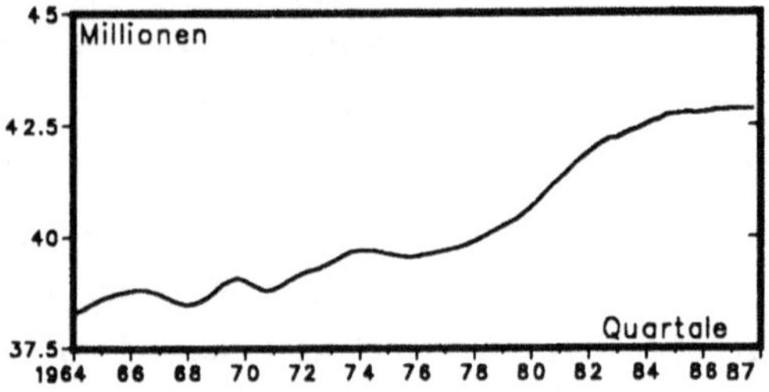

DEKU4N Devisenkurs des US – Dollar

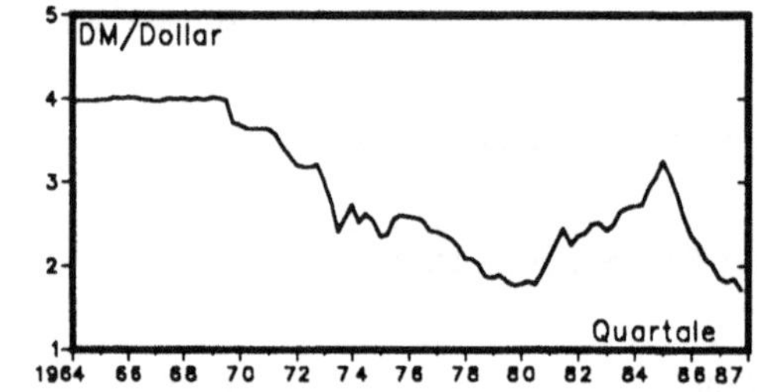

DIEQ3N BWS Dienstleist.Untern./BWS alle Untern.

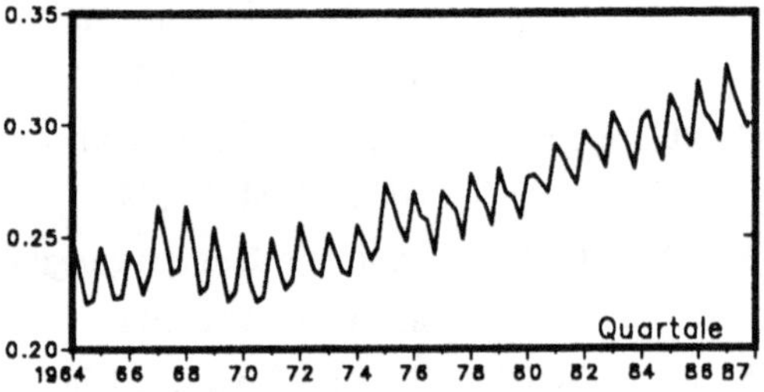

ENER2N Energie, Brenn– u. Treibstoffe, Preisindex

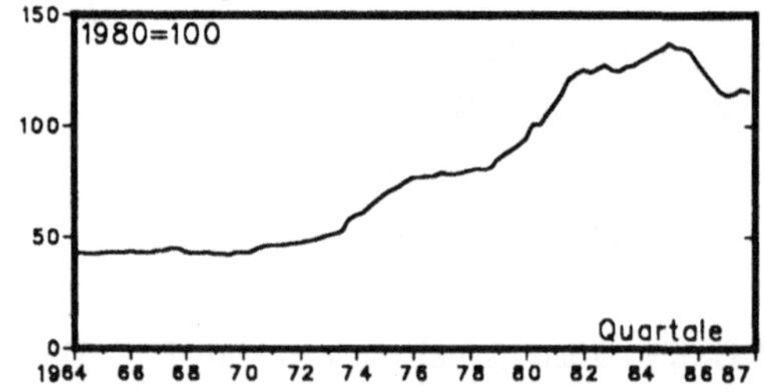

ERHG1N Tägliche Arbeitszeit

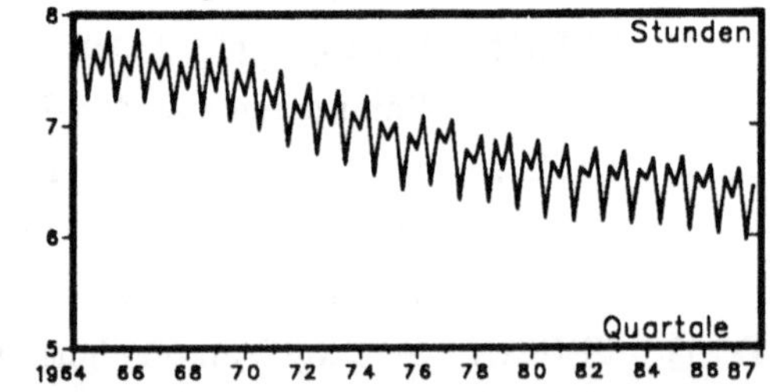

ERZG1N Bezahlte Arbeitstage pro Quartal

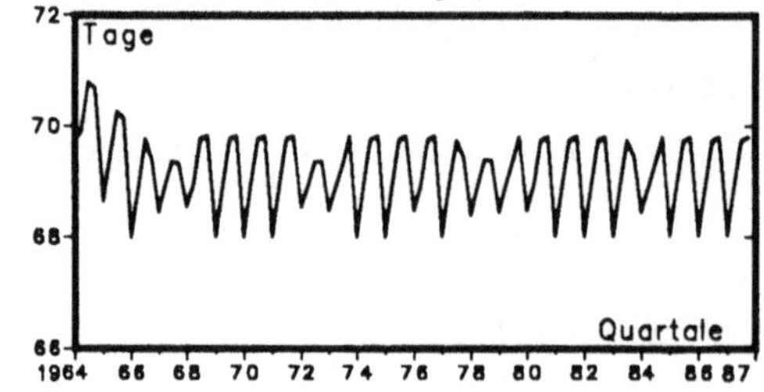

IAUSLN Ausrüstungsinvest. des Staates, real

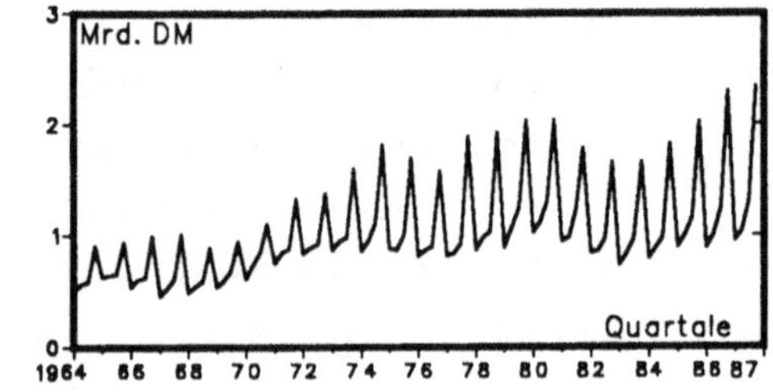

IBASON Bauinvestitionen des Staates, real

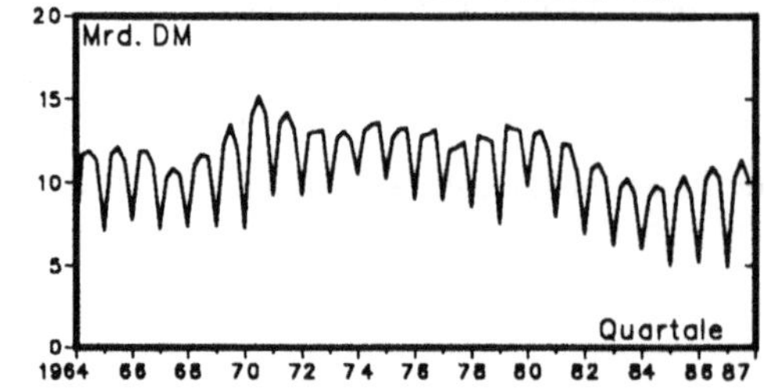

IDIS4N Diskontsatz der Bundesbank

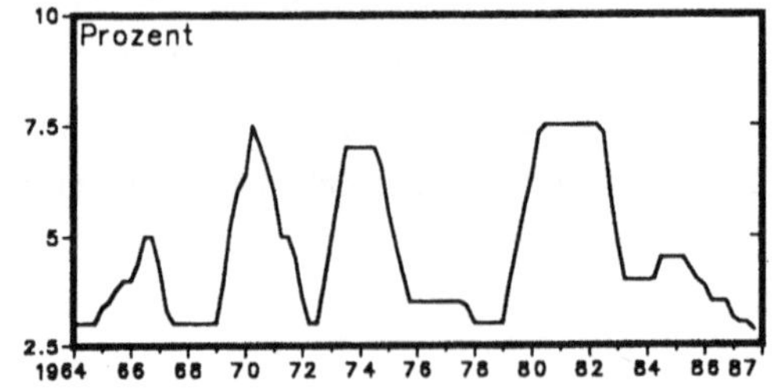

I MPG2N Import, Preisindex

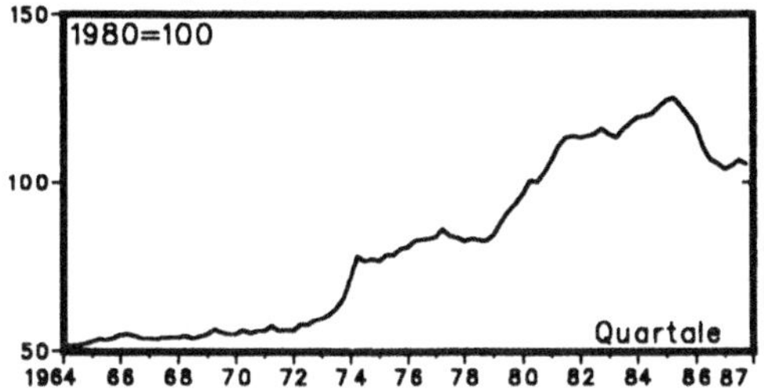

I MWG2N Import von Waren, Preisindex

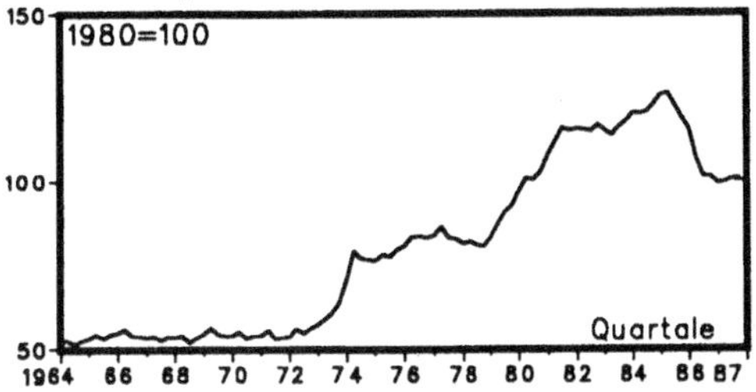

LTSG1NTariflohn- und -gehaltniveau Stundenbasis

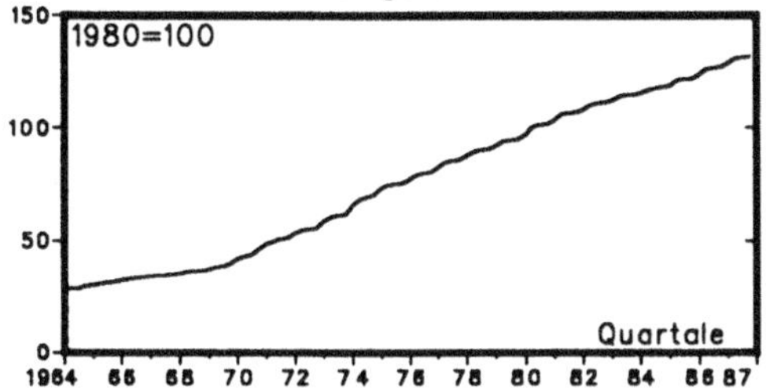

QGWHS Gewog.Durchschnitthebesatz Gewerbesteuer

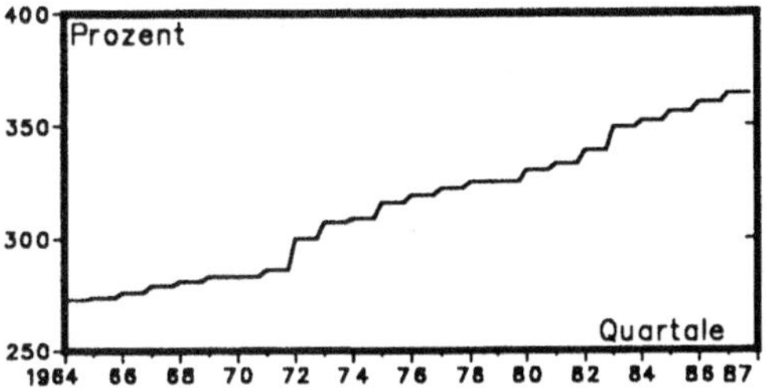

QMWST Umsatz- bzw. Mehrwertsteuersatz

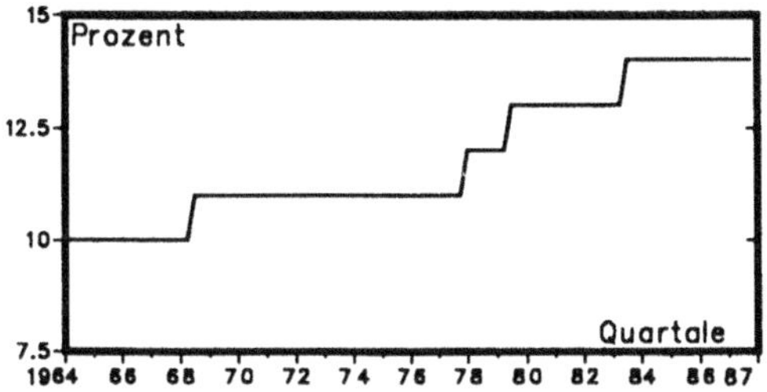

QRVBT Beitragssatz zur Rentenversicherung

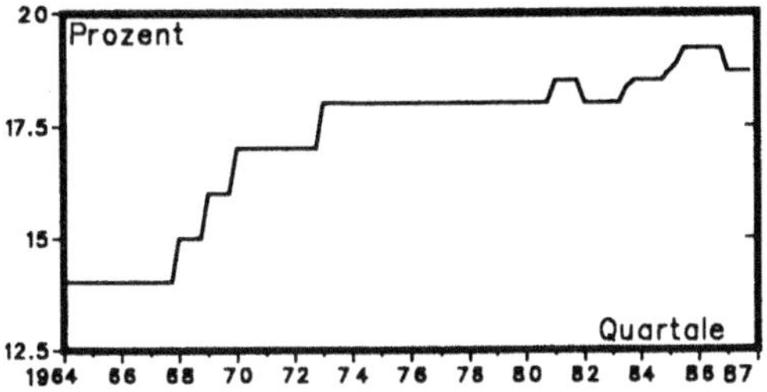

TSUS1N Sonstige Unternehmensteuern, nominal

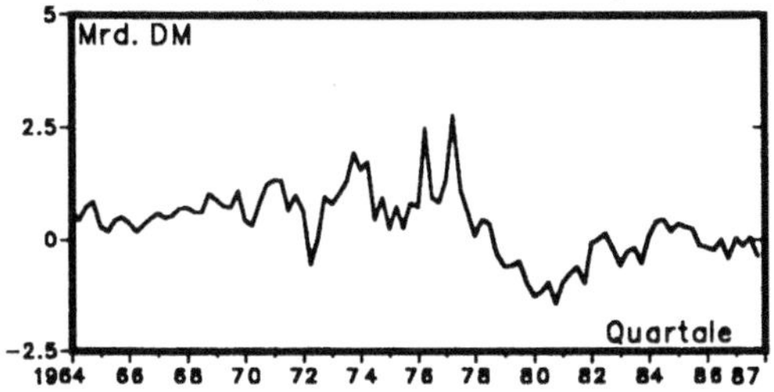

XRSA4N Reservesatz Sichtverbindl. Klasse 1

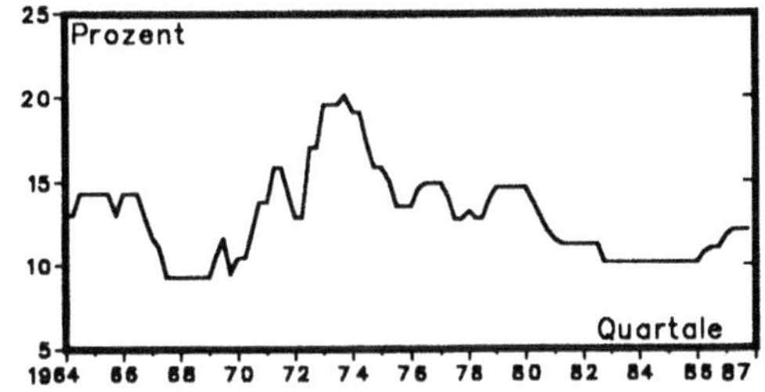

XZBG4N Zentralbankgeldmenge, nominal

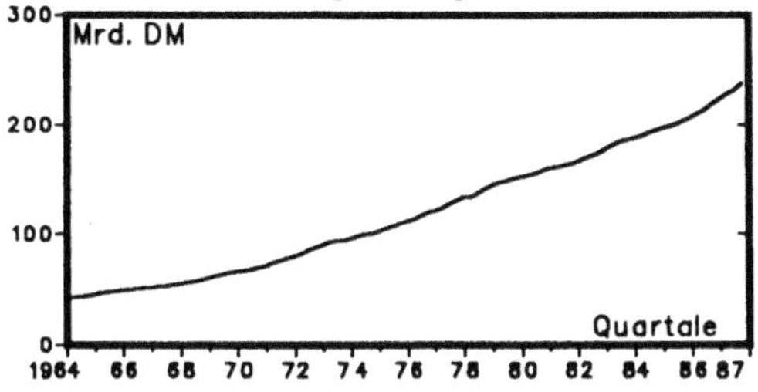

Anhang D Legende zur formalen Darstellung der Schätzergebnisse

Symbolverzeichnis:

$LN(X_t)$	$:=$	Logarithmus von X_t zur Basis e
$EXP(X_t)$	$:=$	Exponentialfunktion von X_t
$QD(X_t)$	$:= X_t - X_{t-1}$	Quartalsdifferenz von X
$JD(X_t)$	$:= X_t - X_{t-4}$	Jahresdifferenz von X
$VR(X_t)$	$:= \frac{X_t - X_{t-1}}{X_{t-1}} \cdot 100$	Veränderungsrate von X in Prozent
$WR(X_t)$	$:= \frac{X_t - X_{t-4}}{X_{t-4}} \cdot 100$	Wachstumsrate von X in Prozent
$VarKof_t$	$:=$	Zeitvariabler Koeffizient
$X_{t-i,t-j}$	$:= \frac{X_{t-i} + \ldots + X_{t-j}}{j - i + 1}, \quad j > i \geq 0$	Gleichverteilte Lags
$PV(\lambda)<X_{t-i}>$	$:= \sum_{j=0}^{\infty} \frac{\lambda^j}{j!} e^{-\lambda} X_{t-i-j}, \quad i \geq 0,$	Poisson – verteilte Lags
$KV(\lambda)<X_{t-i}>$	$:= \sum_{j=0}^{\infty} (1-\lambda) \lambda^j X_{t-i-j}, \quad i \geq 0,$	Koyck – verteilte Lags

Im Modell wurden die Poisson-Verteilung alternativ mit 5 verschiedenen Parametern und die Koyck-Verteilung mit einem Parameter als Lagverteilungen verwandt. Die Zahl der Laggewichte wurde im Modell auf 12 begrenzt, die Summe der Laggewichte wurde auf den Wert 1 normiert. In den folgenden Abbildungen sind die einzelnen Lagverteilungen graphisch dargestellt:

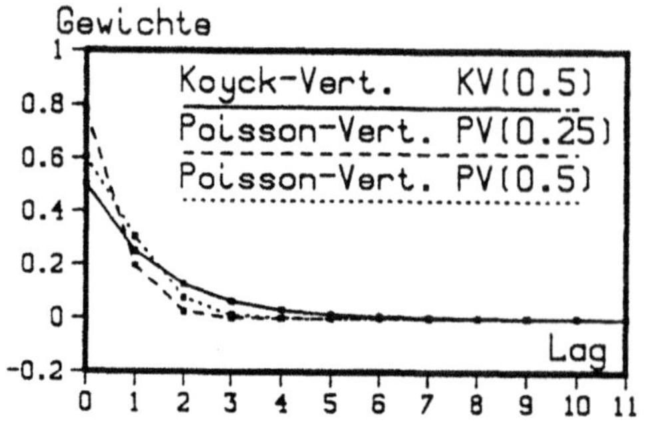

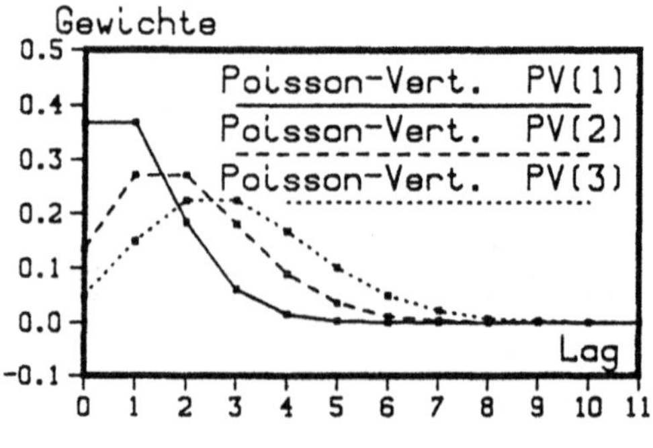

Anmerkungen zu den Schätzmaßen (die Maße beziehen sich auf den saisonbehafteten Schätzansatz):

R^2 := Bestimmtheitsmaß

SE := Standardfehler der Residuen

DW := Durbin – Watson – Statistik

MAPE := $\left(\frac{1}{T}\sum_{t=1}^{T}\left|\frac{\hat{u}_t}{y_t}\right|\right)\cdot 100$ Mittlerer absoluter prozentualer Schätzfehler

Der MAPE besitzt bei einer Zeitreihe, deren Elemente kleine Beträge annehmen oder deren Vorzeichen wechseln, nur geringe Aussagekraft.

Anmerkungen zu den Prognosemaßen:

RMSE := Wurzel aus dem mittleren quadratischen Prognosefehler (Root Mean Square Error)

MAPE := Mittlerer absoluter prozentualer Prognosefehler

Anmerkungen zu den Strukturgleichungen und Definitionsgleichungen:

Unterhalb der geschätzten Strukturparameter stehen die t – Werte.
In der jeder Gleichung folgenden Titelliste sind den endogenen Variablen die jeweils zugehörenden Gleichungsnummern vorangestellt.

Anmerkungen zu den Modell – Prognose – Grafiken:

In den Modell-Prognose-Grafiken stellen die punktierten Zeitpfade die dynamischen ex–post–Prognosen dar. Dynamische ex-post-Prognosen sind Systemlösungen für die laufenden endogenen Variablen unter Verwendung der jeweils durch das System prognostizierten verzögerten endogenen Variablen und der tatsächlichen Werte der exogenen Variablen. Mit durchgezogenen Linien sind die Zeitpfade der Beobachtungen dargestellt.

Anmerkungen zu den Mnemo – Abkürzungen:

Die Ziffern an der 5. Position der Mnemos besitzen folgende Bedeutung:

1 : Nominale Größe (in laufenden Preisen)
2 : Preisindex, Preisbasis 1980 = 100
3 oder Buchstabe: Reale Größe zu Preisen von 1980
4 : Variable aus dem Zins – oder Monetärbereich

Literaturverzeichnis

Arbeitsgemeinschaft Energiebilanzen: "Energiebilanzen für die Bundesrepublik Deutschland"; Frankfurt (1987 und frühere Jahrgänge).

Barro, R.J.: "Are Government Bonds Net Wealth?"; Journal of Political Economy, Vol. 82, Nr.6, S. 1095–1117, (1974).

Beenstock, M. u. a.: "A Model of Aggregate Supply and Demand for the United Kingdom"; Journal of Economic Modelling, Vol. 3, Nr. 4, S. 242–268, (1986).

Brunner, K.: "The 'Monetarist Revolution' in Monetary Theory"; Weltwirtschaftliches Archiv, Bd. 105, Nr.II, S. 1–30, (1970).

Creutz, G.: "Möglichkeiten und Probleme der Beurteilung von Saisonbereinigungsverfahren"; Frankfurt am Main (1979).

Deutsches Institut für Wirtschaftsforschung (DIW): "Methoden und Probleme der Volkswirtschaftlichen Gesamtrechnung", Berlin (1988)

Fase, M.M.G., Konig, J., Volgenants, A.F.: "An experimental look at seasonal adjustement"; de Economist, Bd. 121, S. 441–486, (1973).

Feit, A.: "Steuersenkung und Steuervereinfachung"; in Bund der Steuerzahler (Hrsg.), Steuersenkung + Steuervereinfachung = Steuerreform, Wiesbaden, (1987).

Fisher, S.: "Long–term contracts, rational expectations, and the optimal money supply rule"; Journal of Political Economy, Vol. 85, Nr.1, S. 191–206, (1977).

Freimann, K. D.: "Simultaneous Equations Models with Random Coefficients: Estimation Procedures for a Special Case"; Institut für Angewandte Wirtschaftsforschung Tübingen, Discussionpaper, S. 22ff., (1988).

Friedman, M.: "The Role of Monetary Policy"; The American Economic Review, Vol. 63, Nr.1, S. 1–17, (1968).

Friedrich, D.: "Interpolation, Glättung und Saisonbereinigung von Zeitreihen mit Splinefunktionen"; Statistische Hefte, Bd. 25, S. 13–51, (1984).

Froehlich, B.R.: "Some Estimators for a Random Coefficient Regression Model"; Journal of the American Statistical Association, Vol. 68, S. 329–335, (1973).

Gollnick, H.: "Einige Bemerkungen zur Theorie und Technik der Korrelation monatlicher Zeitreihen"; Allgemeines Statistisches Archiv, Bd. 45, S. 2–26, (1961).

Gollnick, H.: "Berücksichtigung einer additiv/multiplikativen Saisonfigur in der Regressionsrechnung"; Allgemeines Statistisches Archiv, Bd. 66, S. 341–360, (1982).

Granger, C. W. J., Newbold, P.: "Forecasting Economic Time Series"; New York (1977).

Granger, C. W. J., Engle, R. F.: "Co-Integration, and Error Correction: Representation, Estimation, and Testing"; Econometrica, Vol. 55, Nr. 2, S. 251-276 (1987).

Hansen, G., Westphal, U., Kröger, J.: "SYSIFO: ein ökonometrisches Konjunkturmodell für die Bundesrepublik Deutschland"; Frankfurt (1983).

Helmstädter, E.: "Steigende Skalenerträge der Deutschen Wirtschaft?"; Jahrbücher für Nationalökonomie und Statistik, Bd. 175, S. 473-500 (1963).

Hild, C.: "Schätzen und Testen in einem Regressionsmodell mit stochastischen Koeffizienten"; Meisenheim am Glan (1977).

Hildreth, C., Houck, J.P.: "Some Estimators for a Linear Model with Random Coefficients"; Journal of the American Statistical Association, Vol. 63, S. 584–595, (1968).

Hujer, R., Cremer, R.: "Methoden der empirischen Wirtschaftsforschung"; München (1978).

Hylleberg, S.: "Seasonality in Regression"; Orlando, London (1986).

Johnston, J.: "Econometric Methods"; McGraw–Hill, New York (1984).

Jorgenson, D.W.: "Capital Theory and Investment Behaviour"; American Economic Review, Vol. 53, Nr.2, S. 247–259, (1963).

Karr, W.: "Die Saisonbereinigung der Arbeitslosenstatistik – Ein Verfahrensvergleich"; Wiesbaden (1973).

Klein, F.: "Steuerreform und Wirtschaft"; Berlin (1987).

Klein, L.: "Economic Theory and Econometrics"; Oxford (1985).

Köhler, H.: "Die wirtschaftspolitische Zielsetzung der deutschen Steuerreform"; in Seidl, C., (Hrsg.), Steuern, Steuerreform und Einkommensverteilung, Berlin, Heidelberg, New York (1988).

König, H.: "Neoklassische Investitionstheorie und Investorenverhalten in der Bundesrepublik Deutschland"; Jahrbücher für Nationalökonomie und Statistik, Bd. 190, S. 316–348, (1976).

Krelle, W., Pauly, R.: "Konsum und Investitionen des Staates bis 1985"; Göttingen (1976).

Lauenstein, H.: "Statistische Probleme bei Saisonschwankungen"; Meisenheim am Glan, (1969).

Leiner, B.: "Einführung in die Zeitreihenanalyse"; Oldenbourg (1982).

Lucas, R. E. jr.: "Econometric Policy Evaluation: A Critique"; in Brunner, K. und Meltzer, A. H. (Hrsg.), The Phillips Curve and Labor Markets, (Carnegie-Rochester Conference Series on Public Policy, Supplement to the Journal of Monetary Economics), Amsterdam, S. 19-46, (1976).

Lüdeke, D.: "Ein ökonometrisches Vierteljahresmodell für die Bundesrepublik Deutschland"; Tübingen (1969).

Lüdeke, D., Friedrich, D., Kau, W., v. Natzmer, W. "Ein ökonometrisches Vierteljahresmodell für den güterwirtschaftlichen und monetären Bereich der Bundesrepublik Deutschland"; Tübingen (1979).

Lüdeke, D., Fotiadis, F., Friedrich, D., Fronia, J., v.Natzmer, W., Röhling, W., Schneider, R.: "F&T–Modell: Freiburger und Tübinger ökonometrisches Vierteljahresmodell, Version 1978"; Tübingen (1981).

Lüdeke, D., Friedrich, D., Fronia, J., Hummel, W., von Natzmer, W., Röger, W., Röhling, W., Termin, J.: "F&T–Modell, Freiburger und Tübinger ökonometrisches Vierteljahresmodell, Version 1981"; Tübingen (1983).

Lüdeke, D., Friedrich, D., Hummel, W., v.Natzmer, W., Röger, W., Röhling, W., Termin, J.: "Freiburger and Tübinger quarterly econometric model for the Federal Republic of Germany: an overview"; Economic Modelling, Vol. 1, Nr. 2, S. 139–232, (1984).

Patinkin, D.: "Money, Interest, and Prices"; 2. Aufl., New York (1965).

Pauly, P.: " Theorie und Empirie des Arbeitsmarktes"; Frankfurt a.M., Bern, Las Vegas (1978).

Presse– und Informationsamt der Bundesregierung: "Steuerreform 1986, 1988, 1990"; in Aktuelle Beiträge zur Wirtschafts– und Finanzpolitik, Nr. 20, Bonn (1989).

Raj, B., Srivastava, V.K., Upadhyay, S.: "The Efficiency of Estimating a Random Coefficient Model"; Journal of Econometrics, Vol. 12, S.285–299, (1980).

Raj, B., Ullah, A.: "Econometrics – A Varying Coefficients Approach"; New York (1981).

Rose, M.: "Allokations– und Verteilungseffekte der Reform des deutschen Einkommensteuertarifs nach sozio-ökonomischen Gruppen"; in Seidl, C. (Hrsg.), Steuern, Steuerreform und Einkommensverteilung, Berlin, Heidelberg, New York, (1988).

Rubin, H.: "Note on Random Coefficients"; in T.C. Koopmans (ed.) Statistical Inference in Dynamic Economic Models, Cowles Commission Monograph, No. 10, S. 419–421, (1950).

Sato, K.: "Production Functions and Aggregation"; Amsterdam und Oxford (1975).

Schäffer, K.A.: "Beurteilung einiger herkömmlicher Methoden zur Analyse von ökonomischen Zeitreihen"; in: Neuere Entwicklungen auf dem Gebiet der Zeitreihenanalyse, Hrsg.: W. Wetzel, S. 131–164, Göttingen (1970).

Schäffer, K.A.: "Vergleich der Effizienz von Verfahren zur Saisonbereinigung einer Zeitreihe"; in: Beiträge zur Zeitreihenanalyse, Hrsg. K.A. Schäffer, S. 83–104, Göttingen (1976).

Schlick, M.: "Zur Problematik von Steuerschätzungen bei gesetzlichen Steueränderungen"; Institut Finanzen und Steuern, Bonn (1988).

Schmidt, R.: "Konstruktion von Digitalfiltern und ihre Verwendung bei der Analyse ökonomischer Zeitreihen"; Bochum (1984).

Shiskin, J.: "The X11 Variant of the CENSUS Method II Seasonal Adjustment Program"; Bureau of the Census, Technical Paper No. 15, Washington (1965).

Sims, C. A.: "Macroeconomics and Reality"; Econometrica, Vol. 48, Nr. 1, S. 1-48, (1980).

Statistisches Bundesamt: "Statistisches Jahrbuch für die Bundesrepublik Deutschland"; Wiesbaden (1986).

Stier, W.: "Verfahren zur Analyse saisonaler Schwankungen in ökonomischen Zeitreihen"; Berlin/Heidelberg/New York, (1980).

Subrahmanya, M.T.: "A Note on Non–negative Estimators of Positive Parameters"; Metrika, Bd. 16, S. 107–114, (1970).

Wallis, K.F.: "Seasonal Adjustment and relations between variables"; Journal of the American Statistical Association, Vol. 69, S. 18–31, (1974).

Weinhold, G.: "Einige Bemerkungen zur Frage der Saisonbereinigung wirtschaftsstatistischer Zeitreihen"; Allg. Statist. Archiv Band 48, S. 117ff., (1964).

Studies in Contemporary Economics

H. G. Zimmermann, Privates Sparen versus Sozialversicherung. IV, 114 Seiten. 1988.

O. Flaaten, The Economics of Multispecies Harvesting. VII, 162 pages. 1988.

H. Siebert (Hrsg.), Umweltschutz für Luft und Wasser. VIII, 254 Seiten. 1988.

H. Schäfer, Währungsqualität, asymmetrische Information und Transaktionskosten. XIV, 330 Seiten. 1988.

O. Šik, R. Höltschi, Ch. Rockstroh. Wachstum und Krisen. XII, 331 Seiten. 1988.

D. Laussel, W. Marois, A. Soubeyran, (Eds.), Monetary Theory and Policy. XVIII, 383 pages. 1988.

G. Steinmann, K. F. Zimmermann, G. Heilig (Hrsg.), Probleme und Chancen demographischer Entwicklung in der dritten Welt. XII, 315 Seiten. 1988.

W. Kürsten, Secondhand-Märkte, Marktmacht und geplante Obsoleszenz. X, 220 Seiten. 1988.

Ch. Seidl (Hrsg.), Steuern, Steuerreform und Einkommensverteilung. III, 97 Seiten. 1988.

M. Stadler, Marktstruktur und technologischer Wandel. XII, 203 Seiten. 1989.

J. Franke, Neue Makroökonomik und Außenhandel. XI, 436 Seiten. 1989.

B. C. J. van Velthoven, The Endogenization of Government Behaviour in Macroeconomic Models. XI, 367 pages. 1989.

P. Rosner, Verteilungskonflikte in Marktwirtschaften. Über Funktionen von Marktverbänden. VII, 151 Seiten. 1989.

G. Nakhaeizadeh, Neuklassische und Keynesianische Modelle. VIII, 251 Seiten. 1989.

W. Peters, Theorie der Renten- und Invaliditätsversicherung. X, 219 Seiten. 1989.

D. Lüdeke, W. Hummel, Th. Rüdel, Das Freiburger Modell. VI, 151 Seiten. 1989.

GPSR Compliance

The European Union's (EU) General Product Safety Regulation (GPSR) is a set of rules that requires consumer products to be safe and our obligations to ensure this.

If you have any concerns about our products, you can contact us on ProductSafety@springernature.com

In case Publisher is established outside the EU, the EU authorized representative is:

Springer Nature Customer Service Center GmbH
Europaplatz 3
69115 Heidelberg, Germany

Batch number: 10844829

Printed by Printforce, the Netherlands